関西圏
鉄道事情大研究
ライバル鉄道篇

川島令三

草思社

はじめに

関西では明治期からずっと私鉄と国鉄・ＪＲが並行して乗客獲得合戦を繰り広げている。阪神間ではＪＲ東海道線と阪急神戸線、阪神本線の３線の間で、京阪《けいはん》間ではＪＲ東海道線と阪急京都線、京阪本線に加えて近年ではＪＲ東西《とうざい》線と片町《かたまち》線も加わっている。

阪奈《はんな》間ではＪＲ関西線と近鉄奈良線、京奈《きょうな》間ではＪＲ奈良線と近鉄京都線、阪和《はんわ》間ではＪＲ阪和線と南海本線、神姫間ではＪＲ山陽線と山陽電鉄本線、宝塚―大阪間ではＪＲ福知山線と阪急宝塚・伊《い》丹《たみ》・神戸線、さらに名古屋―大阪間ではＪＲ東海道新幹線と近鉄名古屋・大阪線が競っている。

首都圏では各路線が放射状に延びていて、ＪＲと激しい競争をしている私鉄は京浜急行くらいしかない。それにくらべて関西では多くの都市間で競争を繰り返してきた。

とくに国鉄時代に運転を開始した新快速は私鉄にとって脅威である。当初は京都―神戸間での停車駅は大阪駅と三ノ宮駅だけだった。新大阪駅、まして高槻《たかつき》や尼崎《あまがさき》、芦屋《あしや》の各駅も通過していた。最高速度も１１０㌔だったのを１３０㌔に引き上げ、前述の各駅に停車するようになってから並行私鉄の乗客を奪っていった。新快速はいっとき阪和線にも運転されていた。

スピードには勝てないということで、私鉄各線の特急や急行など優等列車は停車駅を増やすとともに運転本数は増やして対抗した。これによって多くの駅を利用する乗客が優等列車の速達サービスを受けられるようになった。しかし、停車駅が増えるということは遅くなることでもある。

「便利になったが遅くなった」というのが利用客による実感である。

私鉄から乗客を奪ったのは新快速だけではない。

JR東西線の開通によって東海道線と福知山線、片町線の電車が大阪都心へ直通するようになって、阪急や京阪、阪神の乗客を奪った。これによってもこれら私鉄3社の特急などは停車駅を増やして対抗している。

阪和線は全車両が転換クロスシートの新車両に置き替えられた。並行する南海は戦々恐々である。

近鉄もJR関西線の輸送改善で客を減らしている。山陽電鉄は速さでは新快速には勝てないということで阪神と相互直通する直通特急を走らせて活路を見出している。

京阪では特急にプレミアムカーを連結したり、ラッシュ時に着席保証のライナーの運転を開始している。南海も指定席車連結のサザンの運転をしている。

JRの攻勢に対抗するために切磋琢磨しているのが並行私鉄である。そしてその効果が出てきて、乗客数は下げ止まりになり、回復しつつある。

JR新快速は速い。そのために混雑が激しい。座れるチャンスは京都、大阪、三ノ宮の3駅だけしかないといっても過言ではない。しかもこれらの駅から乗っても座れない。座ることができるのはこれらの駅に停車する前から車内で立っていた人が着席できるだけである。

これを嫌ってJR新快速利用を敬遠して私鉄のほうに乗る人も多い。それに時間がかかっても運賃は私鉄のほうが安い。

JRも混んでいて座れないという悪評を払しょくするために、新快速に有料座席のAシート車を2

019年春から連結することになった。

Ａシートは自由席制で車内で乗務員からＡシート料金の５００円を支払う。座席はリクライニングシートでテーブル付、ＡＣ電源とＷｉ－Ｆｉも利用できる。運用開始時はまだ１日４本の運転しかないが、将来的には全新快速に付くものと思われる。

競争の行きつく先は、特急並みの座席を供することになろう。

本書で取り扱っている各種統計は国土交通省発表のものと、運輸経済研究機構が毎年刊行している「都市交通年報」をもとにしている。現状の混雑率等は平成28年度が最新だが、「都市交通年報」をもとにした集中率などは平成24年度が最新である。

平成31年1月

目次

パート1 テーマ別総点検

パート2 区間別「ライバル鉄道」分析

パート3 各線徹底分析

姉妹本『関西圏鉄道事情大研究　将来篇』目次

大阪メトロ堺筋線／阪急千里線／
大阪メトロ長堀鶴見緑地線／
大阪メトロ今里筋線／神戸電鉄／

神戸市地下鉄西神・山手線、北神急行電鉄北神線／
神戸市地下鉄海岸線

パート
1

テーマ別総点検

JR東西線旋風

平成9年にJR東西線《とうざい》が開通した。同線は、京橋駅《きょうばし》から大阪キタの中心を東西に貫き淀川をくぐって尼崎駅に至る地下路線である。京橋駅で片町線《かたまち》、尼崎駅で東海道本線と福知山線《ふくちやま》と直通する。

元来、JRの各線から大阪キタの商業地に向かうには、片町線では京阪本線に乗り換えなくてはならなかった。東海道本線の神戸方面と福知山線は、大阪駅から地下鉄御堂筋線《みどうすじ》か四つ橋線《よつばし》、あるいは谷町線に乗り換えなければならなかった。それがほぼ乗り換えなしで行けるようになったのである。

それはそれで便利にはなって、周辺の路線の混雑が緩和されたとはいえるが、それ以上に深刻になるほど、周辺路線の利用客を減らすことになった。

大きく影響を受けたのは阪急宝塚線と神戸線、京阪本線、それに阪神本線の梅田寄りの各駅である。

14ページ以降に掲げる各表は、昭和59年（1984）のバブル期直前、62年の国鉄末期でバブル最盛期、そして2年後の国鉄分割民営化初期でバブル崩壊がはじまりだした平成元年（1989）、次にバブル崩壊後の平成5年、JR東西線が開通して1年後の平成10年、JR東西線の開通による乗客減が深刻になった平成14年、そしてそれを食い止めるために私鉄側が対策を取った平成21年と24年の各駅、各線の乗車客の変遷である。

私鉄・地下鉄は、各駅ごとに上りと下りの2方向の乗車客と降車客、それに駅間通過人数を定期、は定期外に分けて、一般財団法人運輸経済研究所発行の都市交通年報に掲載しているが、ＪＲについては定期、定期外別の乗降人数のみしか掲載されていない。

ＪＲ（国鉄）塚口駅

阪急塚口駅の南東にＪＲ福知山線の塚口駅がある。ＪＲ塚口駅に東海道線直通の福知山線の快速は停まらないが、新三田《しんさんだ》始発の高槻行各停と塚口始発で木津《きづ》または同志社前《どうししやまえ》行の片町線内で区間快速になる電車が走り、次の尼崎駅で東海道本線の新快速、快速に連絡する。早朝には大阪発着の普通も運転される。普通は東海道線の塚本駅を通過する。

阪急塚口駅は、毎年11月に行われる交通量調査の結果が都市交通年報に記載されている。その梅田と神戸の両方面の乗車とその合計を掲載した。ＪＲ塚口駅は年間の延べ乗降人数が記載されているので、これを１日平均に換算した。ただし昭和59年度は国鉄だったので、私鉄と同様に乗車客、降車客、通過客を記載しているので、これも併記した。

昭和59年の福知山線は、宝塚以南が電化されているものの、宝塚以遠から大阪駅への列車を走らせるために、ディーゼル機関車牽引の客車列車の普通（塚本通過）も走っていた。

朝ラッシュ時10分前後の間隔だが、輸送力がない客車列車を補完するため、最ピーク時に客車列車の3分後に宝塚始発の電車を走らせていた。昼間時は電車列車と客車列車の間隔が短い時もあるが、おおむね40分から50分前後の間隔だった。

国鉄塚口駅の１日平均の乗車人数は、定期客が１５３４人、定期外客が６６６人と少ない。大阪方

JR(国鉄)塚口　乗降合計(下段は指数)

	定期客	定期外客	合計	定期比率
S59	1534	666	2200	69.7
S59大阪方面乗車のみ	790	468	1258	62.7
S62	1818	745	2563	70.9
	119	112	117	
H1	2463	1002	3465	71.1
	161	150	158	
H5	4112	1456	5568	73.9
	268	219	253	
H10	5849	2070	7919	73.9
	381	311	360	
H14	5930	2064	7994	74.1
	387	310	363	
H21	6612	2093	8705	75.9
	431	314	396	
H24	6807	2184	8991	75.7
	444	328	409	

面乗車だけをみると定期客は７９０人しかいない。残りの半数は宝塚方面の定期客である。その多くは伊丹、北伊丹にあった工場への通勤や宝塚方面から塚口の工場への通勤客である。定期外に至っては４６８人しか大阪方面への利用はなく、宝塚方面はさらに２００人程度しか利用していなかった。

昭和62年になると福知山線は全線電化され、朝ラッシュ時６～12分間隔、昼間時は約20分間隔となんとか都市鉄道の体裁を整えてきた。このため定期客は２割、定期外客は１割増加した。

平成元年になると、塚口駅は通過するが快速の運転を開始し、普通も増発された。昼間時は１時間サイクルに快速２本、普通４本の運転となった。昭和59年度に比べると定期客は６割、定期外客は５割増加した。大阪駅に行くには阪急よりも便利になったことが周知され、平成５年度には定期客が２・７倍、定期外客が２・2倍に増えた。

平成９年にＪＲ東西線が開通して直通電車が走るようになると、さらに乗客が増えた。１年後の平成10年度には定期客が３・８倍、定期外客が３・１倍にもなった。

平成14年度になると、乗客増は落ち着いてきた。17年度は福知山線事故で長期運休をしたものの、再び増加に転じて、平成24年度になると定期客で4・4倍、定期外客で3・3倍になっている。定期外客の増加が少ないために、定期比率は75・7％と結構高い。

阪急塚口

国鉄福知山線の運転本数が少ないために、昭和59年度で梅田方面の定期客は約1万3000人、定期外客は6462人にもなっていた。バブル最盛期だった昭和62年度には定期客は約1万4000

阪急塚口（下段は指数）

	梅田方面				神戸方面				合計			
	定期	定期外	計	定期比率	定期	定期外	計	定期比率	定期	定期外	計	定期比率
S59	13313	6462	19775	67.3	7208	4007	11215	64.3	20521	10469	30990	66.2
S62	14233	6542	20775	68.5	8082	4277	12359	65.3	22315	10819	33134	67.3
	107	101	105		112	107	110		109	103	107	
H1	13309	6553	19862	67	7913	4361	12274	64.5	21222	10914	32136	66.0
	100	101	100		110	109	109		103	104	104	
H5	12996	5809	18805	69.1	7315	4169	11484	63.7	20311	9978	30289	67.1
	98	90	95		101	104	102		99	95	98	
H10	11599	7740	19339	60	6643	4947	11590	57.3	18242	12687	31109	58.6
	87	120	98		92	123	103		89	121	100	
H14	9313	6844	16157	56.4	5843	4707	10550	55.4	15156	11551	26707	56.7
	70	106	82		81	117	94		74	110	86	
H21	7557	7350	14907	50.7	5412	5212	10624	50.9	12969	12562	25531	50.8
	57	114	75		75	130	95		63	120	82	
H24	6928	6992	13920	49.8	5289	4986	10275	51.4	12217	11978	24195	50.5
	52	108	70		73	124	92		60	114	78	

人、定期外客は７０００人近くになった。

しかし、バブル崩壊とＪＲ福知山線の輸送改善によって平成元年度には減少し始める。これには、少子高齢化も影響しだして定期客の減少、定期外客の増加が進む。このため定期比率は年々減少していった。

さらにＪＲ利用が増えて乗客が減っていったために、平成7年に塚口停車の通勤特急、通勤急行を設定して、この現象に歯止めをかけた。表にはないが、平成8年度には定期客は96％に戻った。

しかし、再び減少していき、平成24年度には昭和59年度にくらべ定期客は52％の減少、定期外客は１０８％と増加したものの、合計では70％減少という状態になっている。

阪急伊丹線

阪急塚口駅で神戸線と接続し、伊丹駅までの全区間が福知山線と並行する伊丹線の落ち込みも激しい。ＪＲ東西線が開通して1年後の平成10年度には、定期外客も昭和59年度にくらべて１００％を割ってしまった。

少子高齢化もあって定期客が減るのは防ぎにくいが、いろいろと改善して、平成24年度には定期外客の回復基調というか、減少を食い止めている。なお、昭和62年度の神戸方面の定期客と定期外客、平成21年度の梅田方面と神戸方面の定期客と定期外客の記載はない。

伊丹線からの乗換客（下段は指数）

	梅田方面				神戸方面				合計			
	定期	定期外	計	定期比率	定期	定期外	計	定期比率	定期	定期外	計	定期比率
S59	10252	5038	15290	67.1	5013	2257	7270	68.9	15265	7295	22560	67.7
S62	10994	5455	16449	66.8	5311	2777	8088	65.7	16305	8232	24537	66.5
	107	108	108						107	113	109	
H1	10362	5310	15672	66.1	5221	2736	7597	68.7	15583	8046	23629	65.9
	101	105	102		104	121	104		102	110	105	
H5	9754	4931	14685	66.4	5190	2618	7808	66.5	14944	7549	22493	66.4
	95	98	96		104	116	107		98	103	100	
H10	7063	4606	11669	60.5	3803	2611	6414	59.3	10866	7217	18083	60.1
	69	91	76		76	116	88		71	99	80	
H14	6012	4740	10752	55.9	3546	3085	6631	53.5	9558	7825	17383	55.0
	59	94	70		71	137	91		63	107	77	
H21		4890				3172			8192	8062	16254	50.4
		97				63			54	111	72	
H24	4748	5037	9785	48.5	3704	3254	6958	53.2	8452	8291	16743	51.0
	46	100	64		74	144	96		55	114	74	

阪急宝塚駅

阪急宝塚駅は、福知山線宝塚駅と隣接している。このため大幅に乗客が減ったと思われるが、結果的には増えている。

たしかに平成元年度には定期外客が、平成21年度には定期客が昭和59年度にくらべて100％を割ったが、それ以外は増えている。一番の要因は始発駅で座れるからである。

なお、今津線からの乗換客は含まれていない。今津線からの乗換客は宝塚駅乗車客の倍以上にもなっている。それなら今津線と直通運転をすれば便利になるが、そうなると宝塚駅で座れるチャンスが

宝塚　梅田方面（下段は指数）

	定期客	定期外客	合計	定期比率
S59	3248	3326	6574	49.4
S62	3967	3050	7017	56.5
	122	92	107	
H1	3924	2664	6588	59.8
	121	80	100	
H5	3679	3416	7095	51.9
	110	118	113	
H10	4399	4556	8955	49.1
	135	137	136	
H14	3576	4823	8399	42.6
	110	145	128	
H21	3218	4273	7491	43.0
	99	128	114	
H24	3497	4426	7923	44.1
	108	133	121	

川西能勢口→池田　駅間乗車人員（下段は指数）

	定期客	定期外客	合計	定期比率
S59	37996	18743	56739	67.0
S62	41589	19548	61137	68.0
	109	104	108	
H1	41330	19820	61150	67.6
	109	106	108	
H5	41877	22182	64059	65.4
	110	118	113	
H10	40850	23519	64369	63.5
	107	125	113	
H14	34187	23886	58073	58.9
	90	127	102	
H21	27870	26564	54434	51.2
	73	142	96	
H24	26463	26157	52620	50.3
	70	140	93	

減ってしまう。

座って梅田駅まで行けるということで福知山線の新三田方面からの乗換客もいる。そのメリットが失われることになると、ＪＲ福知山線利用に切り替えられてしまう。

中山観音駅

では、ＪＲ中山寺《なかやまでら》駅と隣接している中山観音《なかやまかんのん》駅ではどうかというと、平成10年度以降から落ち込みが激しい。なお昭和62年度の宝塚方面の記載はない。

平成21年度では定期客は52％、定期外客は88％になってしまった。しかし、下げ止まりになって平成24年度もさほど変わっていない。

川西能勢口→池田間

阪急宝塚線は、宝塚—川西能勢口《かわにしのせぐち》間でＪＲ福知山線と並行している。少子高齢化で、定期客が減って定期外客が増えているので定期比率は減少しているが、全体の輸送量では7％減ですんでいる。これは、福知山線の輸送改善の影響を受けない能勢電鉄からの乗換客があることと清荒神《きよしこうじん》、売布神社《めふじんじゃ》、

中山観音　乗車（下段は指数）

	梅田方面				宝塚方面				合計			
	定期	定期外	計	定期比率	定期	定期外	計	定期比率	定期	定期外	計	定期比率
S59	3443	2394	5837	59	1165	1443	2608	44.7	4608	3837	8445	54.6
S62	3729	2048	5777	64.5								
	108	86	99									
H1	3696	2120	5816	63.5	1692	1105	2797	60.5	5388	3225	8613	62.6
	107	89	100		145	77	107		117	84	102	
H5	3922	2126	6048	64.8	1571	1062	2633	59.7	5493	3188	8681	63.3
	114	89	104		135	74	101		119	83	103	
H10	3211	2189	5400	59.5	1342	1064	2406	55.8	4553	3253	7806	58.3
	93	91	93		115	74	92		99	85	92	
H14	2545	2060	4605	55.3	1103	1061	2164	51	3648	3121	6769	53.9
	74	86	79		95	74	83		79	81	80	
H21	1781	2109	3841	46.4	868	1166	2034	42.7	2649	3275	5924	44.7
	52	88	66		75	81	78		57	85	70	
H24	1749	2079	3828	45.7	1140	1218	2358	48.3	2889	3297	6186	46.7
	51	87	66		98	84	90		63	86	73	

山本《やまもと》、雲雀丘花屋敷《ひばりがおかはなやしき》の4駅に隣接してＪＲ福知山線に駅がないからである。
これらの駅の近くに福知山線の新駅を造られると大変なことになる。

阪神千船、姫島、野田、福島

影響を受けているのは阪急だけではない。阪神の千船《ちぶね》、姫島《ひめじま》、野田《のだ》、福島《ふくしま》の4駅はＪＲ東西線と並行している。

21、22ページの各表は、千船駅と姫島駅では梅田方面の乗車、野田駅と福島駅では尼崎方面からの降車と梅田方面への乗車である。

千船駅は、ＪＲ東西線が開通した1年後の平成10年度に定期客が大幅に減り始めたが、定期外客は微増している。しかし、平成21年度からは定期外客も減り始めている。それに歯止めをかけるために朝ラッシュ時に区間急行が停車するようになったが、あまり効果がない。終日、急行の停車が必要であろう。

姫島駅も同様である。こちらは平成21年の改正で本線準急が廃止になり、区間急行は停車しないから落ち込みが激しい。

野田駅の尼崎駅からの降車の減少は、やはり平成10年度からである。ただし、東西線の近くにある千船駅と姫島駅の阪神本線乗車客の減少は、少子高齢化の要因もあるので、定期外客はかえって増えている。平成21年度からの減少は、阪神なんば線の開通で野田駅で千日前《せんにちまえ》線に乗り換える客が大幅に減ったためである。

千船　梅田方面乗車（下段は指数）

	定期客	定期外客	合計	定期比率
S59	5848	2217	8065	72.5
H1	6738	2602	9340	72.1
	115	117	116	
H5	6310	2735	9045	69.8
	108	123	112	
H10	4633	2808	7441	62.2
	79	127	92	
H14	4223	2837	7060	59.8
	72	128	88	
H21	3334	2451	5785	57.6
	57	111	72	
H24	3281	2349	5630	58.3
	56	106	70	

姫島　梅田方面乗車（下段は指数）

	定期客	定期外客	合計	定期比率
S59	4003	2103	6106	65.6
H1	3956	2313	6269	63.1
	99	110	103	
H5	3776	2425	6201	60.9
	94	115	102	
H10	2783	2177	5208	53.4
	70	104	85	
H14	2149	2656	4805	44.7
	54	126	79	
H21	2298	1906	4204	54.7
	57	91	69	
H24	2244	1851	4095	54.8
	56	88	67	

野田駅から梅田方面への乗車客は大幅に減っている。ＪＲ東西線が開通する前に、南森町《みなみもりまち》駅など東方面に行くには野田駅から梅田に出て地下鉄谷町《たにまち》線に乗り換えていたが、その必要がなくなったことが大きい。ＪＲ東西線の北新地《きたしんち》駅近くのオフィスに行くのもＪＲ東西線がいい。

福島駅に至っては、昭和59年度にくらべて平成24年度では福島駅から梅田駅の乗車は29％に、尼崎方面からの降車は69％に減ってしまっている。このため駅はがらんとしている。

梅田方面からの減少は、ＪＲ東西線の開通だけではなく、大阪環状線の紀州路・関空快速と大和路快速が福島駅に停まるようになったこともある。これら快速は天王寺《てんのうじ》始発がほとんどで、わざわざ阪

阪神野田(下段は指数)

	尼崎方面から降車				梅田方面乗車			
	定期	定期外	計	定期比率	定期	定期外	計	定期比率
S59	5879	3491	9370	62.7	4877	3575	8452	57.7
H1	5807	3807	9614	60.4	5245	3715	8960	58.5
	99	109	103		108	104	106	
H5	6374	4260	10634	59.9	5586	4174	9760	57.2
	108	122	113		115	117	115	
H10	4483	4594	9077	49.4	4017	3772	7789	51.5
	76	132	97		77	106	92	
H14	4620	4778	9398	49.2	2866	3484	6350	45.1
	79	137	100		59	97	75	
H21	3985	3935	7920	50.3	2983	3366	6349	47.0
	68	113	85		61	94	75	
H24	3937	3580	7517	52.4	2904	3406	6310	46.0
	67	103	80		60	95	75	

福島(下段は指数)

	尼崎方面から降車				梅田方面乗車			
	定期	定期外	計	定期比率	定期	定期外	計	定期比率
S59	2598	1543	4141	62.7	2271	2648	4919	46.1
H1	2560	1570	4130	62.0	2205	2525	4730	46.6
	99	102	100		97	95	96	
H5	2825	1825	4650	60.8	1727	2399	4126	41.9
	109	118	112		76	91	84	
H10	1415	1118	2533	55.9	793	997	1790	44.3
	54	72	61		35	38	36	
H14	1460	1372	2832	51.6	621	860	1481	41.9
	56	89	68		27	32	30	
H21	1392	1576	3036	43.9	586	992	1578	37.1
	54	102	73		26	37	32	
H24	1338	1502	2840	47.1	529	904	1433	36.9
	52	97	69		23	34	29	

神に乗り換えてまで福島駅に行くことはなくなった。

さらに阪神福島駅が地下化によってＪＲ東西線の新福島駅の近くの国道2号の地下に移転し、わずかな距離だが福島の繁華街から遠くなったことでも要因である。

地上時代の阪神福島駅跡地や線路跡は、西梅田開発として、移転してきたホテル阪神などが入るラグザ大阪が建ったりしているが、それでも福島駅の乗客は減っている。そんなに離れたわけでもないが、大阪環状線福島駅は繁華街の中にあって阪神利用が遠のいた。また、阪神福島駅は南側移転によって中之島《なかのしま》へ行きやすくなったが、中之島方面に行く人は今のところそんなには多くない。

阪神福島駅の尼崎方面からの降車客、あるいは尼崎方面への乗車客が減ったのは、ＪＲの各駅に近い阪神西宮以西からの客が減ったことが大きな理由だろう。ＪＲ東西線なら東海道線と直通運転をしているために便利である。神戸方面から福島駅へは阪神利用だと、基本的に昼間時は西宮駅で特急から急行に乗り換え、さらに尼崎駅で急行から普通に乗り換えなくてはならないダイヤになっている。しかも尼崎駅から福島駅まで6か所の駅に停車する。

一時期、昼間の急行を福島に停車したことがあったが、現在のダイヤでは通過している。福島停車をすると、梅田駅での折返時間が3分になってしまう。阪神は折返時間を最低5分にしているためにできない。

さらに、各停は千船駅で特急を待避する。ただし、下りは福島駅の隣の野田駅で急行と緩急接続をするから便利だが、上りは急行を待避せずに先に梅田駅まで走っている。上りも野田駅で急行を待避すればいいが、そうすると梅田駅で5分の折返時間が取れないという悩みがある。

片町線河内磐船駅から見た京阪交野線

朝ラッシュ時は、区間急行が千船駅と福島駅に停車するので、千船―福島間はJR東西線の御幣島《みてじま》―新福島間利用を阻止している。神戸方面から甲子園始発の区間急行に座って乗るためには、朝ラッシュ時の上り特急は甲子園駅を通過するので、その前の快速急行からの乗り換えとなる。これによって特急の混雑を緩和している。いろいろ苦労はしているが、JRに対して優位を保てないのが現状である。

京阪本線

京阪本線もJR東西線の開通で乗客減に悩まされている。さらに地下鉄長堀鶴見《ながほりつるみ》緑地《りよくち》線による乗客減もある。JR東西線に直通している片町線は、京阪本線とはさほど近くで並行しているわけではない。それなのに減少しているのである。

交野《かたの》線の河内《かわち》森《もり》駅の乗降客が片町線の河内《かわち》磐船《いわふね》駅に移ったといわれる。しかし、JR東西線が開通した1年後の平成10年度では増えている。同年度以降も大きく減らしてはいない。河内森駅は少しは影響したと思われるが、住宅開発などがあって減らしてはいないのである。

しかし、宮之《みやの》阪《さか》↓枚方市《ひらかたし》間ではじわじわと減っている。

交野線は、JRに対抗するため、朝ラッシュ時に京阪本線直通のK特急「おりひめ」、夕ラッシュ時に準急「ひこぼし」の運転をしていたことがあった。しかし、さほど効果がないために現在は走っていない。

一方、京阪本線の古川橋《ふるかわばし》→門真市《かどまし》間をみると、JR東西線が開通してから減少していき、表にはないが平成26年度は全体で2割減っている。理由は、京阪本線と片町線の中間あたりに住んでいる人の多くが、片町線のほうを利用するようになったためである。

京阪本線は、準急の増発によって阻止しようとしているが、なかなかうまくいっていない。萱島《かやしま》駅以南は複々線になっているので運転本数は多いが、寝屋川《ねやがわし》市や香里園《こうりえん》などの駅は運転本数が限られてしまう。無理をしてでも、香里園始発の準急を走らせる必要があろう。

河内森　枚方方面乗車（下段は指数）

	定期客	定期外客	合計	定期比率
S59	2853	1077	3930	72.6
H1	3387	1129	4516	75.0
	119	105	115	
H5	3121	1248	4369	71.4
	109	116	111	
H10	3354	1544	4898	68.5
	118	143	125	
H14	3122	1666	4788	65.2
	109	155	122	
H21	3107	2224	5331	58.3
	108	206	136	
H24	3177	1888	5065	62.7
	111	175	129	

宮之阪→枚方市間　通過人数（下段は指数）

	定期客	定期外客	合計	定期比率
S59	13444	5260	18704	71.9
H1	14390	5960	20350	70.7
	107	113	109	
H5	13629	6324	19953	68.3
	101	120	107	
H10	14360	7929	22289	64.4
	107	151	119	
H14	10849	7566	18415	57.0
	81	144	98	
H21	9131	9668	18799	48.6
	68	184	101	
H24	8794	9150	17944	49.0
	65	174	96	

古川橋→門真市　大阪方面駅間通過（下段は指数）

	定期客	定期外客	合計	定期比率
S59	138852	60657	199509	69.6
H1	146197	64287	210484	69.5
	105	106	106	
H5	145985	70164	216149	67.5
	105	116	108	
H10	119606	68330	187936	63.6
	86	113	94	
H14	106856	73048	179904	59.3
	77	120	90	
H21	82685	80354	163039	50.7
	60	132	82	
H24	77460	82249	159709	48.5
	56	136	80	

海外からの乗客は大阪一極集中となっている

関西国際空港が着工したころは、開港しても、海外からの観光客は大阪を素通りして京都に向かうので、大阪は見向きもされずに、ただの通過地になってしまうという懸念があった。

そういうことから、関空特急「はるか」は京都始発にした。そして大阪市内は天王寺駅と新大阪駅しか停まらず、大阪駅に寄っていない。

しかし、現在は京都よりも大阪のほうに魅力があるとして、多くの海外からの観光客が大阪に立ち寄るようになった。もっとも京都のホテルが満杯状態にあることから、大阪のホテルなどに泊まって京都に通う観光客も多い。そして、いざ大阪のホテル、とくにミナミに泊まってみると京都宿泊よりも人情味があって過ごしやすい。そのために京阪は、外国人観光客をターゲットにして、特急にプレミアムカーを連結するようになった。

海外観光客は大阪のホテルに泊まり、そこから京都、奈良、神戸の観光に行くのが定番になりつつある。海外観光客はまさに大阪に一極集中してきた。

ＪＲ関空特急「はるか」では、天王寺に行けても難波には行けない。自由席特急料金も970円である。運賃と合わせると1970円にもなる。南海の「ラピート」だと難波だけでなく新今宮《しんいまみや》にも行ける。運賃・特急料金の合計は、天下茶屋—難波間は1430円とＪＲよりも安い。このため「ラピート」を利用する海外の人も多い。ただしジャパンレールパスを持っている人はＪＲに乗る。

入口の関西空港から大阪に行くには、南海のほうが安いのと、空港ロビーからはまず南海の改札口があるので結構利用されている。関空快速の利用も多いが、それはジャパンレールパスを使っている人が多い。

いずれにしても、大阪はただの通過地点にはならなかった。そして心斎橋などを歩くと、京都に負けず劣らず外国人だらけである。大阪から京都だけでなく神戸や奈良に向かう人も多い。これからは、外国人乗客の獲得競争が繰り広げられよう。それはとどのつまり、大阪から京都、奈良、神戸の各方面、そして関空―大阪間、関空―和歌山間であり、国鉄・JRと私鉄が乗客の争奪戦をずっと繰り広げてきた区間である。

関西の玄関口関西空港

りんくうタウン付近を走る「はるか」

りんくうタウン付近を走るラピート

便利になったけれど遅くなっている関西の路線

京阪特急といえば、淀屋橋《よどやばし》駅を出て京橋《きょうばし》駅まで各駅に停車するが、京橋駅を出ると京都の七条駅までノンストップで走るイメージが強い。七条の次は四条、そして三条に到着する。京都側では途中の五条駅に停車しないが、京都市内もほぼ各駅停車みたいなものだった。

鴨東《おうとう》線が開通したときからは、出町柳《でまちやなぎ》駅の手前の丸太町《まるたまち》駅も通過するので各駅停車とはいいがたいが、とにかく大阪都心部と京都都心部を結ぶのが京阪特急だった。

京阪線内の主要駅間の輸送は、急行が担っていた。大阪側から見て急行の停車駅は京橋まで各駅、寝屋川市、香里園、枚方市、樟葉《くずは》、八幡《やわた》市、中書島《ちゅうしょじま》、丹波橋《たんばばし》、伏見稲荷《ふしみいなり》、七条以遠各駅だった。

中間駅で乗降客が多い守口市《もりぐちし》駅は通過していた。淀屋橋駅から守口市駅へは区間急行が担っていた。区間急行の停車駅は京橋を出ると次は守口市駅となり、守口市駅からは各駅に停車する。

また、急行の補完として準急も走る。昼間時の準急は淀屋橋―樟葉間の運転で、停車駅は京橋、萱島以遠各駅だった。

区間急行よりも準急の停車駅が少なかったのは、区間急行は、京橋駅の京都寄りにあった蒲生《がもう》信号所―土居間が複々線化されたときに、複々線区間だけ通過運転をする目的で設定され、そのころは準急はなかった。

昭和55年（1980）3月、守口市―寝屋川信号所間が複々線化されたときに準急が設定された。

昼間時の区間急行は運転されなくなり、代わって準急が走るようになった。停車駅は京橋まで各駅、守口市、萱島、以遠各駅である。このときから昼間時の急行は守口市駅にも停車するようになった。なお、萱島駅の京都寄りに寝屋川信号所があり、同信号所の先にある寝屋川車庫に複々線の緩行《かんこう》線（各停線）がつながっている。

これで、乗降客が多いのに急行に無視され続けていた守口市駅の乗降が便利になった。

平成5年（１９９３）1月改正で、朝ラッシュ時下り（淀屋橋方面）の特急の6本が中書島駅に停車するようになった。これによって、特急の京阪間途中駅無停車の原則が崩れた。9年にはこの6本は枚方市にも停車するようになった。

中書島停車は、宇治《うじ》線に並行するＪＲ奈良線に六地蔵《ろくじぞう》駅ができるとともに、奈良線のダイヤが改善されたことで宇治線から京阪本線を経て京都や大阪方面に向かう客が減ったことがある。宇治駅などから大阪駅に行くには、ＪＲ京都駅に出で新快速に乗り換えたほうが早くて便利になったからである。

枚方市駅の停車も、ＪＲ片町線がＪＲ東西線の開通によって直通運転を開始し、交野線から京阪本線に乗り換えて大阪に向かう客が減ったためである。

枚方駅に停車するようになったときに3扉セミクロスシート車を登場させてこれを使用するようになった。

そして平成12年7月改正で、特急は中書島駅と丹波橋駅に終日停車するようになった。丹波橋駅の停車は同駅で普通や準急と緩急接続をして、同駅前後の各駅の利便性を高めるとともに、近鉄との連

平成30年			現停車駅 *斜字は追加駅*	備考
平均駅間距離	所要時間	表定速度		
14.3	28	91.7	*高槻*、新大阪	
4.3	41	62.6	高槻まで各駅、茨木、新大阪	桂川、島本の２駅新設
4.9	50	59	北浜、天満橋、京橋、*枚方市*、*樟葉*、*中書島*、*丹波橋*、七条、四条	出町柳行の所要時間
8.2	46	64.2	北浜、天満橋、四条	平日1日2往復
5.3	43	66.6	十三、*茨木市*、*高槻市*、*長岡天神*、*桂*、烏丸	昭和62年度に停車していた大宮駅は通過
10.2	21	87.4	*尼崎*、*芦屋*	
5.1	27	68	*尼崎*、西宮、芦屋、*住吉*、*六甲道*	
4.5	32	58.5	*尼崎*、*甲子園*、西宮、芦屋、*魚崎*、*御影*	
5.4	27	71.8	十三、西宮北口、*夙川*、*岡本*	
2	33	44.6	十三、豊中、蛍池、石橋、池田、川西能勢口、雲雀丘花屋敷、山本、中山観音、売布神社、清荒神	平成30年度の営業キロは24.5km/h
13.7	44	74.7	明石、西明石、加古川	
4.8	56	61.7	高速長田、*板宿*、*月見山*、須磨、*垂水*、*舞子公園*、明石、東二見、高砂、大塩、飾磨	
6.3	34	66.2	久宝寺、王寺、法隆寺、大和小泉、郡山	
4.1	36	51.8	日本橋、上本町、鶴橋、生駒、学園前、西大寺、*新大宮*	
13.5	54	77.6	鶴橋、*大和高田*、八木、*榛原*	毎時難波発10分(62年度は上本町発)
16.8	54	77.6	鶴橋、布施、八木	毎時上本町発50分
22.4	71	56.8	鶴橋、*布施*、*河内国分*、*五位堂*、大和高田、八木、桜井、*大和朝倉*、*長谷寺*、榛原、*室生口大野*、*三本松*、*赤目口*	平成30年度は急行
13.3	37	64.5	*尺土*、高田市	
10	39	61.2	古市、尺土、高田市	
12.7	34	67.1	*丹波橋*、八木	
3.5	46	49.6	東寺、*竹田*、丹波橋、桃山御陵前、大久保、新田辺、*新祝園*、高の原、西大寺、*新大宮*	
3.8	72	51.1	堺市、三国ケ丘、鳳、和泉府中、東岸和田、熊取、*日根野*、*長滝*、*新家*、和泉砂川、*和泉鳥取*、*山中渓*、*紀伊*、*六十谷*、*紀伊中之島*	平成30年度は紀州路快速
6.4	59	65.3	新今宮、*天下茶屋*、堺、岸和田、泉佐野、*尾崎*、*みさき公園*、*和歌山大学前*	
4.3	35	58.3	新今宮、*天下茶屋*、堺、羽衣、*春木*、岸和田、貝塚	昭和62年度の羽倉崎行急行のみ春木停車、平成30年度は空港急行
6.26	41	64.1	新今宮、*天下茶屋*、堺東、*金剛*、*河内長野*、*林間田園都市*	
4	45	58.4	新今宮、天下茶屋、堺東、北野田、金剛、河内長野、三日市町、美加の台、*林間田園都市*、御幸辻、	下り3本、上り1本、62年度は設定なし
3.4	48	54.8	新今宮、*天下茶屋*、堺東、北野田、金剛、河内長野、三日市町、美加の台、千早口、天見、紀見峠、*林間田園都市*、御幸辻	

停車駅

線名	区間	種別	距離	昭和62年				
				停車駅数	平均駅間距離	所要時間	表定速度	停車駅
東海道線	京都—大阪	新快速	42.8	1	21.4	29	88.6	2
		快速		7	5.4	41	62.6	9
京阪本線	三条—淀屋橋	特急	49.2	5	8.2	46	64.2	9
		快速特急						5
阪急京都線	河原町—梅田	特急	47.7	3	11.9	38	75.3	7
東海道線	大阪—三ノ宮	新快速	30.6	0	30.6	22	83.5	2
		快速		2	10.2	26	70.6	5
阪神本線	梅田—三宮	特急	31.2	3	7.8	27	69.3	6
阪急神戸線	梅田—三宮	特急	32.3	2	10.8	26	74.5	5
阪急宝塚線	梅田—宝塚	急行	24.6	10	2.2	35	42.3	11
山陽線	神戸—姫路	新快速	54.8	3	13.7	44	74.7	3
山陽電鉄	新開地—姫路	特急	57.6	8	7.2	59	58.6	11
関西線	天王寺—奈良	快速	37.5	4	7.5	33	68.2	5
近鉄奈良線	難波—奈良	快速急行	32.8	6	4.9	33	59.6	7
近鉄大阪線	上本町—名張	特急	67.3	2	22.4	53	76.2	4
				3	16.8	54	77.6	3
	上本町—名張	快速急行		5	11.2	59	68.4	13
近鉄南大阪線	阿部野橋—橿原神宮前	特急	39.8	1	19.9	36	66.3	2
		急行		3	10	43	55.5	3
近鉄京都線	京都—奈良	特急	38	1	19	33	69.1	2
		急行		7	4.8	42	54.3	10
阪和線	天王寺—和歌山	快速	61.3	6	8.8	54	64.5	15
南海本線	難波—和歌山市	特急	64.2	4	12.8	55	70	9
	難波—泉佐野	急行	34	6	5.7	33	61.8	7
南海高野線	難波—橋本	特急	43.8	2	14.6	42	62.6	6
		快速急行						10
		急行		11	3.7	54	49.2	13

絡によって、京都方面でもＪＲ奈良線と対抗するためである。

平成15年9月には大幅改正をした。それまでの昼間時は、15分サイクルに特急、急行、準急、それに普通の淀屋橋—出町柳間と淀屋橋—萱島間が各1本の運転だったのを、10分サイクルに特急、準急、普通（淀屋橋—萱島間）が各1本となった。急行がなくなったために、特急は枚方市駅と樟葉駅にも停まるようになった。

その後、中之島線の開通で快速急行など多種の列車種別が生まれ、昼間時は準急を廃止して急行にしたりしたが、現在の平日昼間時は特急、準急と普通が各1本の運転である。普通は中之島—萱島間が30分毎、中之島—枚方市間が10、20分毎になっている。

特急の停車駅が増えて便利になった反面、特急の淀屋橋—三条間の所要時間は、京阪間ノンストップの時代は45分だったのが、現在は51分になってしまった。便利になっても遅くなるというところである。

ただし、以前の特急と同じ停車駅で快速特急「洛楽《らくらく》」が少し走る。平日午前中は淀屋橋駅から出町柳駅へ、夕方は出町柳駅から淀屋橋駅へ各2本（休日は各5本）30分毎に走る。10分毎の特急に加えて運転され、所要時間は46分とほぼ同じで、特急が遅くなったとの批判にそれなりに応えている。

京阪だけではない。阪急京都線の特急も停車駅は以前は十三《じゅうそう》、大宮《おおみや》、烏丸《からすま》だったのが十三、淡路《あわじ》、茨木市《いばらきし》、高槻市《たかつきし》、長岡天神《ながおかてんじん》、桂《かつら》が加わった。ただし大宮は通過するようになった。

阪神特急の停車駅も以前は西宮、芦屋《あしや》、御影《みかげ》、三宮の4駅だったのが、尼崎《あまがさき》、甲子園、西宮、芦屋、魚崎《うおざき》、御影、三宮と増えた。西宮、芦屋、御影、三宮停車の以前は、三宮だけ停車する阪神間ノンストップ運転だった。また、戦前の特急は野田、尼崎、西宮、芦屋、御影と戦後に長らく続いていた急行の停車駅だった。現在の特急の停車駅はかつての急行停車駅のうち野田駅を通過し魚崎に停車するようになっただけである。

阪急神戸線も、ＪＲの新駅の対抗で夙川《しゅくがわ》と岡本に停車するようになった。

近鉄奈良線では、昼間時に区間準急が走るようになった。準急の停車駅が鶴橋《つるはし》まで各駅、布施《ふせ》、河《かわ》内《ち》小阪《こさか》、東花園《ひがしはなぞの》、石切《いしきり》以遠各駅である。区間準急は東花園以遠各駅となり、石切駅で急行と緩急接続をするようになって利便性が高まった。近鉄大阪線では、急行が河内国分駅に停車するようになった。特急も京都線で丹波橋、高《たか》の原《はら》（ラッシュ時のみ）、橿原線の西《にし》ノ京《きょう》（昼間時のみ）、南大阪線の古《ふる》市《いち》と尺土《しゃくど》が停車駅に加わっている。さらに、名阪間ノンストップのアーバンライナーはなくなってしまった。

準大手の山陽の特急も、ＪＲ対策などで板宿《いたやど》、月見山、舞子《まいこ》公園《こうえん》の各駅にも停まるようになった。

ところが、南海本線の急行の停車駅は増えていない。並行する阪和線とは結構離れていて、さほど乗客の減少がみられないからである。というよりも空港急行の運転本数が多く、昼間時の和歌山市方面の急行はなくなり空港急行だけになった。しかも空港急行は、かつての羽《は》倉崎《ぐらざき》発着の白線急行の流れを引き継いでいるので、春木《はるき》駅にも停車する。そして特急「サザン」が30分毎の運転になり、和歌山行の急行が昼間時に走らなくなったことから、尾崎《おざき》駅とみさき公園駅、それに新駅の和歌山大学前駅に停まるようになった。

空港特急ラピートは、運転開始時に難波―関西空港間でノンストップだったαと、新今宮、堺、岸和田、泉佐野《いずみさの》停車のβの運転本数がほぼ同一、つまり1時間に各1本だった。

一部のβは、平成8年10月に天下茶屋、αは13年3月に天下茶屋《てんがちゃや》、15年にはαとβはともに泉佐野駅とりんくうタウン駅に停車するようになる。そして今やほとんどがβばかりになり、αは朝の下りと夜間の上下のみになっている。

その並行する阪和線の紀州路快速のほとんどは、日根野《ひねの》以南で各駅に停車する。日根野以南で従来の停車駅である和泉砂川《いずみすながわ》、紀伊、六十谷《むそたに》停車の快速は朝夕夜間のみ走る。かつて、阪和間完全ノンストップの新快速が走っていた時代からすると、隔世の感がある。

高野線の特急は、天下茶屋、金剛《こんごう》、河内長野《かわちながの》、林間田園都市《りんかんでんえんとし》の各駅、急行は天下茶屋と林間田園都市に停車するようになった。しかし御幸辻―橋本間を線形改良したうえで複線化したので、停車駅が増えても、かえって所要時間が短縮した。さらに運転本数は少ないが、快速急行を新設して昭和62年の急行よりも9分の短縮になった。

新快速の京都―姫路間の停車駅は、登場時からしばらくは大阪、三宮、明石、加古川のみで、新幹線駅の新大阪と西明石にも停車しなかった。それが今では高槻、新大阪、尼崎、芦屋、神戸、西明石にも停まるようになった。

停車駅が増え、増えた駅で緩急接続をすることが多い。普通だけが停まる駅から優等列車に乗り換える機会が増えて便利になった。その反面、遅くなっている。

「遅くなっていいのか」というところと「利便性が高まるのがいいのか」と問われると、後者のほうだろうが、歴史をみると、遅くなってしまったのを補うように速い列車が登場することがある。そして、それがまた停車駅が増えて遅くなるという繰り返しが起こっている。

典型的なのは、京阪神間を走る新快速である。今の新快速の停車駅は、かつての快速の停車駅である。今後、また速い列車が走ることもありうる。今一番登場してほしいのは、阪神・山陽で運転されている直通特急に加えて、新快速に対抗する停車駅の少ない新特急の運転だろう。

塩屋駅付近を走るJR快速（左）と阪神車による山陽直通特急（右）

野江駅を通過する京阪特急

高安付近を走る近鉄特急

ＪＲの新駅の開業で防戦一方の京阪神間私鉄

ＪＲ《ジェイアール》は、東海道・山陽線の京阪神区間に多数の新駅を設置した。栗東《りっとう》、南草津、桂川、島本、総持寺《そうじじ》、さくら夙川《しゅくがわ》、甲南山手《こうなんやまて》、摩耶《まや》、須磨《すま》海浜公園、ひめじ別所《べっしょ》、東姫路である。

地元が要望したり出費したりしたいわゆる請願駅は少なく、ＪＲ西日本が計画して自費で開設した駅が多い。設置の目的は、東海道山陽線の乗客を増やすことだが、ＪＲに駅はなくても並行する私鉄に駅があって、これを利用していた客をＪＲ利用に切り替えることを目的にする駅が多い。

最初に開設したのが甲南山手駅である。ここは阪急神戸線や阪神本線に駅があまりなく、甲南女子大・女子高への足として開設した。しかし、その結果、阪急岡本駅や阪神深江《ふかえ》駅の乗客を減らした。

ＪＲのダイヤ改善によって、近接しているＪＲの摂津《せっつ》本山《もとやま》駅の乗客が増え阪急岡本駅の乗客が激減してしまった。そこで阪急は特急を岡本駅に停車させて防戦した。ＪＲは各停しか停車しないから、この防戦は功を奏した。しかし、これは阪急芦屋川駅でもいえることで、ＪＲの芦屋駅に客を取られて減っている。こちらには特急を停めなかった。停めると連続停車になって特急の意味がなくなることと、ＪＲの芦屋駅は新快速と快速も停まる。阪急にとって勝目がないからである。

そうこうするうちに、ＪＲはさくら夙川駅を新設した。ここは阪急夙川駅と阪神の香櫨園《こうろえん》駅と西宮駅に近い。地元が、「なんでこんなところに」と驚くほどで、ＪＲの西宮駅と1・5キロ、阪急の夙川駅と300mほどしか離れていない。

須磨浦公園付近を走るJR新快速（下）と阪神車による山陽直通特急（上）

そこで阪急は、夙川駅にも特急を停車するようにした。阪神は少し離れているからやや安心したものの、朝ラッシュ時上りに走る準急を香櫨園駅に停車させた。阪神なんば線が開通して本線を走る準急がなくなったので、現在は区間特急が停車する。

その阪神にもJRは攻勢をかけてくる。阪神西灘《にしなだ》駅の近くに摩耶駅を開設した。このため西灘駅の乗客が減ってしまった。阪神なんば線の開業で車両数や乗務員が足らず、ラッシュ時に対抗する列車の新設はできない。だが、大石《おおいし》—三宮間を回送で折り返している山陽S特急を西灘停車の大石—三宮間を営業電車として走らせることはできる。また、御影折返にして停車駅を西灘、大石にしてもいい。

ＪＲは須磨海浜公園駅を開設した。同駅は山陽電鉄の月見山駅に近い。山陽は背に腹は代えられないとして、月見山駅に特急、S特急を停

芦屋付近を走る阪急普通

車させるようにした。

並行する阪急京都線でもＪＲは桂川、島本、ＪＲ総持寺の3駅を設置した。これに対し、阪急はそれまでに15分サイクルから10分サイクルにしていたため、新たな列車を走らせたり停車駅を増やしたりはできず、そのまま放置している。ただし、桂川駅に対抗して洛西口《らくさいぐち》駅を設置、洛西ニュータウンからの乗客を取り込むようにした。洛西ニュータウンからは阪急洛西口駅のほうが近く、バス利用者は洛西口を利用することになるからである。また、西山天王《にしやまてんのう》山《ざん》駅を開設して、ＪＲの長岡京駅（かつての神足）の乗客を少し減らさせた。

阪急の乗客減は深刻である。ＪＲ対策として、京都、神戸の各線は10分サイクルにして対抗している。阪神のほうは阪神なんば線によって、神戸方面から大阪ミナミへのアクセスをほぼ独占していて乗客が増加しており、少しは安心している。だが、御影以遠から三宮方面の輸送を強化する必要がある。

おおさか東線は近鉄・阪神にとって脅威になる？

まもなく開通するおおさか東線の北部区間は、新大阪駅が終点だが、梅田貨物線を通って西九条駅、さらには桜島《さくらじま》駅まで走り、ＵＳＪの新たなアクセスルートになる可能性がある。これ自体は、私鉄にとって並行路線があるわけでもなく脅威ではない。

しかし、既存開通区間を利用して、奈良―神戸間に快速の運転を開始したとすると、近鉄と阪神にとっては脅威になる。ようは関西線、おおさか東線、片町線、東海道線を通る快速である。

現在の快速の奈良―京橋間の所要時間は46分である。近鉄奈良線の快速急行は鶴橋駅まで35分で、環状線に乗り換えで京橋駅まで乗換時間を5分とすると46分とタイになる。奈良―大阪（北新地）間ではＪＲは54分、近鉄は鶴橋駅での乗換時間を5分としても55分とやはりほぼ同じである。

おおさか東線の快速は朝ラッシュ時に奈良発が4本、夕ラッシュ時に尼崎発が4本しか運転されていない。新大阪延伸後は、この朝夕運転の快速は奈良―新大阪間の運転になる。しかし、奈良―尼崎間運転の快速が終日15分毎に走るようになれば、近鉄奈良線にとっては脅威である。

さらにＪＲ東西線で御幣島《みてじま》駅と加島《かしま》駅を通過し、東海道線でも快速で神戸駅に達すると、京橋―神戸間は34分、京橋―三ノ宮間は30分、奈良―三ノ宮間は1時間15分である。一方、近鉄奈良―神戸三宮間運転の阪神・近鉄の快速急行の所要時間は、1時間23分と8分遅い。奈良―神戸間を乗り通す人はそれほどいないとはいえ、近鉄・阪神の独占は揺らいでしまう。しかもＪＲは15分毎にできる。

阪神なんば線は、難波など大阪ミナミを通っているから、おおさか東線に快速が運転されてもさほど脅威ではない。ただし、海老江《えびえ》駅は阪神野田駅に隣接しており、北新地も梅田に近い。奈良―三ノ宮間に快速が走るとやはり脅かされてしまう。

とはいえ、おおさか東線は久宝寺《きゅうほうじ》―新大阪間を走る電車に重点をおく必要があり、関西線も昼間時にJR東西線直通快速を走らせると輸送力過剰になる。

東海道線への直通も問題が多い。東海道線の内側線に直通快速を走らせる余裕はない。外側線に走らせるとすると、新快速の停車駅となってさらに3分速くなる。こうすると、混んでいる京阪神間新快速の混雑緩和が少しはできるというメリットはあるかもしれないが、輸送過剰ではある。そういうことから東海道線快速を尼崎折返にして、奈良発快速を西明石まで運転ということも考えられる。そして東海道線快速を尼崎折返にせず、福知山線に走らせるというやりかたもあるが、今までなかった尼崎駅での乗り換えをさせられることは抵抗がある。

結局、JRの奈良―神戸間の直通快速は、直通各線のダイヤに影響を与えてしまうことから、しない可能性のほうが高い。するとすれば、関西線と東海道線内は、快速ではなく各停での直通だろう。それよりも、乗客の利便性をよくするほうがいい。おおさか東線の北部区間が開通すれば、久宝寺―桜島間運転の快速を終日設定するほうがいい。停車駅はJR河内永和《かわちえいわ》、高井田中央《たかいだちゅうおう》、放出《はなてん》、JR淡路、新大阪、西九条、ユニバーサルシティとし、運転間隔は30分がいいだろう。

混んでいる新快速を嫌って並行する私鉄に乗る人が増えてきた

新快速は、のべつ混んでいる。転換クロスシートは快適だが、これは座れた人に言えることで、立っている人はたまらない。座れるチャンスは京都、大阪、三ノ宮である。これらの駅で降りる人が多いからだ。しかし、この3駅から乗る人の多くは座れない。すでに立って乗っていて、座っていた人が降りるときに座れるというのがほとんどである。

京都駅を起点にして東海道線と並行している私鉄はないが、大阪駅では阪急、阪神が起点駅の梅田で座ることはできる。しかも阪神の特急には転換クロスシート車がある。直通している山陽電車の車両は、転換クロスシートがほとんどである。阪神や阪急にも転換クロスシートになっている車両がある。

梅田―三宮間の所要時間は、阪神が32分、阪急が28分、そして新快速は21分である。さして急がない人は、混んでいて座れない新快速よりも、梅田駅でかならず座れる阪神、阪急に乗る。阪急だと7分しか差がないが、もっと差がある阪神もよく利用されている。というのは、阪神は山陽と直通運転をしており、梅田駅から三宮駅を通り越して明石方面まで乗り通す人も多い。

山陽電車側からみると、朝ラッシュ時は姫路方面から明石駅でJRの新快速に乗り換えて通勤する人が多いが、明石駅では、新快速も快速も座ることができない。座れるとすれば三ノ宮駅である。それよりも、山陽の特急、S特急は明石駅で降りる人が多く、そのため座れる可能性が大きいので、そのまま乗り通す人も多いのである。

さらに運賃面からみると、阪急・阪神とも梅田―三宮間は３２０円なのに対して、ＪＲは４１０円と高い。梅田―明石間は阪神・山陽利用で９１０円、ＪＲで９２０円と10円しか違わないが、梅田―須磨間は阪神・山陽利用で６６０円、ＪＲは７１０円、梅田―姫路間は阪神・山陽利用で１２８０円、ＪＲは１４９０円と差が広がる。

年金生活者などのお年寄りは、速いよりも安くて座れるほうを選ぶ。高齢化が進んできているので、阪急、阪神、山陽の利用者が増えてきたのである。

阪急神戸線特急新開地行

阪神特急須磨浦公園行

山陽直通特急梅田行

群雄割拠の南京都

京都南部を走る路線は、西側から近鉄京都線、京都地下鉄烏丸線、京阪本線、京阪宇治線、JR奈良線、京都地下鉄東西線がある。このうち烏丸線は近鉄京都線と相互直通をし、近鉄京都線の線増線的性格をしているので競争路線ではないが、他は大なり小なり競争をしている。

一番競争を意識しているのは、近鉄京都線とJR奈良線だ。このうちの京都―奈良間については第2章で詳しく述べる。京都市内の京都―城陽《じょうよう》・寺田《てらだ》間で並行している。近鉄は、大久保《おおくぼ》駅で急行と普通が緩急結合運転をしている。昼間時で急行は1時間に4本運転をし、1本は京都地下鉄烏丸線に直通している。普通は1時間に7本で、2本が烏丸線に直通している。

かたやJR奈良線は、30分サイクルに快速1本、普通2本で、宇治駅で快速と普通は緩急接続をしている。運転本数では近鉄が勝っているが、JRは複線化を進め、京都―城陽間はすべて複線にする予定で、そうなると運転本数は増える。近鉄との競争はもっと激しくなろう。

京阪本線・宇治線とJR奈良線とは、京都市内―宇治間で競争している。京阪宇治駅は、宇治川の手前で止まっているものの、宇治線の宇治―桃山《ももやま》・桃山南口《ももやまみなみぐち》間で並行する。

京阪は、中書島駅で乗り換えて、京都市北部の出町柳駅まで行ける。

JRは、京都駅で地下鉄烏丸線に乗り換えればやはり京都市北部に行けるし、六地蔵駅で地下鉄東西線に乗り換えれば三条京阪や市役所前などに行ける。

宇治線は10分毎、奈良線は前述のように1時間に快速2本、普通4本である。本数的には同じようなものだが、京都方面へは京阪は中書島駅で乗り換えが必要である。

地下鉄東西線がJR六地蔵駅に乗り入れているが、京阪宇治線の六地蔵駅とは離れている。このために六地蔵駅から東西線に乗り換える人はいない。しかし、京阪の六地蔵駅の乗降客は減っている。宇治線自体の乗降客も減っている。

これらを克服するには、宇治線電車の京阪本線乗り入れである。京阪本線内は急行とし、深草駅にも停車して準急と緩急結合運転をすればいい。また、特急が停車しない伏見稲荷駅は急行が停車するのでJR奈良線との競争力が上がる。

また、京阪伏見桃山駅、近鉄桃山御陵前《ももやまごりょうまえ》駅、JR桃山駅、それに近鉄伏見、京阪墨染《すみぞめ》、JR藤森《ふじのもり》駅などは近接している。そして、近鉄と京阪の両丹波橋駅に隣接してJR丹波橋駅ができれば、ここでも乗客の奪い合いが激化する。

かつて、近鉄と京阪は丹波橋駅で相互直通していた。同駅から京阪は近鉄京都駅へ、近鉄は三条駅へ直通するという変形相互直通をしていた。地元から再びこれを復活してほしいとの要望があるが、相互直通をしていたころは、京阪の丹波橋駅に近鉄電車も発着していた。近鉄奈良線の前身の旧奈良電鉄の時代にこの相互直通を開始している。丹波橋駅は同じホームで乗り換えられたから便利だった。再び相互直通をすることになれば、両丹波橋駅の北側にある両線の交差地点で連絡線を造るしかないが、用地が残っているのは京阪から近鉄京都方面だけである。それよりも、両丹波橋駅間の連絡通路に動く歩道を設置したほうがいい。

奈良も競争をしているが熱くはない

高田《たかだ》では、近鉄大阪線が大和《やまと》高田、南大阪線が高田市《し》、JR和歌山線の高田の3駅があり、ともに天王寺（阿部野橋）駅や難波駅まで直通電車が走る。JRは近鉄の牙城に食い込むように快速を走らせているが、それが日中30分毎では競争力が劣る。15分毎にしたいところだが、それほど乗客が増えるとも思えないのでやらない。

近鉄御所《きんてつごせ》駅と和歌山線の御所駅も近接しているが、和歌山線は単線なので競争力がない。このため快速の御所延長運転はせず、日中は2両編成の普通しか走っていない。しかも1時間前後の間隔である。近鉄に挑戦して快速を走らせても乗客は増えない。というよりも、沿線人口がそんなに多くはない。やはりあきらめている。

高田の北側の王寺駅は、関西線が通っている。そこに近鉄生駒《いこま》線が王寺駅に乗り入れ、田原本《たわらもと》線も新王寺の駅名で乗り入れている。ここでは逆に、近鉄が競争を仕掛けようとしても、生駒線を利用して大阪方面に簡単には行けない。田原本線は、橿原《かしはら》線の田原本駅に隣接している西田原本駅が終点なので、まったく競争にはならない。

近鉄郡山《こおりやま》駅とJR郡山駅では、近鉄は橿原線なので、大阪方面に行くには大和西大寺《やまとさいだいじ》駅で奈良線に乗り換える必要がある。JRは快速1本で天王寺に行ける。しかし、京都へは近鉄の急行が直通し、JRは奈良駅か木津《きづ》駅で乗り換えが必要である。奈良方面へは、どっこいどっこいの利便性である。

いずれにしろ競争になりにくい。

近鉄天理駅は、櫛形ホーム4面3線、JR天理駅は島式ホーム2面4線でホームは長い。しかし、普段はひっそりとしていて、近鉄が4両編成、JRが2両編成で乗客も少ない。天理教の大祭のとき、両線とも臨時電車を走らせるが、競争という雰囲気ではない。

桜井駅ではJRは桜井線、近鉄は大阪線であり、近鉄が圧倒的に利用されている。奈良に行くには桜井線のほうが近いが、運転本数は近鉄が多くて急行も走り、大和八木《やまとやぎ》駅で橿原線に乗り換えても便利である。

奈良県では、JRと近鉄の線路が輻輳《ふくそう》しているものの、激しい競争をしてはいないのである。

JR王寺駅

桜井駅は近鉄がJR桜井線を乗り越している

ふだんはガランとしている近鉄天理駅

運賃がＪＲよりも安いので指定席料金をプラスして対抗する関西私鉄

京阪特急には、座席指定制のプレミアムカーが1両連結して走るようになった。京都では、ＪＲは京都駅のことを明治・大正時代は七条停車場といっていた。京阪が七条駅に特急を停車させているのは、ＪＲの京都駅に近いからである。京阪の京橋—七条間の運賃は４００円、ＪＲの京橋—京都間は８００円である。

多くの人は京阪を選ぶだろうが、七条駅から京都駅までは近いといっても1キロは離れている。七条—京都間は、バスやタクシーを使うか歩くしかない。タクシーを使うくらいなら、歩かなくてすむＪＲで行くことになる。大阪駅で乗り換えになるが、京阪で行ってタクシーに乗るよりも速い。

運賃が倍違ってもＪＲ利用になってしまう。だが、新快速はいつも混んでいる。大阪駅で座れるチャンスは朝ラッシュが終わったころくらいしかない。

七条駅と京都駅を比較してもあまり意味はないが、大阪—京都間を移動するには、運賃が倍も高いにもかかわらず速いＪＲのほうが利用されている。とくに外国人を含め、観光客は運賃が高くてもＪＲを利用しがちである。

それならば京阪は、指定席料金を加えてＪＲと同じくらいの運賃・料金で快適に乗車できる車両を連結すれば利用されるだろうと、プレミアムカーを走らせるようになった。プレミアムカーの料金は、京橋—七条間で５００円である。これで、ＪＲの特急グリーン車並みの座席に座って移動できる。

左が京阪プレミアムカー、1両おいて奥に2階建て電車が連結されている

近鉄京都線東寺駅を通過する伊勢志摩ライナー

あまりにも混んでいる新快速だから、ＪＲは車内座席サービスのＡシート車を連結するようになったが、Ａシート料金は５００円である。これに大阪―京都間の特定運賃５６０円を加えると１０６０円になる。Ａシートは京阪並みの座席ではなく、特急普通車並みの一段劣る座席である。これでは高すぎる。また指定席ではないのでＡシートであっても座れる保証はない。京阪のプレミアムカーは座席指定である。

ＪＲと並行私鉄とは、運賃面でみると私鉄のほうが安い。ＪＲは私鉄並行区間は特定運賃で下げているが、それでも高い。プレミアムカーの導入によって、観光客の大阪―京都間の移動は京阪がお得と宣伝している。大阪―和歌山間でも、南海本線は特急「サザン」を走らせている。こちらは、ＪＲ特急並みの座席指定席車４両と一般自由席車４両を連結した８両編成である。これに関空特急「ラピート」も、大阪―泉大津《いずみおおつ》間の主要駅間利用を促している。

近鉄は、京都―奈良間で特急を走らせて、ＪＲ奈良線と対抗している。大阪―奈良間は、朝夕夜間にしか特急を走らせていないが、阪神直通の奈良―三宮間に特急を走らせる可能性はある。

阪神の難波―三宮間では、無理すれば日中で１時間に３本の近鉄特急を乗り入れさせることは可能である。いずれ、現在のＡＴＳからパターン制御のデジタルＡＴＣに代わることになろう。そのときには無理しなくても、１時間に３本の近鉄特急の運転はできる。

その場合、名古屋、賢島《かしこじま》、奈良発にするのがいい。三宮駅は折返線が１線しかないから、車内清掃などを考えると、もっと先まで走らせる必要がある。しかし、高速神戸駅も１線しかなく普通が折り返しに使用している。次の新開地駅の折返線は阪急特急が使用している。

南海特急「サザン」の和歌山市駅寄り4両は指定席車

結局、折り返しができる東須磨駅か西新町《にししんまち》駅、姫路駅まで直通するしかない。その場合の山陽電鉄線のダイヤは20分サイクルにして座席指定特急1本、直通特急2本（1本は明石折返）、普通2本を走らせるのがいい。特急の停車駅は奈良—姫路間では西大寺、生駒、鶴橋、上本町、難波、西九条、尼崎、西宮、芦屋、三宮、高速神戸、新開地、明石、高砂、飾磨《しかま》とするのがいいだろう。

三宮—姫路間では、10円私鉄のほうが安いだけだが、乗車区間によってはもっと安くなる。快適な特急並みの座席に乗車できるのなら、それなりに利用される。私鉄のほうが安い運賃になっているのだから、座席指定車の設定によって対抗するのも一つの手である。とくに少子高齢化による乗客減で減収になっているのだから、座席指定車を走らせることで増収になる。JRも座席指定にしたいところだが、Aシートの発券システムの構築がしにくいためになかなか踏み切れていないのが現状である。

パート2

区間別「ライバル鉄道」分析

京阪間──ＪＲ対京阪対阪急

ＪＲの大阪駅と阪急の梅田駅は隣接しているが、京阪は京橋─淀屋橋間と中之島線があって、大阪では分散ターミナルになっている。京都側でも京阪本線は、七条─出町柳間という東側で南北を貫く分散ターミナル、阪急京都線は大宮─河原町《かわらまち》間という東西を貫く分散ターミナルである。また、阪急京都線は、淡路駅で千里線と接続しており、千里線は、天神橋六丁目駅で大阪メトロ堺筋《さかいすじ》線と接続して相互直通をしている。

京都方面から大阪の天満橋や中之島などにＪＲだけで行くことはできない。

ＪＲを含めて互いに離れているが、京都─大阪間の移動はどれにするか迷うところであり、３社は乗客獲得にやっきになっている。さらに京阪は、ＪＲ片町線のＪＲ東西線への直通によって京阪との乗客獲得合戦を行っている。阪急も、高槻市や茨木市などの中間駅がＪＲと近接しているので、これらの駅での乗客獲得合戦は、淀川をはさんで対峙している京阪よりも激しい。

ＪＲの京都─大阪間の運賃は５６０円、新快速の所要時間は28分である。阪急の河原町─梅田間の運賃は４００円、特急の所要時間は43分である。京阪の出町柳─淀屋橋間の運賃は４７０円、所要時間は55分である。

しかし、駅の位置は異なっている。京都一番の繁華街である烏丸駅と、大阪の繁華街である心斎橋とで比較すると、ＪＲ経由は、京都の地下鉄運賃２１０円と大阪の地下鉄運賃２３０円を足すとちょうど１０００円、乗換時間を10分とすると所要時間は61分になる。

阪急利用の運賃の合計は６３０円、所要時間は60分である。京阪利用は７４０円、所要時間は75分だが、京阪の祇園四条駅と阪急の烏丸駅とは１キロほどしか離れていないので、同じ駅とみなすと京阪は５９０円、所要時間は53分になる。さらに京阪と阪急は、日中の両特急の運転間隔は10分毎、ＪＲの新快速の運転間隔は15分毎である。ＪＲには快速が走っているが、途中の山崎《やまざき》駅あたりで新快速に追い抜かれることで直通利用は敬遠される。

ということで、京阪間直通利用についてはＪＲの一人勝ちにならない。

また、ＪＲの京橋駅から京都駅へ向かう場合の運賃は８００円だが、京橋―大阪間の切符（運賃１６０円）を買って大阪駅で一度改札を出て、改めて大阪―京都間の切符（運賃５６０円）を買いなおすと７２０円になる。大阪―向日町《むこうまち》・京都間は、阪急と京阪と競争しているから、電車区間の対キロ運賃で計算すると高くなる。このため特定区間として運賃を安くしているのである。通しで買うよりも、分けて買うほうが安くなる。

阪急については、ＪＲの輸送改善で、高槻市駅と茨木駅で乗客を減らしてしまった。ＪＲの新快速は、高槻駅に、快速は高槻駅と茨木駅に停まる。とくに高槻駅では15分のあいだに新快速と快速のいずれかが利用できる。このため、とくに阪急高槻市駅の乗客が減ってしまった。そこで阪急の特急は高槻市駅と茨木市駅に停車するとともに、運転間隔を15分毎から10分毎に短くした。

さらに高槻市まで各駅、高槻市から茨木市、南茨木、上新庄《かみしんじょう》、淡路、南方《みなみかた》、十三《じゅうそう》停車の準急を走らせている。阪急は10分サイクルに２本の優等列車が利用できる。これによって乗客数をかなり戻した。ただし、梅田行は高槻市駅で特急より先に発車するが、次の茨木市駅で特急に抜かれるので、梅田方面の高槻市駅では10分に1回の乗車チャンスしかない。

特急は高槻市駅で普通と緩急接続をするので、高槻市駅以北の各駅でも利用しやすくなった。これによって乗客減になんとか歯止めをかけている。

しかし、JRは国鉄時代から大阪―高槻・総持寺間も特定区間に指定し260円にしている。逆に阪急は280円と20円高い。JRの大阪―高槻間は21・2キロ、阪急の梅田―高槻市間は23・0キロと長い。淡路から十三経由で遠回りしているからである。阪急も梅田―高槻市間を特定区間に指定、運賃を250円にしてJRに対抗していいかもしれない。

以前あった河原町―天下茶屋間の堺筋急行はなくなった。今は堺筋準急となっているものの朝夕に走るだけである。これを終日走らせればいい。ただし、昼間時は特急と急行、普通でダイヤは一杯である。堺筋準急の運転は難しいところだが、千里線にも準急を走らせ、普通で行っているように、淡路以北でいずれも10分毎に走らせた20分サイクルにして、一方が梅田行、一方が天下茶屋行として淡路駅で接続すればいい。

JRは都心には行けない。都心を貫通しているのはJR東西線である。これを京都駅と結ぶ計画が以前からある。それは片奈《かたな》連絡線である。松井山手駅付近から城陽駅付近を短絡して、片町線と奈良線を結ぶ路線である。

しかし、これができて、今の奈良線と片町線の停車駅での快速を走らせても京都―京橋間は60分はかかる。停車駅を減らして京橋まで各駅、四条畷《しじょうなわて》、松井山手、城陽、宇治とした新快速を走らせても

50分を切れない。あまり競争力を持った路線にはならない。しかし、宇治駅や城陽駅から乗り換えなしで大阪都心に行くことができる。国鉄時代から続き、今でもＪＲの予定線として残っている最後の新線構想である。

高槻駅に停車中の快速姫路行

淡路駅を通過する特急河原町行

野江駅付近を走る特急淀屋橋行

阪神間——JR対阪神・阪急

京阪間に増して競争が激しいのが、阪神間である。阪急が神戸線を開通させたときから、阪神と激しいデッドヒートを繰り返し、神戸線建設時には、阪神が訴えて建設阻止の裁判沙汰になったり、阪神も、梅田—三宮間を高速で結ぶ線路増設線を計画したりした。しかし、現在は阪急と阪神は阪急阪神ホールディングスの100%傘下になって、同じ資本下にある。今ではJRを海側と山側で挟撃している。

阪急神戸線はJRの攻勢で苦しんでいたが、夙川駅と岡本駅に特急の停車をするなど、回復基調にある。阪神は、阪神なんば線の開業で、JRができない神戸方面から大阪ミナミへのアクセスルートと近鉄奈良線への相互直通運転で活路を見出している。

JRもJR東西線、おおさか東線経由で奈良—神戸間に直通電車を運転しようと思えば可能だが、今のところ、その気はないようである。また、兵庫県などが、北方《ほっぽう》貨物線と宮原《みやはら》操車場を経由して梅田貨物線に乗り入れて、姫路・神戸—関西空港間の関空アクセス電車を運転してほしいとJRに要望したが、北方貨物線と東回りの宮原回送線とは直接つながっていないし、宮原回送線と梅田貨物線とはまったくつながっていない。神戸方面と関空間のアクセス電車は簡単にはできないため、JRは検討すらしていない。

大阪駅の東北に、阪急神戸線の梅田ターミナルがあり、南側に阪神の梅田ターミナルがある。阪神・阪急の三宮駅は神戸三宮駅に改称したが、梅田駅を大阪梅田駅に改称はしていない。しかし、車内放送を含めて「大阪梅田終点です」のアナウンスはしている。

神戸側では、ＪＲ三ノ宮駅の北西に阪急の神戸三宮駅、南側に阪神の神戸三宮駅がある。阪神、阪急はともに以前から「神戸三宮」と案内していたから、駅名を改称しても違和感がない。それよりもＪＲ三ノ宮は「ノ」を間に入れる。西宮駅も少し前まで「ノ」を入れて西ノ宮駅だったし、福知山線の前身、阪鶴《はんかく》鉄道が開通したときは、「尼ケ崎」と「ケ」を入れていた。ただし尼ケ崎駅は今の尼崎駅ではなく、国有化後に改称した尼崎港《こう》駅である。

尼崎港駅は、阪神大物《だいもつ》駅の東側をオーバークロスして南下した先の海岸にあった。路線名は尼崎港線、通称尼港《あまこう》線と呼ばれ、昭和56年3月に旅客営業を廃止、59年1月末に貨物営業も廃止になった。尼港線は途中に金楽寺《きんらくじ》駅があった。また、現尼崎駅は昭和24年まで神崎《かんざき》駅だった。

ＪＲと並行する駅は、たいてい鉄道会社名を冠されていたが、阪神は尼崎駅も西宮駅も芦屋駅も阪神を冠していない。ＪＲの西宮駅は、かつて西ノ宮駅で区別されていた。そして尼崎駅も芦屋駅も阪神のほうが先に駅を設置しているから、かたくなに阪神を付けない。

阪急は芦屋駅ではなく、芦屋川駅と区別している。面白いのは、阪神に御影駅と春日野道駅があるのに阪急も御影駅と春日野道駅を設置していることである。また、神戸電鉄に長田駅があるのに、離れている神戸高速鉄道は遠慮して高速長田にしている。同駅で連絡している地下鉄山手《やまて》線のほうは長田駅になっている。

阪急今津南線に阪神国道《こくどう》駅がある。ある東京の出版社が、阪急の駅なのだから阪急国道駅として地図に記入して発刊したことがある。国道2号のことを阪神国道と呼んでおり、これを駅名にしただけなのだが、事情を知らない編集者が、阪急国道駅としてしまったのである。

駅名はここらへんで終わらせて、本題に戻す。京阪間の京阪とJRは並行しているといってもやや離れている。しかし、阪神間では近接している。とくに南北に通っている阪急今津線から西側では3路線とも近接していて、阪急も阪神もJRに対抗するために優等列車の停車駅を増やしている。

阪急は夙川駅と岡本駅に特急を停車させ、阪神は魚崎駅に停車するようになった。とくに魚崎駅は新交通システムの六甲ライナーと連絡しており、その乗客をJRに取られないための処置である。そして阪神なんば線の開業後は、同線を走る快速急行も停車させている。さらに朝上りに御影発の区間特急を設定して、住吉駅を除く香櫨園駅までの各駅に停車させている。

阪急が岡本駅に停車させたとき、それまで普通は六甲駅で特急を待避していた。それをやめ、待避なしで三宮駅に行くようにした。これによって、夙川—御影間の各駅から神戸方面に行くのが待避時間分の3分を短縮した。

JRは摩耶駅を設置して、阪急の王子公園駅、阪神の大石駅と西灘駅の乗客が減っている。また、なんら手当てしていない阪急の芦屋川駅はJRに客を取られて、とくに日中はがらんとしている。ただし、土休日の朝は六甲山へのハイキング客で混んでいる。

日中のダイヤ改善はしにくいけれど、朝ラッシュ時について、阪急は西宮北口以西が各停の急行を王子公園駅と春日野道駅を通過して、新たに六甲—三宮間の普通を設定すればいい。阪神については、山陽直通のS特急は大石駅まで回送している。これを西灘停車の営業電車にすればいい。この場合、大石駅での折返電車は大阪方面の1番線から発車する。これを避けるには御影駅まで延長運転をするのもいい。大石駅で特急、快速急行を待避させ、御影駅では区間特急と接続することにしてもいい。

ＪＲについても、ダイヤ改善は必要である。さくら夙川駅や摩耶駅ができる前は、芦屋駅で各停と新快速とは緩急接続をしていた。新快速は外側線から芦屋駅に進入すると同時に、各停も内側線から進入して互いに乗り換えができ、そして同時に発車していた。さらに三宮駅でも新快速と各停はやはり同時進入発車をしていた。

新駅ができたため、同時進入ができなくなってしまった。各停から新快速に乗るには7分くらい待たなくてはならなくなった。新快速にスムーズに乗れないのなら、やっぱり阪急にしよう、阪神にしようと考えを変えて、ＪＲ利用を敬遠する人も出てきた。なお、各停と快速とは芦屋駅緩急接続をしている。

各停と新快速が同時進入するためには、加速度を上げる必要がある。そのためにはモーターの数を増やすしかない。しかもオールMに近い編成にして加速度を3・5以上にする必要がある。

しかし、３２１系は7両固定39本、２０７系は7両編成1本、4両編成と3両編成が各67本、合計で７４９両もある。

これらをモーター付台車に取り換えて、加速度を高くするにも、車両数が多くて大変である。ということで当分、各停と新快速の緩急接続をしない状態が続くと思われる。

神姫間——JR対山陽

神戸―姫路間では、山陽電鉄とJR山陽線が競争している。とくに神戸―明石間は、完全に並行している区間が多い。しかも山陽線は、西明石駅まで複々線で線形もいいから山陽電鉄はかなわない。明石以遠では、山陽線と山陽電鉄は離れてしまうので、途中の各駅での乗客争奪戦はない。かえって明石以西の山陽電鉄の乗客は、明石駅でJRの新快速に乗り換える人が多い。

山陽電車は、高速神戸―明石間で停車駅を減らしてスピードアップして対抗したいところだが、完全並行し、かつ複々線のJRは新快速をノンストップで走らせても、新快速以外に快速が運転され、快速は兵庫、須磨、垂水《たるみ》、舞子《まいこ》に停車して山陽電車の乗客を奪っている。

片や山陽特急は、30分サイクルに高速神戸―明石間で新開地、高速長田、板宿、月見山、須磨、垂水、舞子公園停車と板宿まで各駅で、以西は同じ停車駅の2種の特急が走る。板宿以西は両方合わせて15分毎に走る。

停車駅が異なるのは、相互直通する阪神電鉄の特急が10分毎、山陽は15分のために2本に1本の割合で、停車駅を増やして5分ずれるように調整しているためである。阪神特急は1時間に6本、山陽特急は4本なので、残り2本の阪神特急は須磨浦公園折返で同駅まで各駅に停車している。

山陽特急は、神戸寄りでJRの快速のほかに各停とも競争せざるをえない。また、板宿駅で神戸地下鉄と連絡する。そのために停車駅が多いのである。須磨から明石寄りでは、垂水駅と舞子公園駅に

山陽直通特急（右）とJRの上り新快速（左）

停車している。JRの垂水駅と舞子駅は、ともに山陽の駅と隣り合わせになっており、JR快速の停車駅であり、気が抜けない。

山陽塩屋《しおや》駅もJR塩屋駅と隣接している。JR朝霧《あさぎり》駅には隣接して山陽の駅はなく、逆に山陽の駅があってもJRの駅が隣接していない駅もある。山陽は普通と特急の緩急接続をしている。といっても同じ駅での緩急接続ではない。特急が停車する垂水駅と舞子公園駅の間に霞《かすみ》ヶ丘《おか》駅があり、ここで特急は普通を通過追い越している。

明石方面で普通から特急に乗りたいときは、垂水駅で降りればすぐに特急がやってくる。特急から普通に乗りたいときは、舞子公園駅で降りればすぐに普通がやってくる。ただし霞ヶ丘駅の人は特急に乗れない。

JR山陽線は、神戸—兵庫間は方向別複々線だが、新長田—西明石間は長距離列車用の列車線と近距離電車用の電車線に分かれた線路別複線になっている。列車線にホームがあるのは明石駅だけである。そのため新快速は神戸―明石間をノンストップで走る。

電車線の須磨駅は、島式ホーム2面4線で緩急接続ができるが、昼間時はこれを行っていない。須磨以西で快速が通過するのは、塩屋駅と朝霧駅の2駅である。各停は15分サイクルに西明石折返と須磨折返がある。緩急接続をすると、西明石駅では快速と各停が近接して走ることになる。緩急接続をしなければ、須磨以西では快速と各停の間隔は長くなる。垂水駅で下りの快速と各停の間隔は9分になる。それでも須磨海浜公園駅などを新設して三ノ宮駅で緩急接続をしなくなったために、各停と新快速との連携は前よりも悪くなった。

山陽姫路駅とJR姫路駅とは少し離れているだけであり、昼間時の新快速は姫路駅折返なので確実に座れる。そして三ノ宮駅まで40分、大阪駅まで1時間しかかからず、それでいて15分毎に走る。山陽特急は三宮まで54分か59分かかるから、あまり山陽には乗らない。

ただし、朝ラッシュ時上り大阪方面の快速は列車線を走る。このため舞子、垂水、須磨の3駅を通過する。山陽電車は、朝ラッシュ時でもこれらの駅に停車するから、神戸方面に行くには便利である。

阪神線を通り越して近鉄特急が姫路まで乗り入れて、停車駅を高速神戸、新開地、明石、高砂、飾磨《しかま》に減らすと40分台で結ばれる。そろそろ、特急より速い列車を走らせてJRに対抗することである。

大阪・宝塚間——阪急対ＪＲ

ＪＲ福知山《ふくちやま》線の大阪―宝塚間は、阪急宝塚線と競争している。とはいえ、並行しているのは福知山線の宝塚―川西池田《かわにしいけだ》間と阪急宝塚線の川西能勢口《のせぐち》―宝塚間である。

ＪＲ・阪急の両宝塚駅のあいだと、川西能勢口駅と川西池田駅とのあいだは、ペデストリアンデッキで結ばれている。ＪＲはこの間に中山寺《なかやまでら》駅だけしかないが、阪急は雲雀丘花屋敷《ひばりがおかはなやしき》、山本、中山観音、売布神社《めふじんじゃ》、清荒神《きよしこうじん》の5駅がある。ＪＲの中山寺駅と阪急の中山観音駅はだいぶ離れている。

福知山線は、阪急宝塚線だけと並行しているのではない。伊丹―塚口間では阪急伊丹線とも競争している。福知山線は途中に猪名寺《いなでら》駅がある。伊丹線のほうは稲野《いなの》、新伊丹の2駅がある。

かつて福知山線は非電化で、大阪発着の気動車と客車列車がほそぼそと走っていただけだった。電化されてもさほど運転本数は多くはなかった。ＪＲ東西線が開通して直通運転を開始してからは、運転本数が飛躍的に増え、さらに所要時間も短くなった。

阪急は対抗手段として特急を走らせたことがあったが、現在は元通りの急行と普通が走り、これにラッシュ時に通勤特急や特急日生《にっせい》エクスプレス、準急が加わる。

ＪＲ快速の大阪―宝塚間の所要時間は25分で、昼間時の運転間隔は14分か16分である。対する阪急の急行の所要時間は33分で、10分毎である。阪急の大阪―宝塚間の利用はめっきり減ったものの、清荒神―雲雀丘花屋敷間の乗客は減らない。また、阪急今津線の宝塚南口駅や逆瀬川《さかせがわ》駅から宝塚線経由で梅田に向かう人もいる。川西能勢口駅は、阪急のほうが賑わっており、阪急利用者のほうが多い。純粋に宝塚で乗り降りする人は減ったものの、川西能勢駅以西の途中駅ではＪＲに移った人は少ない。あってもそれは中山寺駅くらいである。

川西能勢口から梅田寄りにある豊中、蛍池《ほたるがいけ》、石橋、池田の各駅は通過のしようがない。豊中駅と池田駅は昔から乗降が多い駅である。蛍池駅は大阪モノレールと連絡しており、伊丹空港への乗換駅である。石橋駅は箕面《みのお》線との接続駅である。いずれも通過するわけにはいかない。また、川西能勢口駅は能勢電鉄妙見《みょうけん》線との接続駅である。

そして追越駅は庄内、曽根、雲雀丘花屋敷の3駅と、川西能勢口の上り線だけしかない。結局、緩急分離形によって、現状のように豊中以遠各駅に停車する急行と梅田―雲雀丘花屋敷間の普通を10分サイクルに運転している。

利用が多い豊中―川西能勢口間と、車庫があって折り返しができる雲雀丘花屋敷駅を含んだ各駅は、10分サイクルに普通か急行に乗ることができ、しかも普通は追い越されないから10分に2回乗車するチャンスがある。

これは、宝塚線が開業したころから行ってきた緩急分離形ダイヤであり、「梅田駅からどの駅にも30分で行ける」という、阪急宝塚線伝統のキャッチフレーズに戻っただけである。ただし今の急行は停車駅が増えて梅田―宝塚間は35分かかっている。

ＪＲは宝塚線よりも速くなり乗客が増えて安心したのか、通過していた中山寺駅に快速を停車させ、昼間時のＪＲ東西線直通の快速の運転を中止して、塚口駅折返にした。このため大阪発着の丹波路快速と宝塚折返の快速が走るだけになった。

それにしても、阪急宝塚線のスピードアップが必要である。そのためには今の昼間時の急行を雲雀丘花屋敷駅以西は、宝塚駅までノンストップにした特急にする。そして雲雀丘花屋敷駅で緩急接続をしつつ、普通を宝塚駅まで延長運転する。これによって梅田―宝塚間は31分に短縮する。

伊丹線は神戸線と直通していない。このためＪＲ福知山線を利用する人は多い。これを解消するには、神戸線に十三だけ停車の区間急行として直通をすればいい。これによって塚口駅の乗客減も歯止めをかけられる。ただし、塚口駅に神戸線の下り線から伊丹線に入れる渡り線の設置が必要である。

宝塚寄りから見たJR伊丹駅

阪急伊丹駅

大阪寄りから見たJR尼崎駅

京奈間――近鉄京都線対JR

京奈間《けいな》では、近鉄京都線とJR奈良線が競争している。京都市内については別項で述べたので京都と奈良の間について述べる。ただし、JRの奈良線は、正確には京都―木津間で木津―奈良間は関西線である。

近鉄京都駅とJR京都駅は同じ駅である。しかも、JR奈良線の発着ホームと近鉄の発着ホームは近接している。しかし、奈良では近鉄奈良駅とJR奈良駅は道のりで900mほど離れている。

近鉄のほうは県庁がすぐそばにあり、奈良公園、東大寺や広隆寺《こうりゅうじ》、春日大社、若草山などの大観光地に近い。JR奈良駅のほうは街中にあって、関西線や桜井線も乗り入れているために、島式ホーム3面5線と規模が大きく、しかも地上3階にホームがある高架駅で街中にでんと構えている。東口駅前広場の北側には風格ある旧奈良駅駅舎（地上駅舎として2代目）が、奈良市総合観光案内所として残されている。

近鉄は櫛形ホーム4面4線と、こちらも規模が大きいが地下駅なので目立たない。近鉄は特急と急行、ラッシュ時には準急が走る。

昼間時でみて、近鉄の京都―奈良間の所要時間は特急が35分で30分毎、急行が45分で1時間毎だが、急行は京都地下鉄直通の奈良行が1本あり、竹田駅で京都発の普通が接続している。これに京都―橿原《かしはら》神宮前間の特急も30分毎に走る。京都―大和西大寺《やまとさいだいじ》（以下西大寺）間は10分または20分間隔になっている。

特急の停車駅は丹波橋、西大寺だが、朝ラッシュ時の京都行と夕夜間の奈良行は高の原駅にも停車する。急行の停車駅は東寺《とうじ》、竹田、丹波橋、桃山御陵前、大久保、新田辺、新祝園《しんほうその》、高の原、西大寺、新大宮である。

さらに橿原線直通の急行が30分毎に走り、西大寺駅で奈良線の急行奈良行に接続している。ようするに1時間4本が走る。特急の橿原神宮前行または賢島《かしこじま》行も、大和西大寺駅で奈良線急行に接続する。

JRはみやこ路快速と普通、それにラッシュ時と夜間に快速と区間快速が走る。京都―奈良間の、みやこ路快速の所要時間は昼間時で京都行が45分、奈良行が49分である。京都行が遅いのは棚倉《たなくら》駅で奈良行みやこ路快速の行き違い待ちをし、次の玉水《たまみず》でも普通と行き違い待ちをするためである。30分毎の運転で、宇治駅で普通と緩急結合を行う。みやこ路快速の停車駅は東福寺《とうふくじ》、六地蔵、宇治、城陽、玉水、木津である。

近鉄の京都―奈良間の運賃は510円、特急料金は620円である。JRは特定運賃となっていて京都―奈良間は710円である。JRに乗るなら、あと420円出して近鉄特急に乗ったほうが快適で楽なため、そうする人も多い。

JRは、奈良線では京都―城陽間（360円）と京都―新田《しんでん》・小倉《おぐら》間（290円）、東福寺―奈良間（710円）、東福寺―新田・小倉間（290円）、稲荷―新田間（290円）のそれぞれを特定運賃にしている。完全に近鉄対策である。

JRみやこ路快速

競争をしているといっても、圧倒的に近鉄の利用が多い。しかし、海外からの観光客はＪＲに乗りたがる。私鉄の近鉄が、京都と奈良を結んでいることすら知らない外国人が多いからである。さらにジャパンレールパスを利用する外国人は、ＪＲしか乗らない。近鉄と阪神、山陽の各線が乗り放題の外国人パスを発行してもいいかもしれない。

近鉄の急行はロングシート、ＪＲは転換クロスシートの２２１系をすべてのみやこ路快速と快速、区間快速、それに多くの普通に使用している。残りの普通は２０５系ロングシート車を使用する。

しかし、外国人観光客は当然、国内の観光客であっても関東方面からの観光客は転換クロスシートというものを知らない。京阪特急などのように折返駅で自動転換をしないから、京都駅や奈良駅から乗る観光客は、転換クロスシートを知らずにそのまま後ろ向きで座っている。車内に転換クロスシートの座席の向きの変えかたを図入りで案内する必要がある。

ＪＲ奈良線は複線化第2期工事を施工中で、２０２３年に完成する予定である。これによって京都—城陽間がすべて複線になる。おそらく、昼間時に区間快速が30分毎に追加運転されると思われる。

阪奈間——近鉄対JR

同区間は、近鉄奈良線とJR関西線との競争ということだが、大阪のターミナルでは近鉄の大阪難波（以下難波）とJRのJR難波はやや離れており、賑わっているのは近鉄の難波である。

関西線は、繁華街の天王寺を経て、南東を進んで奈良県に入ってから東北に向かい奈良駅に達する。近鉄奈良線は、難波で阪神なんば線と接続して東進する。阪神なんば線とともに、大阪ミナミを東西に貫通し、布施、生駒と進む。このためJR関西線と近鉄奈良線の中間部分ではまったく競争をしていない。

JR奈良駅と近鉄奈良駅も1キロほど離れている。いずれを利用するかは、大阪でも奈良でも住んでいるところや目的地に近い駅のほうを選ぶということになるが、そうであっても近鉄奈良線の利用のほうが多い。

昼間時の近鉄奈良線は、20分サイクルに快速急行と急行が各1本走る。快速急行の難波―奈良間の所要時間は最速で38分、急行は42分である。停車駅は、快速急行が生駒、学園前、西大寺、新大宮、急行が布施、石切《いしきり》、生駒、学園前、西大寺、新大宮である。

関西線の昼間時に走る、大和路快速の天王寺―奈良間の所要時間は33分である。15分毎の運転で停車駅は久宝寺《きゅうほうじ》、王寺以遠各駅である。天王寺駅からはJRのほうが便利だが、大和路快速はJR難波発ではない。

大和路快速は、天王寺発で環状線を一周して新今宮駅で関西線に入っている。ＪＲ難波駅からは普通を利用して、新今宮駅で7分待って大和路快速に乗るか、久宝寺駅まで普通で先に行くかである。普通は久宝寺駅で大和路快速と緩急接続をしているので、久宝寺駅で乗り換えができる。普通の乗り継ぎでＪＲ難波―奈良間は47分になる。

ＪＲ難波は、大阪メトロ四《よ》つ橋《ばし》線の難波駅に近いが、奈良から関西線経由で四つ橋線に乗り換えて心斎橋に行くとなると、心斎橋の繁華街から少し離れている四ツ橋駅になる。近鉄難波から御堂筋線の難波とは隣接している。こういうことから圧倒的に近鉄利用が多い。

しかし、大和路快速は環状線に乗り入れて快速運転で、大正《たいしょう》、弁天町、西九条と停車していく。西九条駅で桜島線に乗り換えてＵＳＪに行くとき、大和路快速利用の奈良―西九条間の所要時間は46分である。西九条駅では、同じホームの向かい側で桜島線の電車は発車するから乗り換えは簡単である。

阪神に直通する近鉄快速急行の奈良―西九条間の所要時間は47分である。そして阪神の西九条駅から桜島線へは、長い階段を降りてＪＲの西九条駅に向かうことになる。しかもＪＲのコンコースからホームへは階段を上がる必要がある。奈良からＵＳＪに行くには、大和路快速のほうが便利である。運賃で比較すると、近鉄・阪神の快速急行の奈良―西九条間は７６０円、ＪＲ大和路快速経由は７１０円だから、やはり関西線のほうがいい。

奈良―難波間になるとＪＲも近鉄も５６０円で同じである。

車両については、大和路快速は転換クロスシートの２２１系を使用していて快適である。２２１系は近鉄系列の近畿車両が提案した車両である。その車両をライバル線である関西線に投入されてしまい、近鉄奈良線の乗客を減らしてしまった。自分で自分の首を絞めた形である。

近鉄はほとんどがロングシートで、一部にロングシートとクロスシートの両方に変換できるL／Cカーがある。しかし、阪神線内に直通する場合、ロングシートにするという申し合わせがある。だから快速急行に使用する場合はクロスシートにできない。

だが、JRに対抗するために、さほど混んでいない昼間時にはクロスシートにしたほうがいいといえる。

王寺駅に進入する221系大和路快速加茂行

近鉄奈良駅に停車中の特急京都行（左）と
阪神車による快速急行難波行（右）

奈良寄りから見た大和西大寺駅

阪和間——南海本線対ＪＲ

阪和間では南海《なんかい》本線とＪＲ阪和線が競争している。南海本線は難波—和歌山市間、阪和線は天王寺—和歌山間だが、阪和線を走る紀州路快速は、関西線・環状線に乗り入れて西九条、大阪経由で天王寺まで一周する。天王寺—西九条—大阪間は快速運転をする。そして日根野《ひねの》駅まで関空快速と併結する。

ＪＲ和歌山駅と南海和歌山市駅は、紀勢本線で結ばれている。といっても和歌山市—和歌山間3・5キロは、105系2両編成のワンマン電車が昼間時1時間毎に走るだけである。このため和歌山バスが、ぶらくり丁《ちょう》経由などで両駅を結んでいる。

和歌山市駅は、地元では略して市駅と呼ばれている。その市駅は、和歌山城や和歌山県庁、和歌山市役所に近い。元来、市駅のほうが賑わっていたが、阪和線に紀州路快速が登場し、乗り換えなしで大阪駅に行けるようになり、特急「くろしお」は新大阪発になったので、ＪＲ和歌山駅の乗降客が増えている。

和歌山の北側では、南海本線と阪和線は大きく離れているので競争にはならない。南海の鳥取《とっとり》ノ荘《しょう》—新今宮間、阪和線の和泉鳥取《いずみとっとり》—天王寺間で並行するが、2〜4キロ離れて並行しているので、南海の駅に近いところにいる人は南海、阪和線に近いところにいる人は阪和線を使うということで棲み分けができている。

どちらにするか迷うのは、両線にはさまれた中間にいる人である。一般に私鉄の駅間は短く、ＪＲの駅間は長いために私鉄の利用者が多いが、阪和線はもともと阪和電鉄という私鉄が造ったため、南海と同様に駅が多い。結局、両線の中間駅では行き先によってどちらに乗るか決めるので、あまり競争をしていない。

阪和線の鳳《おおとり》駅と南海の羽衣《はごろも》駅（駅は東羽衣）を結ぶ、阪和支線の羽衣支線（東羽衣支線ともいう）がある。この両駅を行き来して阪和線から南海へ、南海から阪和線への乗換客は、いずれの方向でもそれほど多くない。かつては国鉄時代の中古電車が走っていたが、現在は225系の4両編成が使われている。1駅間の乗車で、旅の気分が味わえる転換クロスシートに座れる。羽衣支線はなんとも贅沢な路線になったものである。なお、全国のＪＲ線で一番走行距離が短いのが羽衣支線である。

関西空港のアクセスとしても、南海と阪和線は競争しているが、これは次項で述べる。結局は、大阪地区と和歌山地区を結ぶことでの競争である。南海は、大阪ミナミの繁華街難波と和歌山市を結んでいる。ＪＲは、天王寺から関西線・環状線に乗り入れて大阪、さらには一周して天王寺まで行く。環状線内も快速である。このため西九条や大阪、京橋から乗り換えなしで和歌山まで行ける。

特急「くろしお」は、新大阪発で大阪には寄らないが、新幹線の各駅から和歌山へ行くのに便利である。一部は京都発着があり、朝上りと夜間の下りは西九条駅と和泉砂川《いずみすながわ》駅に停まる。和泉砂川駅停車は快適通勤用、西九条駅停車は、同駅で環状線電車に乗り換えて大阪駅などに行けるようにするためと、桜島線のユニバーサルシティでのＵＳＪ訪問客へのサービスのためである。

南海の新今宮―和歌山市間の運賃は８７０円、ＪＲの新今宮―和歌山間は１０８０円である。２１

0円もの差がある。昼間時の所要時間と運転間隔は南海の特急サザンが57分で30分毎、JRの紀州路快速が69分で15分毎である。

JRの特急「くろしお」は、新大阪発着で新幹線から乗り換えて和歌山に行く人がほとんど乗る。新大阪発着がなかったころは、地下鉄経由で南海利用が多かった。JRだと天王寺駅まで行かなくてはならない。「くろしお」が新大阪発着になってからは、地下鉄経由で難波に行って、わざわざ南海に乗る人はめっきり減った。

「くろしお」の新大阪―和歌山間の自由席特急料金は通常期で970円だが、新幹線乗り継ぎでは480円になる。また天王寺―和歌山間でも970円だが、阪和線自由席回数特急券があり、新大阪―海南《かいなん》間の各駅相互間で使用でき、6枚つづりで4020円、1枚当たり670円である。ただし天王寺―和泉砂川間は2760円である。なお、南海サザンの指定席車の料金は510円である。

紀州路快速は転換クロスシートだが、横1&2列になっている。座席定員はトイレなしの先頭車が36人、中間車が42人と少ない。しかも4両編成である。

南海はロングシート車だが、連結面寄りが4人向かい合わせのボックス式クロスシートになっている1000系も急行で使われる。オールロングシート車の定員は先頭車が54人、中間車が62人で、サザンの自由席車は4両、急行は6、8両編成だから、JRよりも座れるチャンスは大きい。

関空アクセスは意外にも南海が健闘している

第3種鉄道事業者の関西国際空港㈱が、平成6年6月にりんくうタウン—関西空港間の関西空港連絡鉄道を開通させて、第2種鉄道事業者のＪＲ西日本と南海電鉄が運行を開始した。

当初は、日根野—りんくうタウン間も関西国際空港㈱によって建設された。免許申請当時はまだ国鉄だったが、新たな新線を国鉄が建設するわけにはいかず、関西国際空港が建設主体として工事を進めることになった。なお、りんくうタウンの建設時の仮称駅名は前島《まえじま》だった。

南海は、泉佐野—前島間を第1種鉄道事業として建設、関西国際空港㈱は第3種鉄道事業として日根野—関西空港間を建設した。平成6年3月、日根野—前島間はＪＲ西日本に譲渡され、同社の第1種鉄道事業区間になった。

平成6年6月に関西空港連絡鉄道が開業したが、関西国際空港そのものはまだ開港していなかった。工事関係者や、空港関連施設の受け入れ準備の要員輸送を行うために、平日でＪＲは33往復、南海は36往復の運転を開始した。ＪＲは日根野—関西空港間の区間電車が約3分の2、残りが天王寺発着の快速を運転、南海は泉佐野・羽倉崎《はぐらざき》折返で春木駅にも停まる、いわゆる白線急行の多くを関西空港発着にした。

関西空港が開港した9月からは、ＪＲも南海も本格空港輸送ダイヤになった。ＪＲは大阪環状線と東海道本線、同貨物線を駆使して京都—関西空港間に特急「はるか」を30分毎に、大阪環状線京橋か

りんくうタウン駅に同時進入する南海ラピート（右）とJR特急「はるか」（左）

ら西九条経由の関空快速を3本設定された。そのうちの関空快速1本は天王寺駅でJR難波発着の関空快速と併結する。

南海は、難波―関西空港間に座席指定特急ラピートを走らせた。同区間を新今宮駅以外ノンストップで走るαと新今宮、堺、岸和田、泉佐野停車のβを合わせて30分毎、これに空港急行を20分毎に走らせた。

運賃面でみると、南海の新今宮―関西空港間は870円、JRの同区間は1010円、ラピートβの座席指定料金は500円、スーパーシートは300円を加算、「はるか」の自由料金は720円、指定席料金は1220円である。

JRは京橋や新大阪、京都から直通列車が走るものの、運賃・料金は高めである。南海は難波発ばかりだが、運賃・料金は安い。

さらに関空快速の座席は、横1&2列の転換クロスシートで、スーツケースを持った海外旅行者にとっては荷物を置きやすい。しかし、その分座席定員は少ない。中間車で46人である。南海の空港急行は、従来の通勤車を使うためにロングシートだが中間車で座席数は55人である。

関西空港から飛び立つ旅行者はJRを選択し、空港従業員などは南海を選択しているといえる。事実、開港以来の定期客と定期外客の人数は、定期客については南海がJRよりも多く、定期外客はその反対である。なお、開港時の平成7年度は見物客によって一番多く乗っていた。

最近は、JRの「はるか」利用が低迷している。京都に直接行かないで、大阪のホテルに宿泊する外国人客が増えているからである。外国人にとって、夜の大阪は居心地がいいらしいからである。南海のラピートもノンストップのα利用は減って、主要駅停車のβが増えている。朝の泉佐野駅や岸和田駅から、難波に向かう通勤特急的利用が増えているのである。

さらに、定期外客についてはJRも南海も、関空に向かう客は、関空から大阪方面に向かう客にくらべて15%ほど多い。

行きはフライトの時刻に合わせて乗る列車も決めているが、帰りの到着時間はわからない。このためあらかじめ指定券を買うことはなく、到着してからどうするか考えるが、到着のほうは海外旅行帰りで疲れてしまい、タクシー利用やクルマで迎えてもらう人が多くなり、そのために大阪方面行の乗客が少なくなっている。

また、海外からの旅行者はジャパンレールパスを持っている人が多い。このためJR利用が多いが、関西だけの観光や、ビジネスで訪れる人は運賃・料金が安い南海に乗る人も多い。はじめて関空から日本に入国する人の多くは、送迎のバスやタクシー利用が多く、帰りは慣れてしまって電車で空

関西空港駅乗車人数の変遷（下段は指数）

	JR定期	JR定期外	計	南海定期	南海定期外	計
H7	7315	18764	26079	9348	14529	23877
H8	7282	18590	25872	9128	13629	22757
	100	99	99	98	94	95
H9	7262	17194	24456	8715	12495	21210
	66	92	94	93	86	89
H10	7320	15722	23042	8136	11677	19813
	100	84	88	81	80	83
H11	7152	15246	22398	7577	11498	19075
	98	81	86	81	79	80
H12	7209	14833	22042	7443	11260	18703
	99	79	85	80	78	78
H13	7262	13654	20916	7192	10990	18182
	99	73	78	77	76	76
H14	6794	12554	19348	6561	11276	17837
	93	67	74	70	78	75
H21	6448	9058	15506	6955	8213	15168
	88	48	59	74	56	64
H23	5901	9296	15197	6850	8242	15092
	81	50	58	73	57	63
H24	5960	11087	17047	7114	11585	18699
	81	59	63	76	79	78

港に戻る人が多い。このことからも、ＪＲと南海のいずれも関空行の乗客が多く、関空から大阪方面に行く人は少ないといえる。

南海は、泉佐野駅で和歌山市方面の特急サザンと同じホームで連絡している。このため簡単に乗り換えができる。そして、関西空港―泉佐野間の指定席料金は１００円（スーパーシートは２１０円）にしており、和歌山市―関西空港間の指定席は６１０円で利用できる。空港急行と区間急行とも同じホームで乗り換えができる。南海は和歌山方面と関空との連絡も便利である。

ＪＲも、日根野駅で和歌山方面からの快速と関空行関空快速が同じホームで乗り換えができるようにしているが、現在はほとんど行わなくなって、跨線橋《こせんきょう》経由での乗り換えである。ＪＲで和歌山方面との連絡は便利でない。

名阪間——近鉄対東海道新幹線

東海道新幹線が開通する前の名古屋―大阪間は、東海道本線を走る電車特急と近鉄特急はスピードアップ競争を繰り返していた。当時、特急「こだま」の名古屋―大阪間の所要時間は2時間11分、近鉄の名阪間ノンストップ（ただし鶴橋駅に停車）の名阪甲特急の名古屋―上本町《うえほんまち》間は2時間13分と、近鉄は国鉄よりわずかだが遅かった。大阪の駅は異なるが、国鉄も近鉄もこの所要時間をうたい文句にして喧伝していた。

しかし、国鉄の特急「こだま」や「つばめ」などは指定券が取りにくく、乗りやすい急行は遅かったので、名阪間の乗客の70％ほどは、2階電車のビスタカーが走る近鉄特急を利用していた。

それが昭和39年10月に東海道新幹線が開通すると、名古屋―新大阪間は1時間31分で結ばれた。42分もの差になってしまった。とはいえ、新大阪から大阪の繁華街に行くには乗換時間を考えても20分以上かかるから、このときはまだ近鉄を利用する人も多かった。

1年後の昭和40年10月、新幹線は本格的に200キロ運転を開始して、名古屋―新大阪間は1時間8分に短縮した。これでは近鉄はかなわない。ただし、運賃・料金の合計額でJRの「こだま」が1030円（運賃530円、B料金500円）、「ひかり」が1130円（運賃530円、A料金600円）だったのに対し、近鉄は750円（運賃480円、特急料金270円）と安かった。それでも新幹線の利用が多かった。スピードには勝てないのである。

京都駅ですれ違う上下「のぞみ」

なお、東京―新大阪間4時間運転のときは「ひかり」がB料金を適用され、「こだま」はC料金の400円が設定されていた。

新ビスタカーは連接車による3両固定編成で中央の車両が2階建てだった。これを最大3編成連結した9両編成で名阪甲特急に使用されていた。新幹線が開業してからは、1列車に30人程度しか乗ってない名阪甲特急があった。

名阪甲特急は2両編成でも間に合うことから、昭和42年からはスナックカーが登場した。当時の東海道新幹線の2等車（現普通車）の座席は、転換クロスシートだった。だから当然、リクライニングはしない。スナックカーはリクライニングシートを採用し、また、軽食を供して座席で食べてもらえるようにした。運賃・料金の合計は近鉄のほうが安いこともあって、名阪甲特急の利用客は幾分増加した。それでも新幹線開通前の最盛期にくらべ、遠く及ばなかった。
だか、国鉄は経営危機を脱するために、相次ぐ運賃・料金の値上げをし、昭和55年には運賃が２２００円、料金は１９００円（「ひかり」と「こだま」は同一料金）の計４１００円、対する近鉄の運賃は１３８０円、特急料金は１０００円で合計２３８０円と１７２０円も近鉄のほうが安くなっていた。

このため近鉄の利用も増えてきた。そこで昭和63年にアーバンライナーを登場させた。6両編成で名古屋寄り1両は、横1&2列のデラックスシート車である。デラックスシート料金は３００円だが、国鉄グリーン車の名古屋―新大阪間の料金は２８００円だから、差は非常に大きい。さらに１２０キロ運転を開始して、名古屋―鶴橋間の所要時間は2時間を切った1時間59分になった。大阪ミナミから名古屋に行くには、アーバンライナーのほうがいいとされた。名阪甲特急の全列車がアーバンライナーとなり、再び活況を呈するようになった。

ところが、国鉄がJRになってから、東海道新幹線に「のぞみ」が登場し、名古屋―新大阪の所要時間は52分に短縮し、名阪甲特急とは再び1時間以上の差がついた。

現在の最速「のぞみ」は48分に短縮している。近鉄が１３０キロ運転をしたとしても5分も短縮しないからまったく歯が立たない。再び乗客が減少するようになった。

そこで名阪甲特急は、津駅に常時停車するようになった。名阪間では歯が立たないが、津―鶴橋間の所要時間は1時間17分、運賃１６８０円、特急料金１３２０円、合計で３０００円である。JRだと快速「みえ」で名古屋に行き新幹線、東海道線、環状線に乗り換えるために2時間29分かかる。新幹線を自由席利用にしたとしても、運賃・料金は7720円にもなる。近鉄特急のほうが断然優位である。

では四日市—鶴橋間はというと、近鉄アーバンライナーと急行乗り継ぎで所要時間は1時間43分、主要駅停車の名阪特急で1時間46分、運賃・料金は3520円である。JRだと快速「みえ」乗車で2時間7分、運賃・料金は6480円である。やはり近鉄利用である。

さらに桑名駅で比較してみると、鳥羽行特急とアーバンライナーとの乗り継ぎで1時間55分、主要駅停車の特急で2時間1分、運賃・料金は3730円である。JRは快速「みえ」乗車で1時間56分、運賃・料金は6150円だから、所要時間はほぼ同じだが、運賃・料金は大きく異なる。

とはいえ、津駅に停車すると、少なくとも四日市—伊勢中川《いせなかがわ》間の近鉄各駅から大阪方面へJRに乗る人は少ない。桑名駅でどうしようか迷うところだが、運賃・料金の差は大きい。少なくともアーバンライナーの津駅停車は、三重県内の近鉄各駅から大阪方面への乗客を独占できている。それに西大寺駅乗り換えか直通になるが、京都方面もほぼ独占である。

名古屋—鶴橋間だとアーバンライナーは2時間2分、4260円、JRは乗り換えがあって1時間21分、5830円である。近鉄はまだ安いけれども、その差は1570円と縮まる。40分ほど長くかかって1570円安くするか、40分短縮してでも1570円をさらに出すかは、人によって異なるものの、多くはJRを選ぶだろう。

では名古屋と西宮間ではどうだろう。アーバンライナー利用は、難波駅で尼崎行普通、尼崎駅で急行に乗り継いで所要時間は2時間45分、運賃・料金は4260円である。JRの所要時間は1時間15

分、運賃・料金は６１５０円である。運賃・料金は２０００円ほどの差があるが、所要時間は１時間半も違う。

もし、アーバンライナーが阪神に直通したとすると、２時間31分に短縮する。まだ、所要時間の差は大きいものの、新幹線は新大阪駅で快速に乗り換えなくてはならないが、アーバンライナーは直通である。ＪＲ西宮と阪神の西宮駅はそんなに離れていないが、その前後の尼崎駅と芦屋駅は離れている。アーバンライナーが尼崎駅と芦屋駅に停まって、阪神の駅のほうに近ければアーバンライナーに乗ろうというものである。今後、近鉄特急の阪神、さらには、山陽への乗り入れを実現してもらいたいものである。

国鉄151系こだま形

近鉄旧ビスタカーも名阪特急で走っていた

近鉄新ビスタカー B編成。A編成は正面流線形車両に2個パンタグラフが付いている

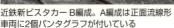

近鉄新ビスタカー C編成。C編成の先頭車は両端とも貫通式半流線形になっている

近鉄スナックカー

晩年の国鉄急行用165系（左）と153系（中）、右は北陸特急用481系

パート
3

各線徹底分析

ＪＲ京都線（東海道本線京都―大阪間）

京都―高槻間の各停の増発を

ＪＲ東海道線の京都―大阪間42・8キロは、ＪＲ京都線の愛称が付けられている。しかし、京都線といえば阪急京都線が定着しているので、ＪＲのこの愛称を多くの人はあまり使わない。ＪＲだけが案内で呼称しているだけである。

全線方向別複々線で、外側線と内側線に分かれている。外側線は特急など長距離列車と貨物列車、それに新快速が走る。内側線は基本的に快速と各停が走る。

新大阪駅と大阪駅の配線変更工事が完成する前までは、新大阪―大阪間に限って、長年新快速は内側線を走っていたが、現在は同区間でも外側線を走るようになった。

大阪駅の配線変更は、新快速や快速、各停の駅進入速度を高めるために行った。それまでは数あるポイントによって速度が制限されていたが、この制限速度を高めて進入進出速度を高めるようにした。これに伴ってポイントを通るときの揺れも緩和した。

また、各停用ホームを下りは6番線、上りは7番線に固定して4扉車用のホームドアが設置された。

配線変更に伴って大阪駅の京都寄りに東引上線、神戸寄りに西引上線が設置された。機関車が待機する機待線も残っている。元来、新幹線新大阪駅と山陽新幹線の南側にある、かつての宮原《みやはら》操車場である現網干《あぼし》総合車両所宮原支所を車庫にして列車を仕立て、大阪駅に入線する。神戸方面は宮原回送線の東線、京都方面は同西線を通って大阪駅に入線するが、大阪駅の引上線で折り返す電車もある。

新大阪駅で、新幹線と大阪メトロ御堂筋線と連絡している以外の中間駅では他線と連絡していない。阪急千里線吹田《すいた》駅は、ＪＲ吹田駅に近いが連絡駅ではない。また、大阪モノレールと交差していてもＪＲに駅がないので連絡していない。

ＪＲになって桂川《かつらがわ》駅、島本《しまもと》駅、ＪＲ総持寺《そうじじ》駅の3駅を新設したが、利用者からみて一番欲しいのは、大阪

JR京都線(JR東海道線京都—大阪間)

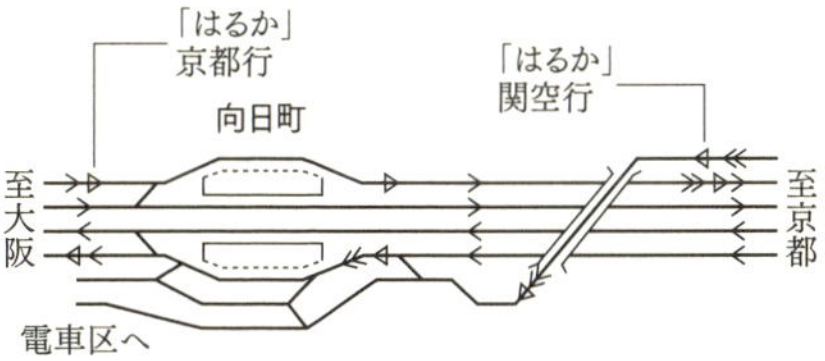

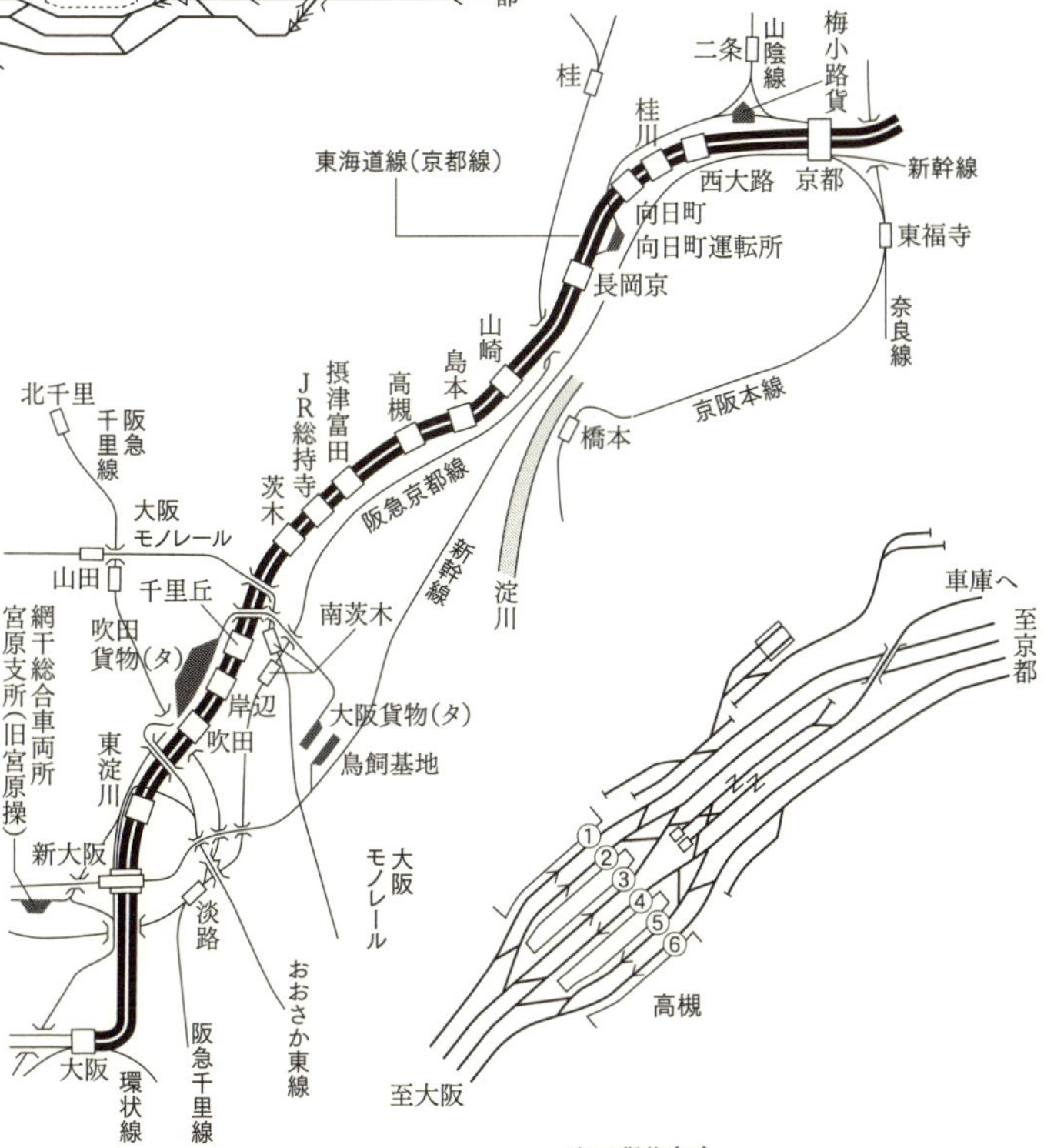

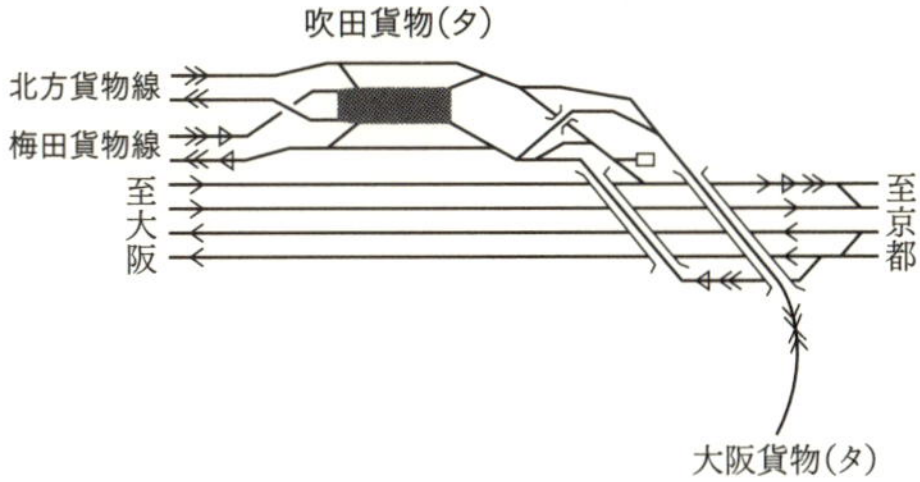

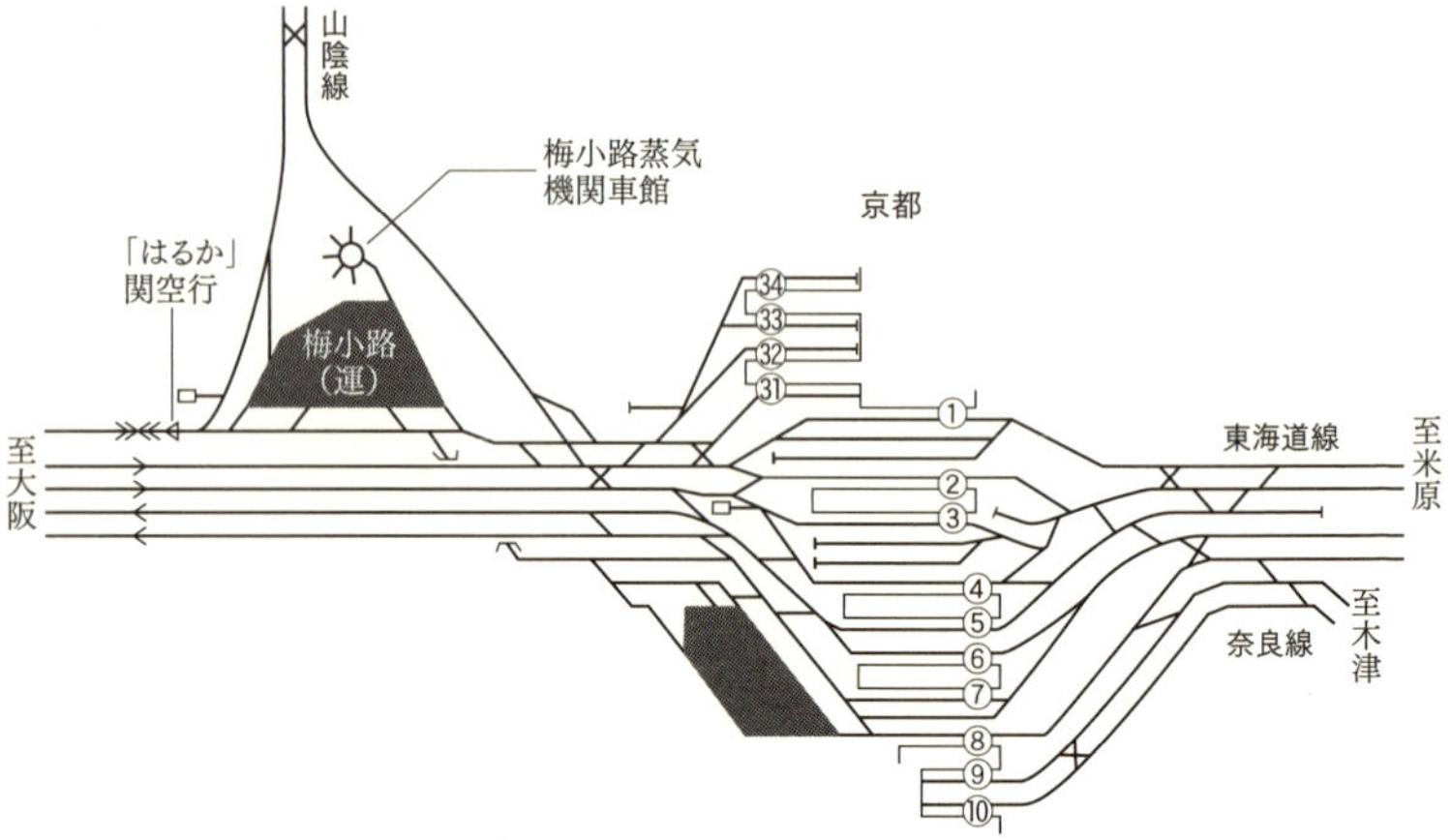
山陰線
梅小路蒸気機関車館
京都
「はるか」関空行
梅小路（運）
東海道線
至大阪
至米原
奈良線
至木津

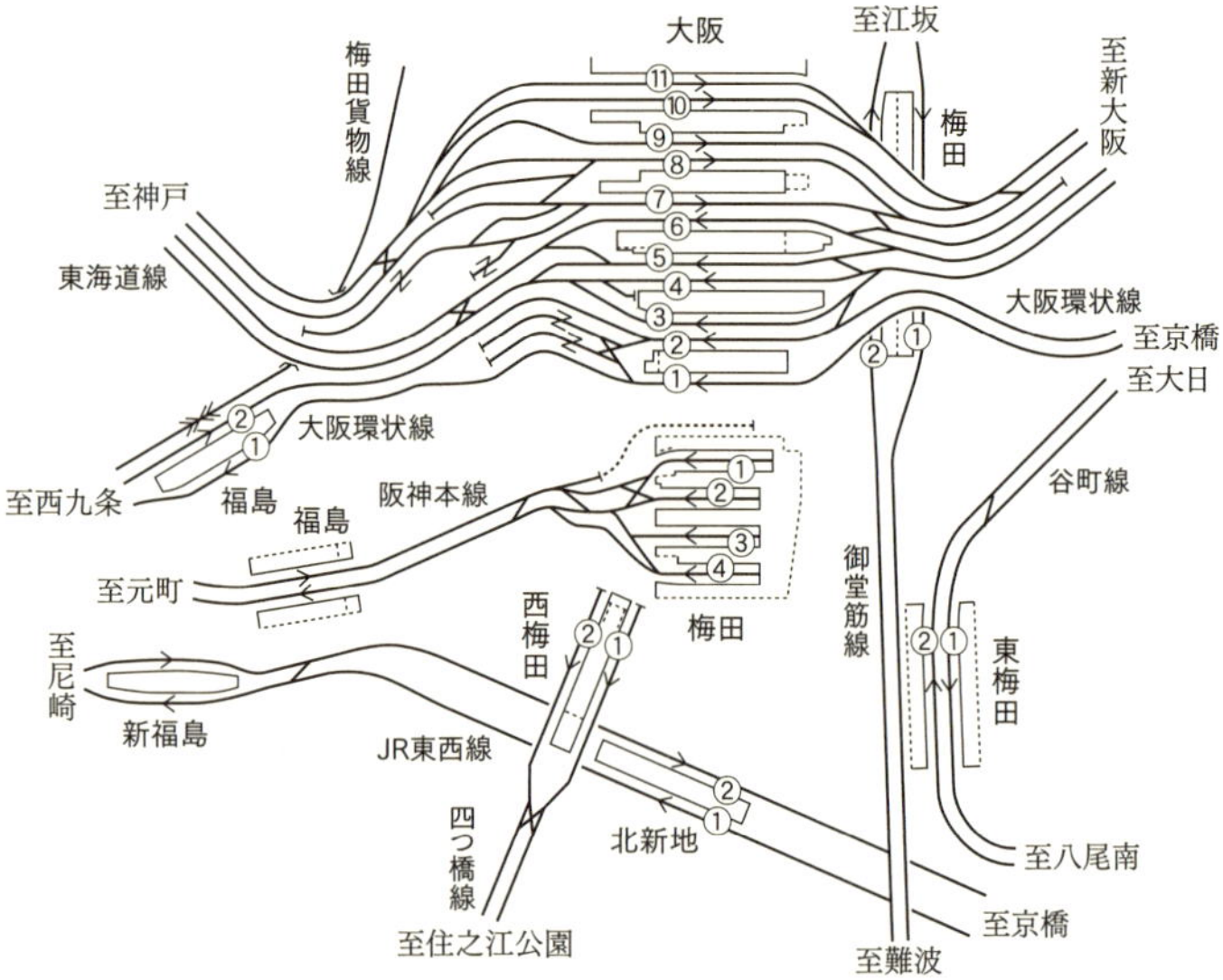
大阪
至江坂
梅田
至新大阪
梅田貨物線
至神戸
東海道線
大阪環状線
至京橋
至大日
大阪環状線
至西九条
福島
阪神本線
福島
谷町線
至元町
梅田
御堂筋線
東梅田
西梅田
至尼崎
新福島
JR東西線
北新地
四つ橋線
至八尾南
至京橋
至住之江公園
至難波

大阪駅は進入速度を高められるように線形を改良した

モノレールとの連絡駅である。大阪モノレールの桁下に、東海道線の内側線の上下線を挟んだ島式ホームを造るスペースはない。設置するとすれば京都寄りのイオンに面したところだろう。また、大阪モノレールも設置するとすれば相対式ホームになる。

しかし、大阪モノレールは全駅島式ホームで運転席は右側にある。ワンマン運転なので、発車すると運転士は座ったままで後方を確認して扉閉めを行う。これが相対式ホームだと、運転席をいったん離れて確認しなければならない。そういったことから駅の設置計画はまったくない。

元来、高槻駅は快速と新快速とが各停と緩急接続をしていた。快速は京都駅から快速運転をする快速と、高槻駅から快速運転をする快速の2種が設定されている。高槻駅から快速になるほうが多いので、ほとんど緩急接続をしなくなった。また、新快速は新駅ができたことから各停が遅くなったので、新快速も緩急接続をしなくなった。

そのため、上下の外側線に面して片面ホームを新設して、内側線に転線しなくてすむようにした。しかし、高槻駅で新快速から快速や各停に乗り換えるには、跨線橋を通らなくなって不便になった。なお、新設ホームは貨物列車の待避線を撤去して設置した。

高槻駅には朝北陸方面、夜間大阪行の特急サンダーバードと朝関空行、夜間京都・米原行の「はるか」が停車するようになった。新快速は3扉、特急は１、２扉で、扉の位置が異なるために、ロープ昇降式ホームドアを設置して対応している。

また、内側線の外側の副本線には、3扉の快速と4扉の各停のいずれにも対応できる通常タイプのホームドアを試験的に一部分で設置中である。最近のホームドアは可動柵をかなりの広幅にできるようになったために可能となったのである。

複雑な経路を通る関空特急「はるか」

京都発着の「はるか」は元来は山陰線列車発着用だった頭端櫛形ホームの30番線で発着する。関空行は東海道本線の下り外側線に行けないために、別線になっている貨物線を通る。そして、貨物線は桂川駅の京都寄りで複々線の東海道線を斜めにオーバークロスして向日町《むこうまち》駅で外側線に接続するが、「はるか」は同駅手前にある渡り線で外側線に転線する。

向日町―茨木間は、上下の「はるか」は通常の外側線を走るが、関空行「はるか」は茨木―千里《せんり》丘《おか》間で吹田貨物ターミナルへの入庫線に転線、東海道線を斜めに乗り越して吹田貨物ターミナルの下り本線を通っていく。そして梅田貨物線に入って新大阪駅に達する。京都方面の「はるか」も、吹田貨物ターミナルの貨物本線を経るが、外側線へは簡単な渡り線で転線する。

新快速はオールクロスシート

新快速の使用車両は3扉転換クロスシートの２２５系と２２３系、快速は２２５系と２２３系のほかに２２１系も加わる。各停用は4扉ロングシートの３２１系と２０７系である。

最混雑区間は、快速、新快速が茨木→新大阪間で混雑率は１０７%と低い。輸送人員は2万２８９０人、最混雑時間帯は7時30分から1時間である。この間に12両編成が13本、１５６両が走り、輸送力は2万１４３０人としている。平均定員は１３７・４人になる。

223・225系はオールクロスシートだが、立席面積は広い。座席面積を除いて、ラッシュ時には使用できない補助椅子も含めた立席を0・35㎡で割って立積定員を計算するのが現実的である。

これで計算すると、トイレなし先頭車は71人、トイレ付先頭車は73人、中間車は77人である。一方、座席定員はトイレなし先頭車で48人、トイレ付先頭車で40人、中間車で56人なので、全定員はトイレなし先頭車で119人、トイレ付先頭車で113人、中間車で133人である。

全定員は8両固定編成で1030人、4両固定編成は499人、8＋4の12両編成の定員は1529人、平均定員は127・4人になる。だから、公表定員は多めにしている。実際の輸送力は1万9877人なので、混雑率は115％に上がる。

また、12両編成13本の座席数は8112席だから、輸送人員、すなわち乗車人員の中で立っている人数は1万4778人になる。立席部分の定員は1万1752人なので、立席部分だけみた混雑率は126％になる。1㎡当たり3・6人が立っている状態である。座れれば天国だが、立てば地獄というところである。

新快速に連結されるAシート車は、京都寄り4両目の9号車に連結される。この車両には乗務室（運転室）があるから、Aシート担当職員が乗務できる。

昭和59年度の混雑率は205％、輸送人員は1万9350人で3000人ほど増えている。集中率は27・2％だった。平成26年度の集中率は20・5％に下がっている。なお、走行車両数は90両、輸送力は9420人だったので平均定員は104・7人になる。3扉セミクロスシートの113系を既定の定員計算方法で忠実に出している。

少子高齢化による集中率の減少があっても、並行する阪急京都線からの転移と、人口が増えている滋賀県のJR琵琶湖線と湖西《こせい》線からの流入する通勤客によって多くなった。ラッシュ時でも高速で走る新快速による増加もある。

琵琶湖線から直通する通勤用の特急「びわこエクスプレス」がある。京都線内は新大阪駅のみ停車する。京都―新大阪間の所要時間は23分、表定速度101・7キロにもなっている。快適通勤ができるだけでなく、新快速よりも速く通勤ができる。

各停の最混雑区間は茨木↓新大阪間である。しかし、最混雑区間は一駅間にすることになっているので、厳密には東淀川↓新大阪間になる。混雑率は103%、輸送人員は1万4580人である。最混雑時間帯は7時30分から1時間で、7両編成13本、91両が走る。輸送力は1万4157人にしている。平均定員は155・6人である。

321系と207系の定員は先頭車が139人、中間車が151人で、207系の7両編成は、1本を除いて3両固定編成と4両固定編成と分かれている。残る1本は7両固定編成になっており、321系もそうである。

3＋4の7両編成の定員は1009人、7両固定編成は1028人である。走っている比率を1対1として1019人とすると、平均定員は145・6人である。公表の輸送力は10人ほど多く見積もっている。実際の輸送力は1万3247人なので、混雑率は110%である。

昭和59年度（1984）の各停の最混雑区間は、新大阪↓大阪間、昭和38年度以前は新大阪駅がなかったので東淀川↓大阪間だった。快速は茨木↓新大阪間である。59年度では、すでに新大阪周辺がオフィス街化していたが、各停では新大阪駅で降りる客よりも乗る客のほうが多かった。といっても微妙に多いだけで、降りる人が多いときもある。事実、昭和42〜47年度の最混雑区間は東淀川↓新大阪間だった。

朝ラッシュ時の快速の停車駅は長岡京、高槻、茨木、新大阪、それ以外の時間帯は京都—高槻間各駅、茨木、新大阪となっている。新快速の停車駅は高槻、新大阪である。これに「はるか」とサンダーバード、そして京都—倉吉《くらよし》間の「スーパーはくと」が加わる。

昼間時は、15分サイクルに新快速、快速、高槻—新《しん》三田《さんだ》間と高槻—須磨間の各停が各1本走る。快速は山《やま》崎《ざき》駅付近を走行中に新快速に追い抜かれる。新快速の京都—大阪間の所要時間は昼間時で28分、表定速度は91・7キロと速い。最高速度130キロで走るからである。しかも、大阪—神戸間のJR神戸線よりも130キロ走行区間は多い。

平日下りの快速は、始発から朝ラッシュ時終了まで京都—大阪間の停車駅は長岡京、高槻、茨木、新大阪となる。

朝ラッシュ時は、9分サイクルに新快速と快速が走り、新快速は長岡京付近で内側線を走る快速を追い抜いている。各停は9分サイクルに京都発と高槻発の各1本が交互に運転されている。

夕ラッシュ時上りは15分サイクルに新快速と快速、京都行と高槻行の各停が各1本走る。昼間時の新快速は8番線で発着しているが、夕ラッシュ時は9番線で発着する。新快速の利用客が多いため、ホームに人が溢れないようにするためのほか、18時台に大阪始発の新快速が9番線の対面の10番線から15分毎に3本発車する。

山崎駅付近で新快速は快速を追い越す

この新快速は、かつてあった外側快速の流れをくんでいる。外側快速は、電気機関車牽引の客車列車時代の普通を電車化したものである。普通列車は、湖西線もない時代に複々線区間(京都—大阪間)ではノンストップで走っていた。電車化したとき、複々線区間の外側を走るということで外側快速と呼ぶようになった。

現在は、大阪始発の新快速として夕方に走るようになった。外側快速の時代から大阪始発で、大阪駅で座れるため長距離通勤に利用されている。

ところで、昼間時の京都—高槻間の各駅は高槻から快速になる普通しか停車しない。つまり15分に1本の運転である。せっかく新駅の桂川駅と島本駅を造って阪急京都線と対抗しようとしていても、15分毎では阪急の10分毎には負けてしまう。かつて行っていたように、高槻折返の各停2本のうち1本は京都駅まで延長運転して、京都—高槻間は15分に2本、平均7分30秒毎にする必要がある。

阪急京都線

特急があって急行がないのは変である

阪急京都線は、十三《じゅうそう》―河原町《かわらまち》間45・3キロの路線である。梅田―十三間2・4キロは宝塚線の線増線名目で造られ、宝塚線に所属している。しかも、急行線という ことで中津《なかつ》駅にホームがない。走っているのは京都線の電車だけで、実質は京都線である。京都線に中津駅がないのは、宝塚線の急行用線路だからである。

河原町駅が起点である。このため大阪方面が下り、京都方面が上りである。

支線として、嵐山線桂―嵐山間と千里線天神橋六丁目―北千里間がある。京都線の電車が千里線を経由して、大阪メトロ堺筋線と相互直通をするとともに、千里線の約半数の電車が北千里駅から梅田駅まで直通をしている。

嵐山線とは平日に京都線との直通電車はないが、行楽期の土休日には、行楽電車の「京とれいん」の6両編成が直通することもある。嵐山駅には使われていない、3、4号線の櫛形ホームが森の中に眠っている。

阪急梅田駅は、櫛形ホーム10面9線を持つ大きな駅だが、京都線のほかに宝塚線と神戸線が乗り入れており、1路線につき3線の発着線があって、これらの集合駅である。

十三駅まで3線が並行する。昼間時に梅田発毎時0分から10分毎に京都線の特急、宝塚線の急行、神戸線の特急が同時発車しているが、十三駅まで、これら3列車がそろって走ることはほとんどない。

梅田駅の先で左カーブしているので、アウトコースを走る京都線特急が遅くなるように思えるが、逆に京都線の特急が先頭を切って走ることが多い。そうかと思うと、宝塚線が先陣を切ることもある。神戸線が一番遅れることが多いが、先頭になることもある。

十三駅の手前の神戸線と宝塚線の間に引上線があって、引上線からの線路がシングルスリップポイントで各線を横断している。これによって各線間で車両の行き来ができる。ただし、車体の幅は神戸線と宝塚線が

阪急京都線・嵐山線

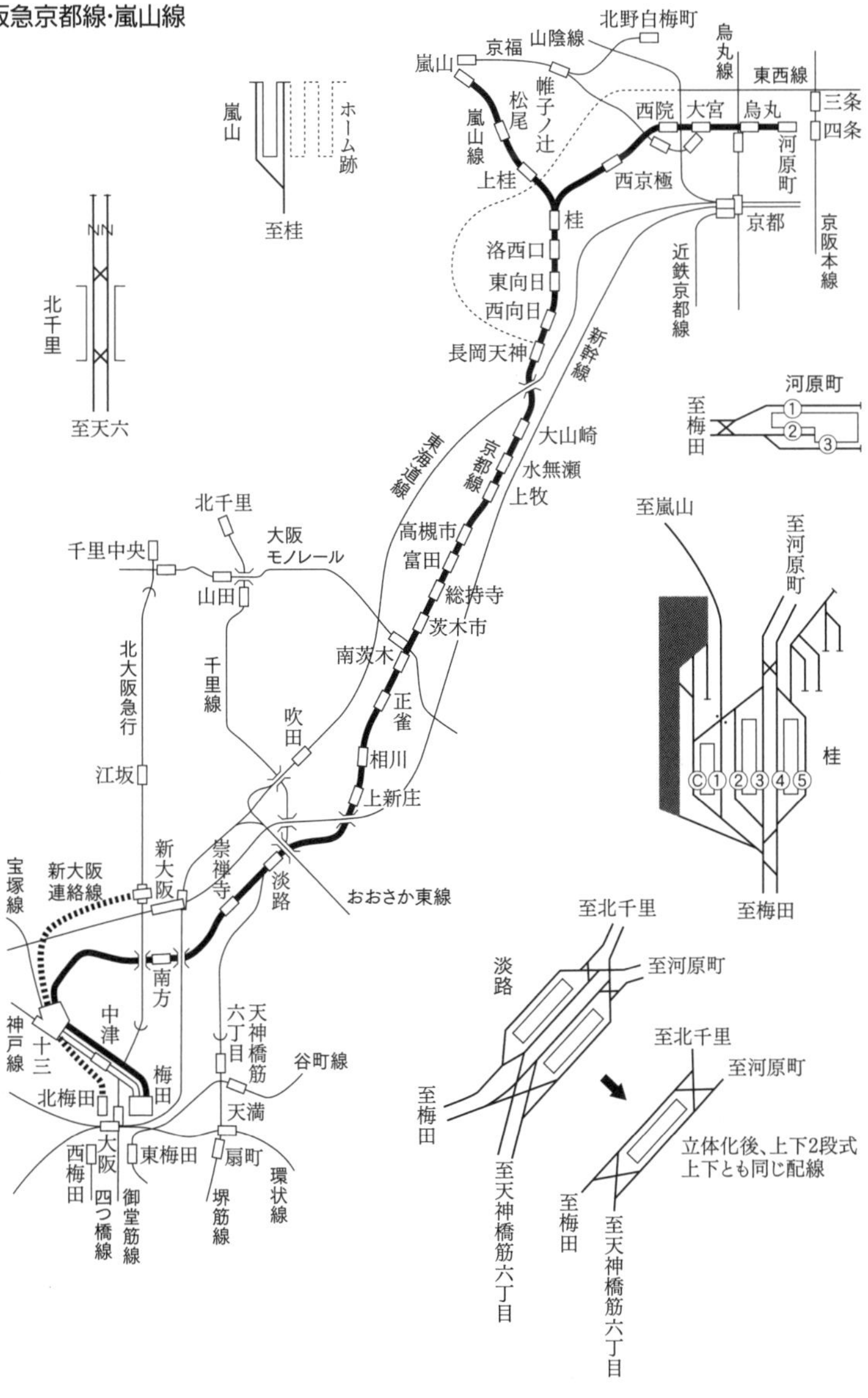

北野白梅町
山陰線
京福
嵐山
烏丸線
東西線
三条
四条
帷子ノ辻
松尾
嵐山線
上桂
西院
大宮
烏丸
河原町
西京極
桂
京都
京阪本線
近鉄京都線
洛西口
東向日
西向日
長岡天神
新幹線
大山崎
水無瀬
上牧
京都線
東海道線
高槻市
富田
総持寺
茨木市
南茨木
正雀
相川
上新庄
北千里
大阪
モノレール
千里中央
山田
千里線
北大阪急行
江坂
吹田
崇禅寺
淡路
おおさか東線
新大阪
宝塚線
新大阪連絡線
南方
中津
神戸線
十三
梅田
北梅田
大阪
西梅田
四つ橋線
御堂筋線
東梅田
天神橋筋六丁目
谷町線
天満
扇町
堺筋線
環状線
嵐山
ホーム跡
至桂
北千里
至天六
河原町
至梅田
①
②
③
至嵐山
至河原町
桂
Ⓒ①②③④⑤
至梅田
至北千里
至河原町
淡路
至梅田
至天神橋筋六丁目
至北千里
至河原町
立体化後、上下2段式
上下とも同じ配線
至梅田
至天神橋筋六丁目

淀川で京都線特急（右）が先行し、少し遅れて宝塚線急行（中）、
そしてどん尻は神戸線特急（左）というのが多い

河原町寄りから見た淡路駅

2730㎜、京都線が2800㎜と70㎜違う。神戸線と宝塚線の電車は京都線を走れるが、逆は車体がホームに当たるのでできない。

十三駅では、宝塚線と京都線は右に曲がりながら並行して、さらに京都線は駅を出ても右カーブして宝塚線と分かれる。神戸線はほぼまっすぐに進むため、神戸・宝塚・京都寄りで扇状に広がっている。

南方《みなみかた》駅で、大阪メトロ御堂筋線と交差して連絡している。御堂筋線のほうの駅名は西中島南方《にしなかじまみなみがた》である。

淡路駅で千里線と交差する。島式ホーム2面4線で方向別ホームになっている。現在、阪急電鉄京都線・千里線連続立体交差事業によって高架工事が行われている。下り梅田・天神橋六丁目方面が4階、上り京都方面が3階の上下2段式の島式ホーム2面4線になって、平面交差が解消される。

相川《あいかわ》駅は、島式ホーム2面4線の追越駅である。相川―正雀《しょうじゃく》間にある東吹田信号所で、大阪メトロ堺筋線の車庫が接続している。正雀駅も島式ホーム2面4線だが、ここの上り京都方面の待避線は正雀工場への入出庫線につながっており、上りはあまり追い越し待避はしない。正雀駅の上りの待避線は、2号線からはじまっている。下り待避線は5号線である。2号線のとなりの入出庫線が1号線である。

南茨木駅で大阪モノレールと連絡する。茨木市駅は島式ホーム2面4線で京都寄りに引上線がある。

富田《とんだ》駅は京都方面上り線だけ、通過線と停車線があって追い越しができる。高槻市駅も島式ホーム2面4線に京都寄りに引上線がある。

上牧《かんまき》―大山崎《おおやまざき》間で東海道新幹線と並行する。新幹線ができる前、京都線は地上に線路があったが、盛土の新幹線が並行することによって見通しが悪くなることから、新幹線と同じ高さの盛土にすることになった。このとき、先に完成していた新幹線の線路を京都線の仮線として使用した。

新幹線の線路を走る電車に最初に乗ったのは、阪急京都線の乗客だったのである。とはいえ、仮線を走り始めたときは30㌔の徐行運転だった。100㌔で走るようになったのは、数か月経った後のことである。

大山崎―西山天王山《にしやまてんのうざん》間で東海道線をくぐる。西山天王山駅は、2013年に開設された新駅で、京都縦貫自動車道の高架下に駅舎がある。長岡天神駅は、島式ホーム2面4線で下り梅田方面の3、4号線は河原町方面へ折り返すことができる。

桂駅は島式ホーム3面6線で、嵐山線が分岐し車庫が併設されている。

京都線は東側の島式ホーム2面4線の2〜5号線で発着する。嵐山線は西側の島式ホーム1面2線から発着する。京都線側の発着線は1号線となっているが、対面の発着線はC号線となっている。

阪急が1番線と呼ばずに1号線と呼ぶのは、車庫への入出庫線などはアルファベットを振ることがある。C番線というのはおかしいからC号線と呼ぶようになり、数字でも号線と呼ぶようにしたといわれている。

桂駅で嵐山線と直通し、行楽期の土休日には梅田方面からの直通電車が走り、ときおり河原町駅からの直通電車も運転される。なお、嵐山線は6両分しかホー

水無瀬駅付近で新幹線と並行する

上桂駅を出る桂行

嵐山駅に停車中の6300系普通。右の森にホームが残されている

ムがないため、直通電車は6両編成である。

西院駅の梅田寄りで地下に潜る。京福《けいふく》電鉄の西院駅は「さい」と読み、阪急の西院駅は「さいいん」と読む。

大宮駅が終点だったころは、1号線が降車ホーム、2号線が乗車ホームで奥にシーサスポイントがあり、その先に引上線があった。

河原町駅まで延伸したときに、シーサスポイントを撤去、引上線は本線になった。大宮駅を出ると上下線の間に柱がないところがある。ここにシーサスポイントがあった。烏丸駅で京都地下鉄烏丸線、大宮駅と西院駅で京福嵐山線に連絡する。

河原町駅は切欠きホーム付の島式ホームで、島式ホームの切り欠いていないほうが1号線、切欠きホームが2号線、その向こうに3号線がある。昼間時は2号線で発着する電車はなく、柵を設置して行けないようにしている。1号線は朝ラッシュ時に走る10両編成が発着する。昼間時になると、8両編成しか走らないために、切欠きホームへは柵を置いて梅田寄りは行けないようにしている。ただし快速特急は2号線で発着する。

特急用は、3扉転換クロスシートの9300系8両編成11本が使用される。先頭車の乗務員室後部は2人掛け、連結側は5人掛けのロングシートになっている。中間車の連結面寄りは、片方は向かい合わせのボックスシートで扉側に補助椅子があり、もう片方は5人掛けロングシートになっている。定員は先頭車が120人、うち座席43人、中間車が130人、うち座席47人である。8両編成で定員は1020人である。

立席を含めたロングシート部分と、他の立席面積で求めた立積定員と ロングシートは除くクロスシートの座席を足した方法で定員を求めると、先頭車は121人、中間車は129人になる。8両編成で定員は1016人となり、阪急公式定員と大差はない。

一般用は3扉ロングシート車である。8両固定編成が18本、6+2の8両編成が9本、増結用2両編成が3本ある。

9300系も含めて先頭車を電動車にしていたが、最新の1300系は先頭車をモーターなしの制御車にしている。先頭電動車編成は、脱線しても転覆はしな

河原町駅の切欠きホームに停車している快速特急

いという思想のもとに組まれていたものである。

踏切事故など障害物に衝突すると、先頭車から脱線していくが、先頭車が重ければ転覆しにくい。そしてモーターによって駆動しているために脱線してもそのまま路盤を進んでいく。先頭車が付随台車だと、脱線したあとに後部に連結された電動車に押され、座屈現象で転覆しやすくなるという理論である。

ただ、先頭台車にモーターがあると踏切事故があったときには、そのモーターが大きく損傷しやすい。このため、多くの電車は先頭車を制御車にしている。最近では先頭台車は付随台車、後部台車は電動台車にした0・5M方式を採用しているところが増えた。

阪急の1300系の先頭車にモーターはついていないが、バッテリーとコンプレッサーを搭載して自重を30・0tと重くしている。中間付随車は27・2tだから先頭車のほうが2・8t重い。これによって脱線しにくくするとともに、衝突しても車体構造がダメージを受けにくいダブルスキン構造にしている。さらに運転室前面に梁を追加して強度を増している。

標準の車体長は先頭車が18・38m、中間車が18・28m

である。阪急公式の定員は1000系では先頭車が123人、中間車が133人としており、国交省基準の計算方法でも同じである。なお座席定員は先頭車が43人、中間車が49人である。

嵐山線は、京都線で特急に使用した2扉転換クロスシートの6300系を4両固定編成にして使用している。転用前の扉間はすべて転換クロスシートだったが、中央の6組を残してロングシート化している。

このほかに、6300系6両編成を改造した観光列車の「京とれいん」が1本ある。中間の2両は横1&2列のボックスシートに変更し、他の車両の座席モケットや内外装を京都風にアレンジしている。6両編成のため、嵐山線にも直通できる。

最混雑区間は、上新庄→淡路間で混雑率は132%、輸送人員は3万1550人である。淡路駅で千里線に乗り換えて都心に向かう客が多い。そうであれば千里線の最混雑区間は淡路→柴島《くにじま》間になるはずだが、千里線も下新庄→淡路間である。千里線は京都線の京都方面へ、京都線は千里線の北千里方面への乗換客で減るためである。とくに京都線から千里線への乗換客が多いのは関西大学の学生で関大前駅に向かう。

最混雑時間帯は7時35分から1時間で、この間に10両編成が1本、8両編成が22本の計186両が走る。以前は10両編成がもっとあったが、乗客減で最混雑時間帯には1本しか走らなくなった。

輸送力は2万3964人で、平均定員は128・8人になっている。この平均定員は9300系8両編成よりも1人多いだけである。

昭和59年度の最混雑区間は、今と同じ上新庄→淡路間で混雑率は175%と高かった。輸送人員は4万67人で9000人近く減少している。それでも他線とくらべて落ち込みは大きくない。これは大阪モノレールの開通で同線沿線が開発され、同線から京都線に乗り換える客が加わったためである。

JR東海道線と大阪モノレールとは連絡していないから、南茨木駅に近い大阪モノレール沿線に住む人は、阪急京都線に乗り換えるしかないので、ほぼ独占状態にある。

昭和59年度では最混雑時間帯に、6両編成10本と8両編成15本の計25本・180両が走り、輸送力は2万

2888人だったので、輸送力は今のほうが多い。平均定員は127・2人である。

集中率は23・9％と低い。沿線は住宅化して久しいので昭和59年度でも昼間の利用が多いためである。平成24年度の集中率は23・3％とほぼ変わっていない。

京都線沿線は少子高齢化で通勤、通学の人口が減ったが、大阪モノレール沿線は新規居住の若い家族が多く、少子高齢化にはなっておらず、通勤・通学客が多いからである。ちなみに、大阪モノレールの最混雑区間の沢良宜《さわらぎ》→摂津《せっつ》間で集中率は27・6％と高い。

列車種別は多数ある。快速特急、特急、通勤特急、快速急行、快速、準急、普通である。昼間時は特急と準急、普通が10分サイクルに各1本走る。特急の停車駅は十三、淡路、茨木市、高槻市、長岡天神、桂、烏丸、準急は十三、南方、淡路、上新庄、南茨木、茨木市、高槻市以遠各駅である。

普通は梅田—高槻市間と梅田—北千里間、大阪メトロ直通の天下茶屋—北千里間、天下茶屋—高槻市間が20分に各1本が走る。梅田—高槻市間と天下茶屋—北千里間、天下茶屋—高槻市間と梅田—北千里間はそれぞれ淡路駅で接続している。

普通の上りは相川駅で特急を通過待避、下りは正雀駅で特急と準急を待避する。茨木駅では上り普通は準急と特急を待避して緩急接続をするが、下り普通は緩急接続をしない。

高槻市以遠は、特急と準急だけの運転になる。高槻市駅では上り準急が特急を待避するが、下りでは待避せずに茨木市駅で待避する。高槻市駅で待避すると、特急の発車後2分程度あけなければならない。特急も準急も茨木市駅までの各駅を通過するので、2分程度あけないとずっと信号機による制限を受ける。

下り準急は、茨木市駅の次の南茨木市駅にも停車する。茨木市駅で特急と緩急接続をすれば、特急の発車後に黄色の注意信号になって発車し、その先で黄色と青の2灯点灯の減速信号で後追いをしても、すぐにブレーキをかけないと南茨木駅に停まれない。

ようは特急が発車し、すぐに準急が発車してもいい。準急は高槻市駅以北は各駅に停車する。上り準急が茨木市駅に停車すると、特急が発車して2分程度あけて発車しなければならない。しかし、高槻市駅で待避すればすぐに発車できる。そうしないと桂駅まで次の特急に追いつかれ、長岡天神駅待避になってしまう。

長岡天神駅で待避すると、西院駅付近でその次の特急に追いつかれ、特急は団子運転で河原町駅まで行かなくてはならない。長岡天神駅と桂駅の両方で待避すると、準急の運用本数が増えてしまう。そういうことから、今の昼間時のダイヤは構成されている。

快速特急は土休日の午前に上り京都方面、夕方に下り大阪方面に運転される。停車駅は十三、淡路、桂、烏丸と少ない。しかし、特急の後追いで続行運転をしているため、上りは特急と同じ所要時間である。下りは梅田駅の発着線がいっぱいなので、1分ほど信号待ちをしている。特急を追い抜こうにもダイヤがいっぱいで、今の10分サイクルではなかなかむずかしい。

なお、土休日の昼間時の準急は2本に1本が堺筋線天下茶屋駅まで直通している。

朝ラッシュ時は通勤特急、快速急行、堺筋線直通準急（堺筋準急）が走る。下りの停車駅でみて通勤特急は西院まで各駅、桂、長岡天神、高槻市、茨木市、十三で特急が停車する淡路駅を通過する。快速急行は、通勤特急の停車駅に加えて淡路駅に停車する。

16〜18分サイクルに通勤特急、快速急行、堺筋準急が各1本、普通は河原町―梅田間、高槻市―天下茶屋間、茨木市―梅田間、北千里―梅田間が走るのが基本である。

夕ラッシュ時は特急と準急に代わって、通勤特急と快速が走り堺筋準急が加わる。快速の停車駅は十三、南方、淡路、上新庄、南茨木、茨木市、高槻市、長岡天神、桂、西院以遠各駅である。20分サイクルに通勤特急2本、堺筋準急と快速が各1本、これに北千里・茨木市―梅田・天下茶屋間の普通がそれぞれの区間で2本、約10分毎で走る。

高槻市以遠は、10分毎の通勤特急と20分毎の快速が優等列車になっている。10分間に2本の優等列車が走るときと1本しか走らないときがあるというアンバランスさである。梅田―淡路間でも準急は20分毎にしか走らない。

堺筋準急を堺筋快速にして、梅田発北千里行準急も走らせてバランスをとったほうがいい。

現在は急行がない。かつての急行は十三、淡路、茨木市、高槻市、長岡天神、桂、西院以遠各駅だった。現在の通勤特急と同じである。本来、急行とすべきところだが、特急より遅いイメージがあるので、通勤特急として特急とそうは変わらないイメージにしたためである。

しかし、特急があって急行がないのは変である。快速を急行に改称し、京阪と同様に午前上り、夕方下りに高槻市停車の快速特急を走らせ、準急をやめて、そのかわりに急行を走らせる。急行は快速特急を高槻市駅で待避する。こうすれば、快速特急は特急よりも梅田―河原町間で4分短縮して40分で結ばれる。

JRに対抗するため、いろいろダイヤに工夫をしてきたが、今一つ物足りないところがある。一層のダイヤ改善を願いたいところである。

梅田駅は広い

京阪本線

宇治―三条間に直通急行の運転を

京阪本線は、淀屋橋《よどやばし》―三条《さんじょう》間49・3㌔の路線で、京阪も三条駅が起点である。東福寺《とうふくじ》―三条間は軌道、他は鉄道である。といっても、東福寺の三条寄りから三条駅まで道路と一体に整備したため軌道にしているだけで、実質は鉄道である。また、三条―出町柳《でまちやなぎ》間2・3㌔を京阪本線に含めることがあるが、同区間の正式路線名は鴨東《おうとう》線である。

関西私鉄の多くが大きなターミナル駅を構えている。京阪もかつて天満橋《てんまばし》駅が大きなターミナル駅だったが、淀屋橋へ延長したときに天満橋駅は地下の通過駅になってしまった。そして京橋、天満橋、北浜《きたはま》、淀屋橋と分散ターミナルにして大きなターミナル駅はなくなった。さらに中之島線の開通で分散ターミナルの領域が広がった。京都側も、七条―出町柳間で京都中心部を貫通する分散ターミナルになっている。

鴨東線と三条駅で接続して直通電車が走る。三条駅では、京都地下鉄東西線と連絡（駅は三条京阪）する。東福寺駅でJR奈良線、丹波橋《たんばばし》駅で近鉄京都線と連絡する。中書島《ちゅうしょじま》駅では宇治線と接続するが、現在、直通電車はない。八幡市《やわたし》駅で男山ケーブルに連絡する。

枚方市《ひらかたし》駅で交野《かたの》線と接続している。かつて淀屋橋―私市《きさいち》間に直通するK特急「おりひめ」、準急「ひこぼし」が走っていたが、現在は中止している。

門真市《かどまし》駅で大阪モノレール、関目《せきめ》駅で大阪メトロ今里筋線（駅は関目成育《せきめせいいく》）、京橋駅でJR環状線と片町・JR東西線、大阪メトロ長堀鶴見緑地線と連絡する。天満橋駅で大阪メトロ谷町線と連絡、中之島線と接続して直通運転をしている。北浜駅で堺筋線、淀屋橋駅で大阪メトロ御堂筋線と連絡する。

淀屋橋駅は長い島式ホームになっていて、京都寄りに1番線と2番線があり、頭端寄りに3番線と4番線がある。1番線は切欠きホームになっており、3番線は1番線の横にある線路を通って発着できるが、1番

京阪本線・交野線・宇治線

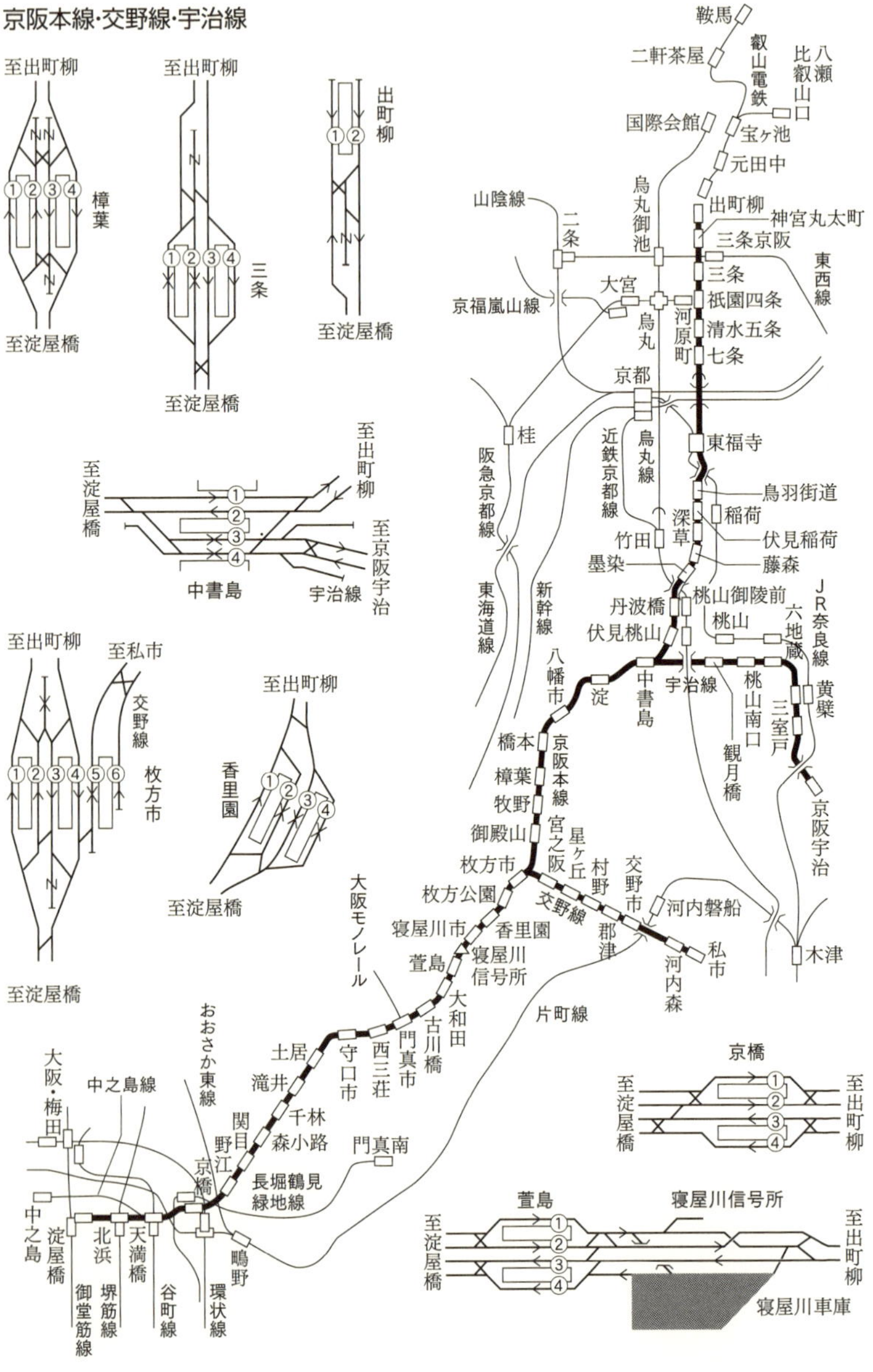
至出町柳
樟葉
至淀屋橋
至出町柳
三条
至淀屋橋
出町柳
至淀屋橋
至淀屋橋
至出町柳
中書島
至京阪宇治
宇治線
至出町柳
至私市
交野線
枚方市
至淀屋橋
至出町柳
香里園
至淀屋橋
鞍馬
二軒茶屋
叡山電鉄
八瀬比叡山口
国際会館
宝ヶ池
元田中
出町柳
神宮丸太町
山陰線
二条
烏丸御池
三条京阪
東西線
三条
京福嵐山線
大宮
祇園四条
烏丸
河原町
清水五条
七条
京都
東福寺
桂
阪急京都線
近鉄京都線
烏丸線
鳥羽街道
稲荷
深草
伏見稲荷
竹田
藤森
墨染
桃山御陵前
丹波橋
桃山
六地蔵
JR奈良線
伏見桃山
東海道線
新幹線
八幡市
淀
中書島
宇治線
桃山南口
黄檗
三室戸
観月橋
橋本
京阪本線
樟葉
牧野
御殿山
宮之阪
星ヶ丘
村野
交野市
枚方市
京阪宇治
河内磐船
枚方公園
交野線
寝屋川市
香里園
郡津
私市
河内森
木津
萱島
寝屋川信号所
大阪モノレール
片町線
大和田
古川橋
門真市
西三荘
守口市
土居
滝井
千林
森小路
関目
野江
おおさか東線
長堀鶴見緑地線
門真南
京橋
大阪・梅田
中之島線
中之島
淀屋橋
北浜
天満橋
鴫野
御堂筋線
堺筋線
谷町線
環状線
京橋
至淀屋橋
至出町柳
萱島
寝屋川信号所
至淀屋橋
至出町柳
寝屋川車庫

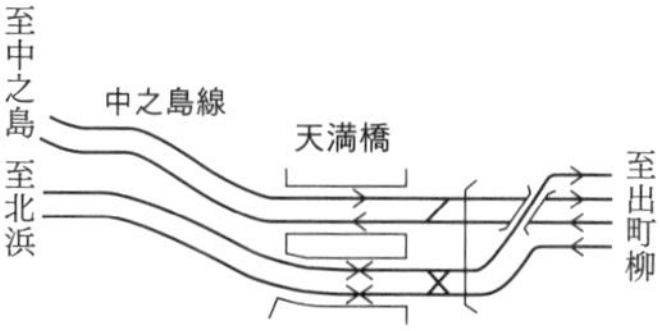

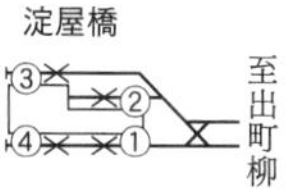

線と4番線は1本の線路で結ばれている。4番線が特急用発着線だが、2番線に電車が停まっていると発車ができない。また、終点駅だが、2番線には4番線を発車した通過電車、主に特急が走り抜けていく。

　特急は同駅の乗車位置の手前で停車して、客を降ろしたあといったんドアを閉めて、前進してドアを開けて客を乗せる。これによって乗降分離をしている。

　天満橋駅で中之島線が合流し、同駅から萱島《かやしま》駅まで複々線になっている。天満橋駅自体は本線と中之島線による線路別複線だが、地上に出ると本線の上り線は中之島駅を斜めに乗り越して北側に移る。そこからは中之島線が内側の方向別複々線になる。京橋駅からは、内側が急行線、外側が緩行《かんこう》線（普通が走る線路）になっている。

　このため、京橋駅の手前で京阪本線の優等列車は外側線から内側線に移る。中之島線は普通電車がほとんどなので、内側線から外側線に移る。ときおり京橋駅の京都寄りで転線することがあるが、基本的に京橋駅の大阪寄りで転線する。両電車を一度に転線すると衝突してしまう（これを交差支障という）から、基本的に中之島線の普通が先に転線し、京橋駅で本線優等列車を待つことになっている。これは上りでも同じである。

　本来であれば逆にするべきところである。中之島線ができる前は、現在本線になっている線路は天満橋駅で折り返す線路だった。そして中之島線の線路が本線の淀屋橋発着だった。このとき交差支障はなかった。中之島線は本線の北側を通るために、それまで本線だった1、2番線を中之島線用、3、4番線を本線用に変更したために交差支障が生じたのである。ただし、中之島線の優等列車と本線普通とは交差支障はない。将来、中之島線が新桜島方面に延伸したときは中之島線を走る優等列車が増えて、交差支障を起こす割合は減ることになろう。

　ずっと以前は、京橋駅は地平にあり複線だった。京

水上バスから見た京橋駅へ向かう京阪電車。電車が走っているところが立体交差個所

橋駅の京都寄りの、蒲生《がもう》信号所から土居《どい》駅まで複々線になったのは戦前のことである。

その蒲生信号所があった付近で城東《じょうとう》貨物線（おおさか東線）をくぐる。その先から守口《もりぐち》市駅まで、特急は110キロのフルスピードで走る。途中で普通を追い越していく。野江《のえ》―守口市間の平均駅間距離は0・6キロと短い。千林《せんばやし》―滝井《たきい》―土居間の各駅間は0・4キロしかない。ホームの端と端の間隔は250mとホームの長さより少し長い程度である。そのため普通は時間がかかっている。

そんなことから、区間急行などを森小路《もりしょうじ》駅に停車して普通と緩急接続を考えていた。森小路駅は急行線にも面した島式ホームになっている。他の駅は緩行線だけに面した相対式ホームである。結局、森小路駅に区間急行が停車することはなかった。そして急行線側に柵を設けて乗降をできなくした。

守口市駅は島式ホーム2面4線である。急行線を走る優等列車と緩急接続をし、区間急行は守口市以北の各駅に停車するために緩行線に転線する。ただし朝ラッシュ時下りの区間急行の一部は、守口市以南で通過するにもかかわらず、緩行線を走る。急行線のダイヤがいっぱいだからである。

土居—萱島《かやしま》間の複々線化は、昭和57年（1982）のことである。土居以南はできるだけ直線に作り直したが、守口市—萱島間は従来線に複線を張り付ける張付線増をした。このためカーブが多く、先頭車の一番前から前方景色を楽しんでいると、車酔いをする人がいるという。複々線の線路がぐっと曲がっていくのが、大波に飲み込まれている雰囲気に似ているためだという。

萱島駅で複々線は終了するが、緩行線はそのまま寝屋川車庫への入出庫線とつながっている。入出庫線との接続地点は寝屋川信号所と呼ばれている。そして寝屋川車庫内には職員用ホームがある。寝屋川車庫は萱島駅と寝屋川市駅の間にあり、双方の駅から歩いていくにはかなり時間がかかる。

そこで萱島止まりの区間急行や普通を走らせて、職員らはそのままこれら電車に乗って寝屋川車庫に行けるようにしているのである。

萱島駅にはクスノキが3、4番ホームを突き抜けている。地上には萱島神社があり、そのご神体がこのクスノキである。

寝屋川信号所からは複線になる。香里園《こおりえん》駅は島式ホーム2面4線で、上り京都方面の優等列車は外側の1番線を通る。下りは3番線を通る。2〜4番線は両方向に発車できる。

枚方市駅は島式ホーム3面4線で、西側の2面4線が本線用、東側が交野線用である。本線側の両方向に引上線がある。また大阪寄りの引上線の向こうには、正方向の渡り線があって交野線と直通ができるようにしてある。

樟葉《くずは》駅は、樟葉ローズタウンなどの住宅地の最寄り駅で同駅始発も多く、島式ホーム2面4線に大阪寄りに1線、京都寄りに2線の引上線がある。

八幡市駅で、男山ケーブルが改札内で連絡している。上り京都行には待避線があったが撤去されている。そして木津川、宇治川を渡り、淀車庫をすぎて淀駅となる。島式ホーム2面4線で、普通と淀駅始終発の優等列車以外は通過する。

中書島駅は島式ホーム1面、片面ホーム2面で1、

2番線が本線、3、4番線が宇治線である。

宇治線は本線の大阪方面からはストレートで直通でき、京都方面からはスイッチバックで直通できるようになっている。とくに4番線から本線への連絡線は、3番線との間で特殊なシングルスリップポイントになっている。

丹波橋駅は島式ホーム2面4線である。かつては近鉄京都線が乗り入れていたが、現在は分離している。乗り入れた時の連絡線の路盤は、一部が近鉄の用地として残っている。

深草《ふかくさ》駅も島式ホーム2面4線の追越駅、その次の伏《ふし》見《み》稲荷《いなり》駅は伏見稲荷への最寄駅で、駅の柱などは朱色に塗られている。

東福寺駅はJR奈良線と連絡している。ともに相対式ホームで、京阪本線と奈良線との間の両線のホームはくっついているが、柵があって通れない。跨線橋経由で階段を降り改札口を通るしかない。

地下に入って七条、清水五条《きよみずごじょう》、祇園四条《ぎおんしじょう》、三条と進む。もとは、清水五条駅と祇園四条駅は五条駅、四条駅だった。場所が違う地下鉄の四条駅と五条駅と紛らわしいからか、あるいは観光客にわかりやすくするためかはわからないが、改称した。しかし地元の人は今でも五条、四条と呼んでいる。長ったらしい駅名を呼ぶのは面倒だからでもある。

三条駅は、島式ホーム2面4線で出町柳寄りに引上線がある。出町柳駅は島式ホーム1面2線だが、大阪寄りに引上留置線がある。同駅から京福電鉄に乗り入れる構想がある。そのために終端に向かって右カーブして京福電鉄の西側で地上に出られるようになっている。

しかし、鞍馬《くらま》での火祭りが開催されたときに、京阪の乗り入れで観覧客がどっと押し寄せてくると、鞍馬周辺は収拾がつかないほどの混雑になってしまう。

京阪が出町柳駅まで延伸したとき、京福出町柳駅への地下通路は、京福側に行くにつれて徐々に狭くし乗換客を絞り込んで、京福出町柳駅に人が溢れないようにしているのが現状である。

京阪も、先頭車が電動車になっている編成が多い。特急用8000系、3000系、ロングシートの9000系、7200系、7000系、6000系、100

8000系を使う特急。手前から3両目がプレミアムカー、5両目が2階電車

000系、13000系がそうである。

特急用は8000系8両編成10本がある。しかし、昼間時の特急の運転間隔が15分から10分に変更したために、運用本数が8本から12本に増えてしまった。そこで8000系の運用を8本にして2本を予備にした。残る4本は3扉セミクロスシートの3000系を使用している。

8000系8両編成のうち6両は2扉転換クロスシート、残りの2両のうち4号車は2階建て車両、6号車はプレミアム車両である。先頭車の運転席後部は転換クロスシートになっているが、中間車も含めて連結寄りはロングシート化された。停車駅が増えたために、ロングシートにして乗降時間が伸びないようにするためである。ただし、扉間の固定クロスシートの背面にある補助椅子は存続している。

2階車両の連結寄りの平屋部分もロングシート化された。階下の階段近くにある補助椅子は残っている。

プレミアムカーは、運賃のほかに座席指定のプレミアム料金を徴収する。京都に向かって右側が1人掛けの横1&2席のリクライニングシートで、1人当たり

3000系を使う特急にはプレミアムカーの連結はない

の掛け幅は460mm、シートピッチは1020mmとゆったりしている。出入口は京都寄りに1か所が設置され、京都側連結寄りの左側に2組の2人掛けシート、右側にラゲッジスペースと乗務員室がある。

乗務員室にはアテンダントが常駐し、各駅に停車後、プレミアムチケットをチェックするほか各種案内や空調管理をしている。定員は40人である。

プレミアムカー以外の定員は先頭車が108人、うち座席54人、中間車が117人、うち座席58人、2階車両が125人、うち座席78人である。

ロングシート部分を含めた立席面積を0・35㎡で割った立席定員に、クロスシートの座席数を足す方法で定員を求めると、先頭車は105人、中間車は117人、2階車両が144人（階段部分は除く）になる。

3000系は、中之島線開業時に快速急行用に造った車両だが、昼間時の快速急行は走らなくなり、すべて10分毎に特急が運転されるようになって8000系だけでは足りないので昼間時の特急に充当されている。

3扉で扉間は横1&2列の転換クロスシートになっている。昼間時の特急のうち3本に1本、30分毎に運転されている。3000系はプレミアムカーが連結されていないので、昼間時の全特急にプレミアムカーの連結はない。

京阪は、昼間時の全特急と快速特急「洛楽《らくらく》」にプレミアムカーを連結することを計画している。このとき3000系の1両をプレミアムカーに改造して連結するのか、新たな特急車を新造するのかは不明だが、快速特急用として、８０００系をしのぐ設備を持つ車両の登場を期待したい。

快速特急の前後に走る通常の特急にもプレミアムカーを連結するには6本程度の増備が必要である。

３０００系も先頭電動車になっているが、中間電動車は1両だけしかない。つまり8両編成で3両だけが電動車という動力集中編成になっている。8両固定編成ではなく、中間の4両または3両を抜いて4両編成または5両編成で使用することも可能にしている。

定員は、先頭車が１１３人でうち座席は京都寄りが38人、車椅子スペースの関係で大阪寄りが37人になっている。中間車は１２６人、うち座席が45人である。

８０００系と同様の方法で定員を算出すると、先頭車は１１２人、中間車は１３９人である。

一般車は、5扉車の５０００系以外はすべて3扉ロングシート車である。各種形式があるが、車体の寸法と形状でみると大きく3種に分かれる。車体の幅はすべて２７２０㎜である。

６０００系以降に造られた車両は、すべて車体長が18・2ｍになっている。それ以前は車体長が先頭車18・1ｍ、中間車18ｍである。１０００系や5扉車の５０００系などがそれである。その前の車両は、車体長18ｍで卵形断面にして軽量化を図っている２４００系と２６００系である。卵形断面は昭和34年に登場した高加減速のスーパーカーが最初に採用した。

車体長は異なるが、連結器を含めた長さはすべて18・7ｍである。当初は連結器の長さを３５０㎜にしていたのが、先頭車の乗務員室を１００㎜拡大するために先頭側の連結器長を２５０㎜にした。そして６０００系以降は連結面側も２５０㎜にして、車体そのものを長くした。車体長18・2ｍの中間車で定員を計算すると１２９人、18ｍでは１２７人と2人違う。

8両固定編成と7両固定編成、そして4両固定編成がある。本線は7、8両編成、宇治線と交野線は4両編成で走る。

ところで、５０００系は5扉車である。昭和45年（１９７０）に登場した。当時はまだ土居―寝屋川信号所間が複線だった。複々線化するまでのつなぎとして、乗降時間を短縮する目的で５０００系を登場させた。昼間時は2扉を締め切り、通常の3扉車として運

5000系は50年近く経っているが古さを感じさせない

5000系のラッシュ用扉を使うときは、
座席が上に収納される

ラッシュ用扉を使わないときは座席が上から降りてくる

用する。締め切った扉には上部に収納している座席を降ろして座席にする。

複々線化しても主として普通として運用され、現在もラッシュ時に5扉で走っている。登場して50年近く経っているが、全く古さを感じさせない。車体にホコリがこびりついていないのは、車両の手入れが行き届いている証拠である。ただし現在は土休日に1本が運用されているだけである。

最混雑区間は、野江→京橋間で混雑率は121%と空いている。輸送人員は3万8116人である。京橋で環状線に乗り換えるためにどっと降り、そして以遠では分散ターミナルとして漸減していく。

最混雑時間帯は7時50分から1時間である。その間に8両編成10本、7両編成が25本、計255両が走り、輸送力は3万1463人である。平均定員は123人である。クロスシートの8000系によって平均定員が少なくなっている。

最混雑時間を走る電車の内訳は特急が4本、快速急行が5本、準急が13本、区間急行が5本（うち2本は外側線を走る）、普通が8本の計35本である。

昭和59年度の混雑率は174％、輸送人員は6万3434人で1・7倍多かった。

少子高齢化のほかに、JR片町線や大阪メトロ長堀鶴見緑地線の利用に切り替えた人が多い。集中率は30・3％もあったのが、平成24年度は23・8％に下がっている。まさに少子高齢化で、通勤客も通学客も減ったのである。

京阪も列車種別が多い。快速特急、特急、快速急行、通勤快速急行、急行、深夜急行、準急、通勤準急、区間急行、そしてライナーである。

快速特急は「洛楽」という列車愛称を持っている。停車駅は京橋まで各駅、七条、四条、三条で、かつての特急の停車駅である。特急は京橋まで各駅、枚方市、樟葉、中書島、丹波橋、七条、四条、三条である。

快速急行は京橋まで各駅、守口市、寝屋川市、香里園、枚方市、樟葉、中書島、丹波橋、七条、四条、三条である。通勤快速急行は朝ラッシュ時下りだけの運転で、守口市駅を通過するだけで他の快速急行の停車駅に停まる。

急行は京橋まで各駅、守口市、寝屋川市、香里園、枚方公園、枚方市、樟葉、八幡市、中書島、丹波橋、伏見稲荷、七条以遠各駅で、淀駅に車庫があるため同駅始発または終着は淀に停車する。深夜急行は、守口市駅と枚方公園駅を通過する以外は急行と同じ停車駅である。

準急は京橋まで各駅、守口市、萱島以遠各駅で、通勤準急は朝ラッシュ時に下りだけ運転され、守口市駅を通過する以外は準急の停車駅と同じである。

区間急行は京橋まで各駅、守口市以遠各駅である。区間急行は、蒲生信号所―土居間が複々線化されたとき複々線区間の駅だけを通過するということで区間急行と名付けられたもので、京阪の優等列車のなかでも古い部類に入る。

ライナーは、朝ラッシュ上りに出町柳発と枚方市発、樟葉発の淀屋橋行3本と夜間に淀屋橋発出町柳行が運転されている。停車駅は特急と同じである。

　座席指定列車で、ライナー料金300円が必要である。8000系が使用され、プレミアムカー乗車は、ライナー料金は不要だがプレミアム料金400円または500円が必要である。

　かつて準急と急行は守口市駅を通過していた。大阪方面から守口市駅へは区間急行があったために、守口市停車は不要としていた。その後、昼間時に限って停車するようになり、現在は朝ラッシュ時上り以外は停車するようになった。このため、守口市駅通過は「通勤」の文字を冠して区別している。なお、朝ラッシュ時上りでは急行は運転されていない。代わって通勤快速急行が運転されている。

　急行はあまり運転されていない。昼間時に快速特急「洛楽」が運転されるときに、特急の補完として運転されている。

　快速特急は平日2往復、土休日は5往復運転される。京橋―七条間の所要時間は35分、表定速度75・4キロである。このとき特急、準急に代わって快速特急と急行の組み合わせの運転になる。

　しかも急行は、淀屋橋―出町柳間と淀屋橋―樟葉間の2本が、快速特急を挟んで10分毎（淀屋橋―枚方市間）に運転される。このため準急は走らない。先行する急行は、淀屋橋―出町柳間運転のほうで枚方市駅で特急を待避する。

　特急の京橋―七条間の所要時間は40分、表定速度66・0キロだから快速特急は5分速い。しかし、大阪方面から中書島駅と丹波橋駅に行くには時間がかかる。枚方市駅に停車して急行に乗り換えることができれば、この両駅だけでなく枚方市駅以北の急行停車駅の利便性は増す。

　快速特急運転時以外では10分サイクルに特急、準急、普通が各1本運転される。普通は中之島―枚方市間と中之島―萱島間の2種類があり、3本に1本が萱島駅折返になっている。すべてを枚方市駅折返、あるいは萱島駅折返にすればすっきりするが、萱島折返は寝屋川車庫への職員の足として設定されている。

　夕ラッシュ時は、下りには快速特急が2本、28分間隔で走っている。快速特急が走っているときに特急は走らず、快速急行が先行して走り、枚方市駅で快速特急を待避する。

　上りは20分サイクルに特急2本、快速急行と急行が各1本、準急が3本、普通が2本走る。特急は完全な10分毎、快速急行と急行とで10分毎に走る。快速急行と急行は淀行か樟葉行で、淀屋橋―樟葉間では枚方公園に停まるのが急行、通過するのが快速急行と、ほとんど違わない。

　宇治線がJR奈良線のダイヤ改善によって乗客を減らしている。三条駅まで直通急行が欲しいところである。中書島駅で特急と接続させる。準急とは、深草《ふかくさ》駅で緩急接続するようにすれば走らせることはできる。その場合、東福寺駅にも停車させ、4両は短いので5両編成にすればいい。

　宇治急行が走れば、手薄でJRに客を取られている伏見稲荷駅や東福寺駅に行くのに京都や大阪方面からも便利になる。一層のダイヤ改善をしてほしいものである。

卵形断面の2600系

JR神戸線（東海道本線大阪―神戸間）　芦屋駅で新快速と各停の接続を

ＪＲ神戸線は、東海道本線の大阪―神戸間33・1㌔と山陽本線の神戸―姫路間54・8㌔を愛称としてＪＲが呼んでいるものである。本項では、東海道本線区間の大阪―神戸間について述べる。

全区間方向別複々線で、尼崎駅でＪＲ東西線と福知山線と接続している。神戸方面各停とＪＲ東西線、福知山線と大阪方面とで直通電車が走る。塚本駅の神戸寄りで、宮原回送線（西）と北方《ほっぽう》貨物線と接続している。

甲子園口駅の内側線の折返用の線路があり、スルーする内側線下り電車はホームの外側を通る。そして下り外側線はさらに南側のホームに面していない線路を通っている。もともと甲子園口駅は他の駅と同じ島式ホーム2面4線だった。だが武庫川沿いにある阪神武庫川線から伸びてきて、甲子園口手前で東海道線と合流して西宮駅までの単線の貨物線があった。

甲子園口折返の各停をラッシュ時に走らせて、混雑を緩和することになり、貨物線を外側線として整備し、内側線のスルー線を元の外側線に移設して、元の内側線を折返線にしたものである。

芦屋駅には、外側線と内側線の副本線（待避線）との間に渡り線があり、外側線を走る新快速が、内側線の副本線に転線して停車する。住吉駅で六甲ライナー、三ノ宮駅でポートライナーと神戸市地下鉄、阪急、阪神に連絡している。

神戸駅には、明石寄りの上下内側線の間に引上線があり、その手前に外側線と内側線との間に渡り線があるので、内外両方の列車の折り返しが可能である。さらに、上り線側に島式ホームとは別に長距離列車用の片面ホームと発着線の1番線がある。かつてビジネス特急「こだま」が引上線で折り返して1番線で発車待ちをしていたが、現在は始発駅として発車する列車はまったくない。

しかし、朝の上り快速が1番線に停車して新快速をやり過ごしている。新快速も神戸駅に停車するが、ホ

JR神戸線（東海道本線大阪—神戸間）

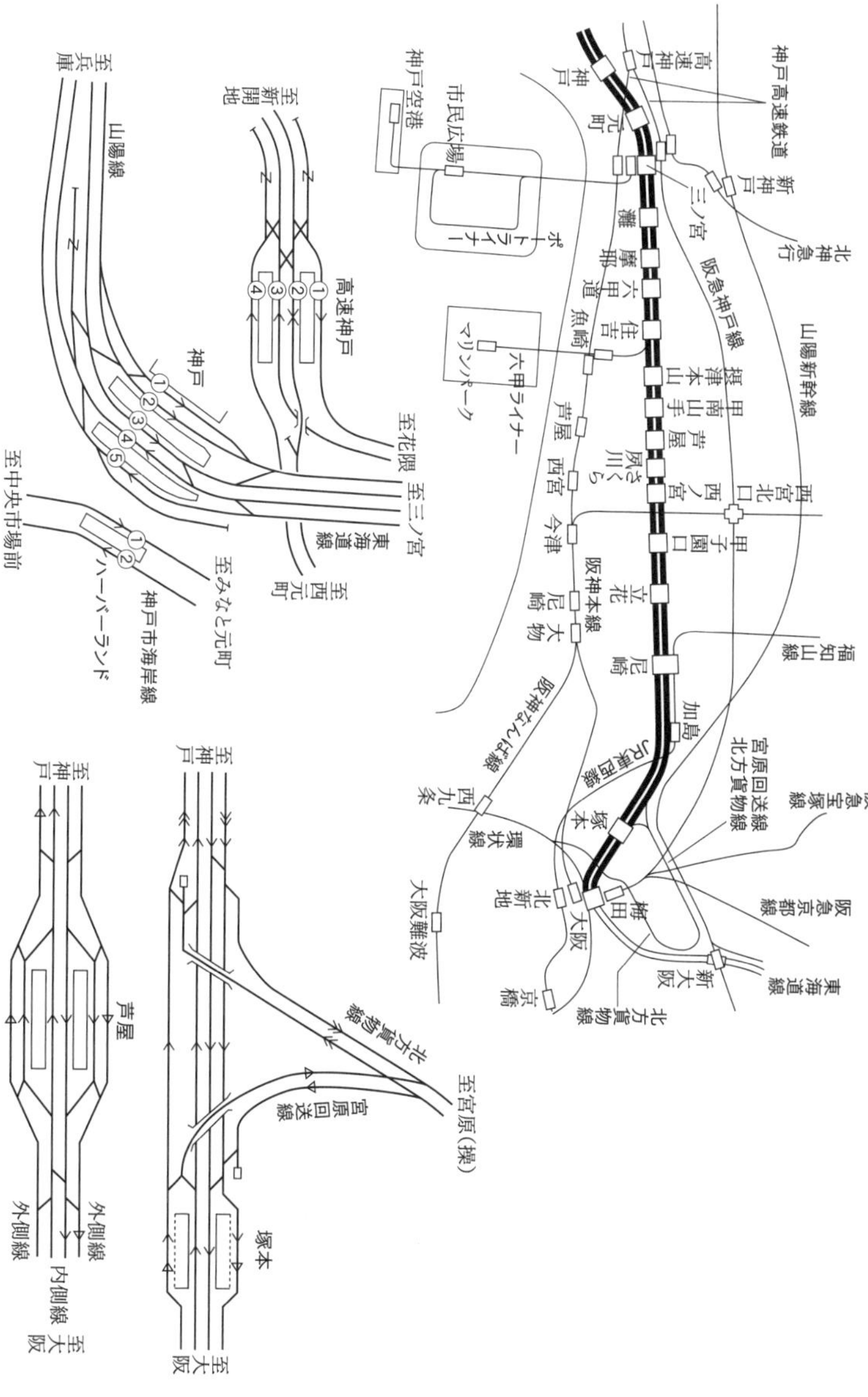

ームが違うために双方の乗り換えはしにくい。

快速・新快速の最混雑区間は、尼崎→大阪間で混雑率は112%、輸送人員は2万3720人である。最混雑時間帯は7時30分から1時間で、その間に12両編成が12本、10両編成が1本の154両が走る。輸送力は2万1148人、平均定員は137・3人である。

しかし、京都線と同様の方法で定員を算出すると、全定員は8両固定編成で1030人、4両固定編成は499人、8＋4の12両編成の定員は1529人、平均定員は127・4人になる。

10両編成は、223系と225系では8両固定編成と4両固定編成しかないために組成できない。組成できるのは、6両固定編成がある221系である。これに4両編成を連結する。221系の定員を計算すると、トイレなし先頭車は122人（133）、トイレ付先頭車は118人（130）、中間車は132人（144）である（カッコ内はJR公表値）。

10両編成の定員は1188人なので、221系・225系12両編成12本の総定員と足すと1万9536人となり、混雑率は121%ということになる。

朝ラッシュ時上り快速（右）は神戸駅1番線で新快速（左）を待避する

各停の最混雑区間は、塚本→大阪間で混雑率111％、輸送人員は1万4480人である。混雑時間帯は7時30分から1時間で、この間に7両編成12本84両が走り、輸送力は1万3068人としている。平均定員は155・6人になる。

3＋4の7両編成の定員は1009人、7両固定編成は1028人である。走っている比率を1対1として1019人とすると、実際の輸送力は1万2228人なので混雑率は118％である。

外側線に新快速、内側線に快速と各停が走るが、外側線には1300t牽引、コンテナ貨車にして26両編成の貨物列車も頻繁に走る。貨物列車は北方貨物線を経るために、塚本の神戸寄りで東海道線に入る。尼崎駅と西宮駅の上下線に貨物列車待避線があるが、あまり待避をしない。多くは摩耶《まや》駅の待避線で待避する。

特急も走る。唯一残っている寝台特急「サンライズ

天井川の芦屋川トンネルをくぐる221系（奥の白い車両）6両と223系（手前のステンレス車両）4両を連結した10両編成の快速

新駅の摩耶駅付近を走る321系各停

連結面には転落防止の保護板が設置されている

昼間時の芦屋駅では新快速が出発するとすぐに各停が進入してくる。
新快速がもう1分停車していれば各停から新快速に乗れるのだが……

瀬戸・出雲」は下りはノンストップだが、上りは三ノ宮駅と大阪駅に停車する。不定期の「サンライズ出雲」91号と92号も、大阪駅と三ノ宮駅に停車する。

昼行の特急である京都―倉吉間の「スーパーはくと」は三ノ宮駅、大阪―鳥取・浜坂《はまさか》・香住《かすみ》間の「はまかぜ」は三ノ宮と神戸に停車する。

平成31年春から通勤特急「らくラクはりま」が走り出す（山陽線の項で詳述）。

新快速の停車駅は尼崎、芦屋、三ノ宮、快速は尼崎、西宮、芦屋、住吉、六甲道、三ノ宮、元町である。新快速の大阪から三宮間の所要時間は21分、表定速度は83・5キロと京都線よりも遅い。平均停車駅間距離が短く、130キロ走行区間が少ないためである。

昼間時は15分サイクルに新快速、快速が各1本、各停が2本の運転で、各停のうち1本は大阪駅で新快速と緩急接続し、芦屋駅で快速と緩急接続をするが、次の新快速とは灘駅付近で追い抜かれる。もう1本の各停は大阪駅で快速と緩急接続をするが、さくら夙川駅付近で新快速に追い抜かれる。

さくら夙川駅や摩耶駅がなかったときは、芦屋駅と三ノ宮駅で新快速と各停はほぼ同時に進入・発車をしていたので緩急接続ができた。しかし、両駅ができて各停が1分ほど遅くなってできなくなってしまった。

各停は平均7分30秒毎に走るから、新快速が少し待てばいいということだがそれをしない。例えば三ノ宮駅からさくら夙川駅に行く場合、新快速に乗っても芦屋駅で各停に連絡していない。結局、三ノ宮駅で新快速のあとに発車する各停を待つことになる。しかも、この各停は芦屋駅で快速と緩急接続をするから、ずっと待つことになる。

大阪駅で快速と同時に各停が進入すると、芦屋駅で新快速と接続できる。下りでも大阪駅で快速と同時発車すれば接続できる。ただし、快速が外側線を尼崎まで走る必要がある。大阪駅での停車時間が短くて乗り換えが難しいとすれば、快速の停車時間を2分にして、各停がやや遅れて進入発車をすればいい。

一番いいのは、各停を阪神ジェットカー並みの高加減速性能を持つ車両にすることだが、それはなかなかできないところであろう。

朝ラッシュ時の上り快速は外側線を走る。神戸駅で新快速を待避して新快速の後追いをする。灘駅などは島式ホームの外側線側は柵で囲っているが、六甲道駅と住吉駅は朝ラッシュ時に快速が停車するために柵で囲っていない。六甲道駅の内側線には、ロープ昇降式のホームドアが設置されている。

朝ラッシュ時の各停は4分30秒毎になっている。2本に1本は、JR東西線直通のために尼崎駅始発の京都行に連絡している。また甲子園口発着は、ラッシュ時の前後にわずかにあるだけである。

夕ラッシュ時下りは15分サイクルに新快速、快速が各1本、各停が2本だが、1本は尼崎駅で福知山線に直通する新三田《しんさんだ》行になるため、尼崎駅でJR東西線からの西明石行と連絡している。新快速は昼間時に発着する5番線ではなく、4番線で発車する。

そしてJR京都線で述べたように、大阪始発の新快速が17時52分から15分毎に19時7分まで6本が3番線から発車する。3番線は長距離特急が発着する線路で、まさに外側快速だったことを彷彿される。大阪駅から新快速に乗って座ることは難しいが、大阪始発なら座れる。

阪急神戸線

ＪＲに対抗するには昼間時の特急は7分30秒毎に運転すべきである

阪急神戸線は、梅田―三宮間32・3キロの路線で、神戸高速線三宮―新開地《しんかいち》間と接続して直通運転をしている。神戸高速線は、神戸高速鉄道が第3種鉄道事業者で、阪急が第2種鉄道事業として電車を運行している。

支線として塚口―伊丹間の伊丹線3・1キロ、宝塚―今津間の今津線9・3キロ、夙川《しゅくがわ》―甲陽園《こうようえん》の甲陽線2・2キロがある。今津線は西宮北口駅で分断されて久しい。

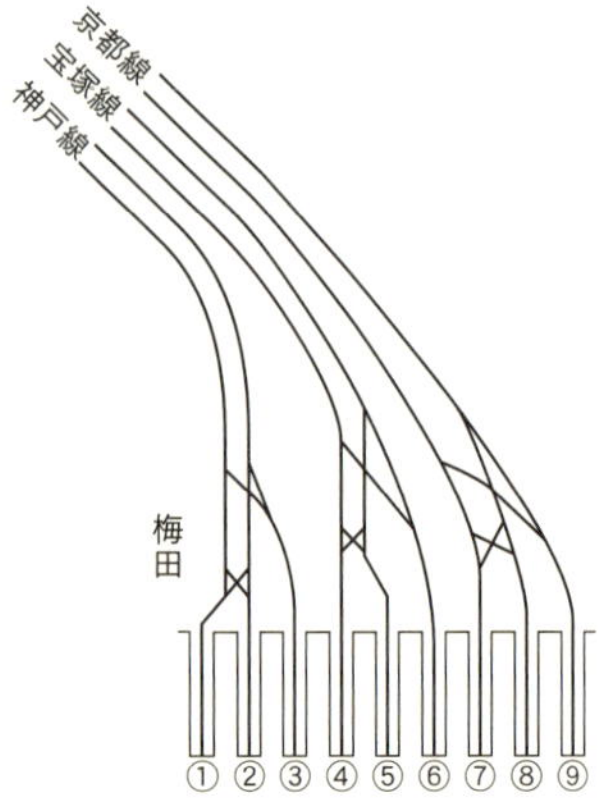

西宮北口以北7・7キロを今津《いまづ》北《ほく》線、以南の1・6キロを今《いま》津《づ》南《なん》線と呼んでいる。

一応、西宮北口駅のコンコースの上を南北に通れるように、コンコースの柱などは今津線が跨いでも耐えられるように造られている。しかし、今津南線の西宮北口駅ホームは、コンコースと同一平面で高架化されて南線と北線の線路がつながることはなくなってしまった。

梅田―十三間で宝塚線と京都線が並行、園田《そのだ》駅は島式ホーム2面と上り線の待避線側に片面ホームがある3面4線の追越駅になっている。片面ホームは、園田競馬開催時に降車ホームとして使用されていたが、現在は使用しておらず、花壇が置かれている。下り副本線は梅田方向への折り返しができる。

塚口駅で伊丹線と接続するが直通電車はない。本線との分岐合流ポイントが梅田寄りにあり、本線上下線間の逆方向の渡り線とで3方向に行ける分岐ポイント

阪急神戸線

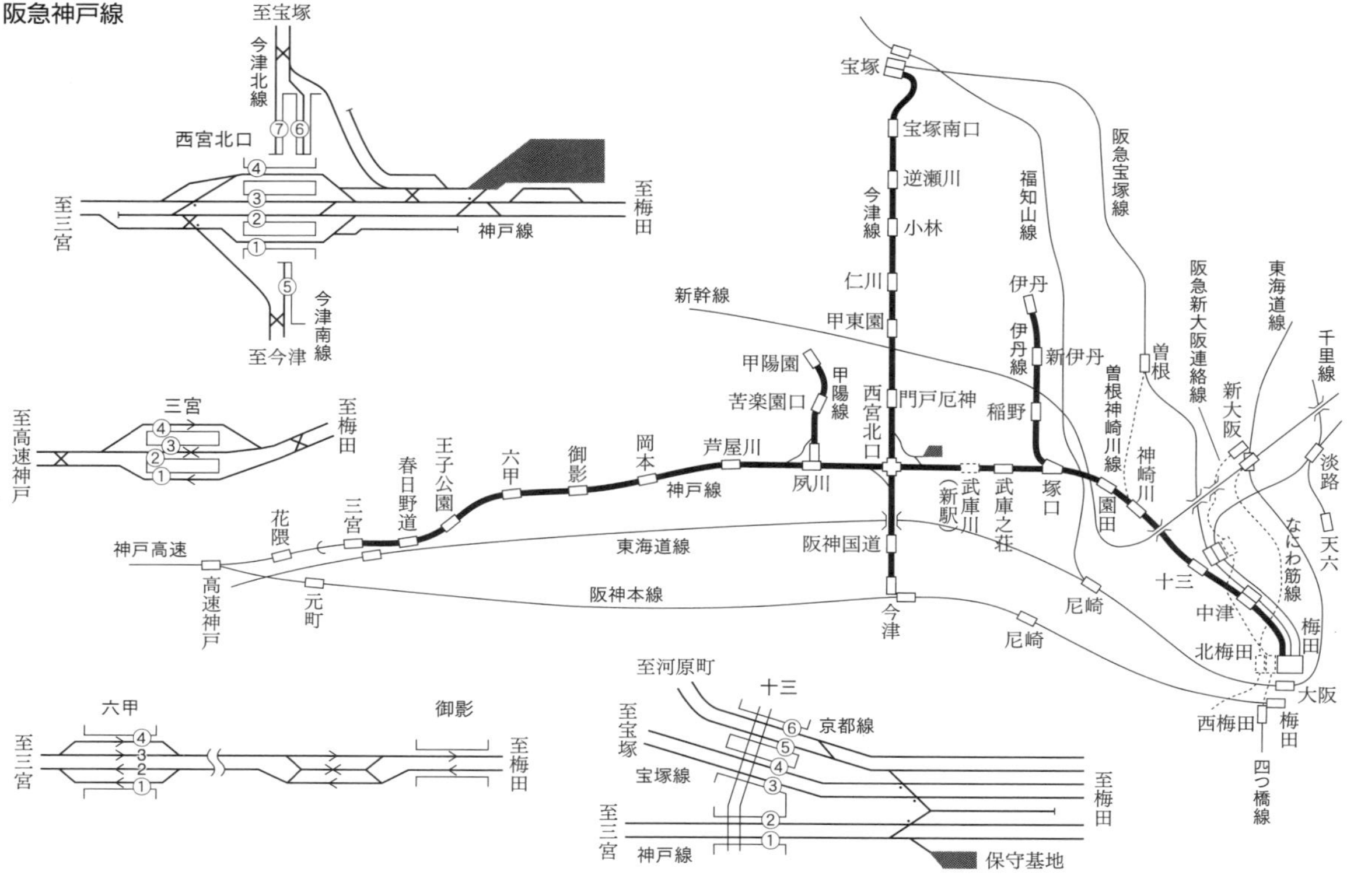
至宝塚
今津北線
西宮北口
至三宮
至梅田
神戸線
今津南線
至今津
三宮
至高速神戸
至梅田
宝塚
宝塚南口
逆瀬川
今津線
小林
仁川
甲東園
西宮北口
門戸厄神
阪急宝塚線
福知山線
伊丹
伊丹線
新伊丹
稲野
塚口
武庫之荘
武庫川(新駅)
新幹線
甲陽園
甲陽線
苦楽園口
夙川
芦屋川
岡本
御影
六甲
王子公園
春日野道
三宮
花隈
神戸高速
高速神戸
元町
神戸線
東海道線
阪神本線
阪神国道
今津
尼崎
尼崎
曽根
曽根神崎川線
神崎川
園田
阪急新大阪連絡線
東海道線
新大阪
千里線
淡路
天六
なにわ筋線
十三
中津
北梅田
梅田
大阪
西梅田
梅田
四つ橋線
六甲
御影
至三宮
至梅田
至河原町
十三
京都線
至宝塚
宝塚線
至三宮
神戸線
至梅田
保守基地

梅田駅は櫛形ホーム10面9線と広い

梅田寄りからみた西宮北口駅

になっている。

伊丹線の伊丹駅は、阪神・淡路大震災によって崩壊し建て替えられたが、島式ホーム1面2線の規模が小さい駅になってしまった。それでも駅を貫通して宝塚方面への延伸が可能だといわれている。

武庫之荘《むこのそう》―西宮北口間で武庫川を渡るが、武庫川橋梁で上下線は離れており、ここにホームを設置できるようになっている。しかし、いつまでたっても新駅の設置はされていない。

西宮北口駅の神戸線ホームは、島式ホーム2面と片面ホーム2面の4面4線で下り1号線と上り4号線は両側ホームになって、特急などここを通る電車は両側の扉を開ける。

梅田寄りの北側に西宮車庫があり、その手前には今津線と神戸線を結ぶ直角急カーブの連絡線がある。神戸寄りには引上線があり、1、2号線のいずれからも入線できる引上線で折り返して3、4号線へ進入できる。とくに進入時は、神戸方からの営業電車が4号線へ、引上線からの折返電車から3号線へ同時進入が可能である。


今津線は分断された。今津南線の今津駅は、高架化前は阪神の今津駅と並行していたが、高架化後はL字状で止まっている。阪神と同じ資本下になったときに、今津線と阪神をつなげて、宝塚から今の阪神なんば線を経て近鉄奈良駅までの直通する案も出たが、実現しなかった。しかし、今津南線だけ接続して、阪神の区間急行か近鉄直通の電車を走らせてもいいのではないかという案がある。

夙川駅は甲陽線の接続駅である。甲陽線は、単線で中間の苦楽園口《くらくえんぐち》駅は行き違いができる相対式ホームである。朝、西宮車庫から2本の甲陽線用電車が回送される。このとき夙川駅を通り越して下り本線でバックして上り本線に転線、再びバックして甲陽線の引上線に入る。そしてもう一度バックして甲陽線ホームの北側に出て、また、バックして甲陽線ホームに停まる。

夙川駅の梅田寄りのホームは、夙川の上にある。

芦屋川駅も芦屋川の上にある。芦屋川の右岸に沿った道路は、阪急電車をアンダーパスしており、阪急の改札口も線路の下にあるが、高架駅ではない。神戸寄りでは、阪急の線路と地面は同じレベルにある地上駅である。左岸の土手道は阪急の線路で分断されている。その1ブロック離れた梅田寄りの土手の下の道路もアンダーパスしていて、夙川駅近くまでずっと盛土になっている。

御《み》影《かげ》駅は、阪神の御影駅とずいぶん離れている。その御影駅は相対式ホームだが、三宮寄りにY形2組を組み合わせた1線の引上線がある。神戸高速鉄道ができたときに、梅田寄りが行き止りのY形引上線を設置して山陽電車の折り返しに使用していた。その後、御影寄りからも引上線に入れるようにして今の形になった。

通常は、平日朝ラッシュ時の2両の増結車の回送が優等列車を待避して三宮に行って8両編成に増結して10両編成で梅田に向かうときに使われる。

六甲駅は、通過線と停車線がある新幹線タイプの駅で、下り停車線は梅田方へ折り返しができる。

今津北線仁川駅の降車ホームと引上線

今津南線の西宮北口駅は高架になっている

阪神国道駅に進入する今津南線電車

三宮駅は島式ホーム2面3線で、中線は両側ホームになっていて普通の折返用に使われる。山陽電車も三宮駅で折り返すが、中線は阪急の普通が折り返すので使えない。そこで3号線に停車後、上り本線上で引き上げて1号線に入る。なお、2号線である中線は両側ホームになっており、降車ホームを2番ホーム、乗車ホームを3番ホームとして案内をし、ここだけは2号線、3号線とは言わない。

夙川駅に進入する特急新開地行

御影駅の神戸寄りにある引上線

高速神戸駅で阪神と合流する。上り線の阪急方向が1番線、阪神方向が2番線、下り線の阪急からの線路が3番線、阪神からの線路が4番線になっている。このため大阪寄りで阪神の上り線が上、阪急の下り線が下で立体交差をしている。

姫路寄りに阪神、阪急ともに引上線がある。阪神の普通は、ほぼ常時引上線で折り返すが、阪急はラッシュ時にしか使用しない。山陽車のなかには高速神戸駅で折り返す電車がある。2番線で折り返す電車は、行きは営業運転をするが、折り返し後の高速神戸→新開地間は回送になる。3番線で折り返す電車は、新開地→高速神戸間は回送になり、折り返し後には営業電車として走る。あくまで1、2番線は高速神戸駅を含む梅田方向の電車が、3、4番線もあくまで姫路方向の電車が走るという方向別にしているために回送にする電車があるのである。

新開地駅は、三宮駅と同様に島式ホーム2面3線で、阪急電車は中線の2、3番ホームから発着する。

阪急神戸線の車両は、朝ラッシュ時以外すべて8両編成である。これに2両編成の増結車があり、朝ラッシュ時上りは10両編成になる。増結編成の中には、ラッシュ時に椅子を収納する椅子なし電車の8200系があった。混雑が緩和してきたために、掛け心地がいい固定ロングシートを装備して椅子なし電車はなくなった。

また、多数ある8両編成のうちの2本だけは、神戸寄り2両が3扉転換クロスシートになっている。

今津線から神戸線への直通準急は6、8両編成、今津北線は6両編成、伊丹線は4両編成、今津南線と甲陽線は3両編成でワンマン運転をしている。ただし運賃の収受はしない。

神戸線と宝塚線の車体幅は2725㎜と京都線の2780㎜よりも少し狭い。このため、国土交通省算出基準で定員を計算すると先頭車120人、中間車130人になる。8両編成の定員は1020人、平均定員は127・5人である。

最混雑区間は神崎川《かんざきがわ》→十三間である。中津→梅田間

三宮駅。中線で折り返す普通（右）と特急新開地行（左）

にならないのは、十三駅で宝塚線宝塚方面や京都線京都方面に乗り換える客があるためである。混雑率は１４７％、輸送人員は３万８９７５人である。

最混雑時間帯は７時34分から１時間で、この間に10両編成が７本、８両編成が17本の計２０６両が走り、輸送力は２万６５７４人としている。平均定員は１２９人である。定員は、国交省基準よりも少し多めだが混雑率に大きな差はない。

昭和59年度の混雑率は１７７％もあった。輸送人員は４万６７５９人だったので、平成28年度は８０００人近く減っている。８両編成が26本、２０８両が走り、輸送力は２万６４１６人、平均定員は１２７人で、このときは運輸省計算基準で算出している。

集中率は27・６％と、このころから沿線の成熟度が高く30％を切っている。平成24年度は28・２％と少し上がっている。大阪と神戸、さらには宝塚や京都にも行け、住環境もよいので、代替わりしても親の住居にそのまま住む人が多い。

また、マンションが立ち並び人口密度高くなったことで、沿線の人口減の影響は少なく、少子高齢化もさほど影響はない。これは、とくに西宮市、芦屋市、神戸の東灘区や灘区でいえることだが、阪急沿線だけでなく阪神やＪＲ沿線でもそうである。ただし、比較的大きなマンションは日照問題があまりない斜面がある六甲山のふもとに建っているので、阪急を利用する人は多いだろう。

ＪＲのダイヤ改善による影響は多大で、乗客が減っているのは深刻である。平成24年度のほうが集中率が高くなり、全体的に乗客が減っていることは、見方を変えると昼間時は空いているということである。大阪に行くとき、西宮北口駅で普通から特急に乗り換えても座れることが多くなった。そして特急が停まらない駅はがらんとしている。

とくに昼間時の芦屋川駅は、人が少なく寂しくなってしまっている。普通しか停まらないからだけではなく、山手の岩園町《いわぞのちょう》や朝日《あさひ》ヶ丘《おか》町からの阪急バスは、まずＪＲの芦屋駅に寄ってから阪急の芦屋川駅に行き、そして阪神の芦屋駅に向かう。

バスは昼間時でも混んでいるが、ＪＲの芦屋駅に着くと大半は降りてしまう。阪急の芦屋川駅で降りる人は少ない。ＪＲの芦屋駅から遠回りで阪急の芦屋川駅に行くから、時間がかかるのである。まして阪神の芦屋駅にいる人はもっと少ない。

ＪＲの芦屋駅の北側に、幅広い山手幹線という道路が貫通している。ここを通ってまず阪急の芦屋川駅に行き、そしてＪＲの芦屋駅を通らず芦屋川を南下して阪神芦屋に行けば、阪急と阪神の乗客は増えるだろうが、そんなことをすればバスの乗客からクレームがつく。

そもそも昼間時の阪急の芦屋川駅には、10分毎の普通しか利用できない。ＪＲは15分間の間に新快速と快速が各1本、各停が2本停車する。阪神以上に待たずに乗れるダイヤになっている。それだけＪＲが便利なのである。

阪急も普通だけしか停まらないにしても、7分30秒サイクルに特急と普通を各1本走らせてもいいように思う。

朝ラッシュ時上りは、約15分サイクルに特急、通勤特急、通勤急行、準急が各1本、普通は三宮─梅田間と、西宮北口─梅田間が各1本走る。特急は新開地発、通勤特急は三宮発、急行は新開地か高速神戸発、準急は宝塚発である。

停車駅は特急が三宮まで各駅、岡本、夙川、西宮北口、十三、通勤特急が三宮まで各駅、岡本、夙川、西宮北口、塚口、十三、通勤急行は塚口まで各駅、十三、準急が今津北線の門戸厄神《もんどやくじん》まで各駅、塚口、十三である。準急は西宮北口駅で今津線─神戸線間の連絡線を通るために通過する。

三宮発の普通は六甲駅で通勤特急、西宮北口駅で特急を待避し、特急の後を走る準急が神戸線に転線するのを待ってから発車する。さらに園田駅で特急を待避する。西宮北口発の普通は、園田駅で特急を待避する。通勤急行は六甲駅で特急、西宮北口駅で通勤特急を待避する。

昼間時は10分サイクルに特急と普通が走る。特急を待避した普通は、特急の後追いをするが、特急が夙川駅に停車するようになってからは、いったんスピードを増しても、途中でスピードを緩めて特急が夙川駅を出ていくのを待っている。ブレーキをかけるくらいなら特急の発車後、2分待ってから発車しても同じことである。

タラッシュ時下りは、10分サイクルに特急、三宮止まりの通勤急行、西宮北口止まりの普通が各1本走る。通勤急行の停車駅は十三、塚口以遠各駅である。通勤急行が西宮北口駅で特急を待避する。

梅田発22時10分からは、快速急行と普通の組み合わせになる。快速急行の停車駅は十三、塚口、西宮北口、夙川、岡本、六甲、三宮以遠各駅である。快速急行と普通は西宮北口駅で緩急接続を行う。
十三、塚口、西宮以西各駅停車の急行は、最終近くで下り2本が運転されるだけである。
昼間時には伊丹線と梅田駅を結ぶ急行が欲しいところである。また、六甲―三宮間の普通を運転して、現行普通は王子公園駅、春日野道《かすがのみち》駅を通過する快速にして特急が停まらない芦屋川駅や御影駅、六甲駅と三宮駅との所要時間を短縮してもいいと思う。そのためには、中止した山陽電車の六甲乗り入れをすればいい。つまり30分毎であっても、快速の運転で利便性を高めるのである。

こうなるとダイヤは複雑になる。そこで先述したように、昼間時は7分30秒毎に特急と普通を走らせる。1時間に16本の運転である。そして15分に2本走る特急の停車駅を、1本は現状のままの十三、西宮北口、夙川、岡本、三宮以遠各駅にするが、もう1本は準特急として十三、塚口、西宮北口、芦屋川、六甲、三宮以遠各駅にすればいい。

昼間時に閑散としている芦屋川駅と六甲駅に乗客が戻って来れるようにし、さらに塚本停車でJR福知山線に逃げて行った客を取り戻すのである。

運転本数が多くなると思われるが、現状の特急が8両編成6本のところを6両編成8本にすれば、輸送力は同じである。

JRは1時間に新快速と快速が各4本、普通が8本の計16本が走る。阪神は1時間に特急6本、快速急行3本、普通6本の計15本であり、梅田―西宮間では3本の急行が加わって尼崎―西宮間は18本になる。それなのに阪急は1時間に12本しか走っていない。7分30秒サイクルにすると1時間に16本になる。これくらいにしないとJRに勝てない。

阪神本線

近鉄特急の本線直通を早期に実現を

阪神本線は、梅田―元町間32・1キロの路線で、元町―西代《にしだい》の神戸高速線と直通する。元町―西代間5・0キロは神戸高速鉄道が第3種鉄道事業者で、阪神は第2種鉄道事業者となっている。

梅田駅に集まる各線と連絡し、尼崎駅で阪神なんば線、武庫川駅で武庫川線と接続、今津駅で阪急今津線、魚崎《うおざき》駅で六甲ライナー、神戸三宮駅でポートライナーをはじめここに集まる各線と連絡、元町駅で東海道線と連絡、高速神戸駅で神戸高速線阪急三宮方面と接続、新開地駅で神戸電鉄と連絡、西代駅で山陽電鉄本線と接続する。

大物《だいもつ》駅でも、阪神なんば線と連絡して尼崎駅まで複々線になる。梅田方面から阪神なんば線への乗り換えは、大物駅と尼崎駅で可能である。大物駅には普通しか停まらないので、優等列車利用は尼崎駅で乗り換えるしかないからである。

梅田―山陽姫路間は、山陽電鉄と相互直通運転をして直通特急が走る。乗務員交代は高速神戸駅である。ただし、普通の新開地折返は乗務員交代をしていない。

近鉄奈良線とも、阪神なんば線を介して奈良―三宮間で快速急行によって相互直通をしている。本線に走る車両はともに6両編成だが、阪神の車両の長さは19m3扉車、近鉄は21m4扉車なので扉の位置が異なっている。

このため、各駅の発車時刻表や乗車位置に阪神車が○、近鉄車が△にしてわかるようにしている。ところが近鉄線の各駅では、阪神車が△、近鉄車が○と逆になっている。

梅田駅は、櫛形ホーム2面4線で交差支障がなるべくないような配線になっている。待避追越ができる中間駅は野田《のだ》、千船《ちぶね》、尼崎、尼崎センタープール前、甲子園、西宮、青木、御影、大石の9駅である。このうち御影駅の1番線は副本線の待避線だが、山陽電車と

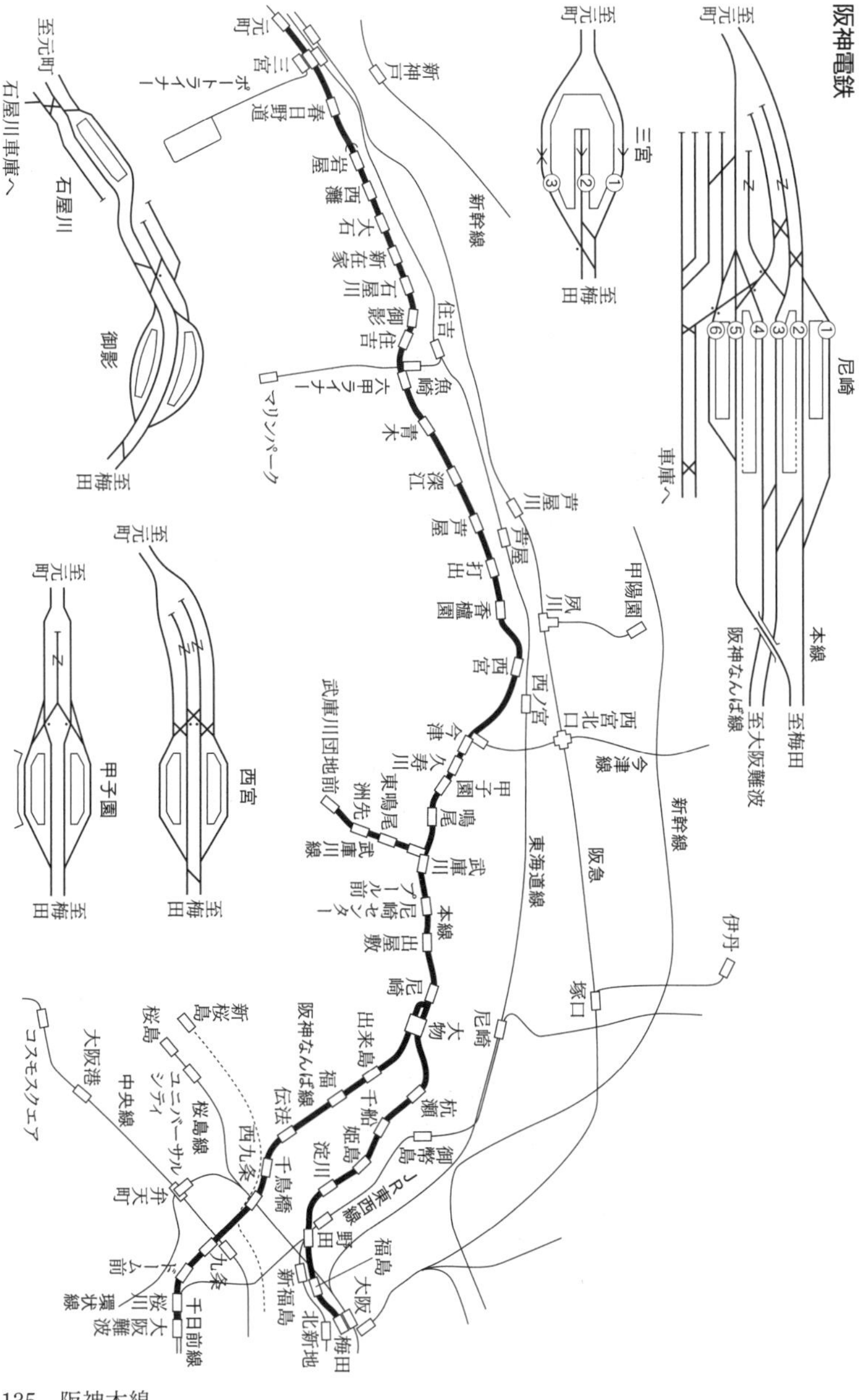
阪神電鉄
尼崎
本線
阪神なんば線
至梅田
至大阪難波
至元町
車庫へ
三宮
至元町
至梅田
新神戸
新幹線
住吉
芦屋川
芦屋
夙川
甲陽園
西宮北口
今津線
西ノ宮
阪急
東海道線
新幹線
伊丹
塚口
尼崎
元町
三宮
ポートライナー
春日野道
岩屋
西灘
大石
新在家
石屋川
御影
住吉
魚崎
六甲ライナー
マリンパーク
青木
深江
芦屋
打出
香櫨園
西宮
今津
久寿川
甲子園
鳴尾
武庫川
東鳴尾
洲先
武庫川団地前
武庫川線
尼崎センタープール前
本線
出屋敷
尼崎
大物
出来島
福
伝法
千鳥橋
西九条
九条
ドーム前
桜川
大阪難波
阪神なんば線
千日前線
杭瀬
千船
姫島
淀川
御幣島
JR東西線
野田
福島
大阪
梅田
北新地
新福島
新桜島
桜島
ユニバーサルシティ
桜島線
大阪港
中央線
弁天町
環状線
コスモスクエア
至元町
石屋川車庫へ
石屋川
御影
至梅田
至元町
西宮
至梅田
至元町
甲子園
至梅田

神戸寄りから見た尼崎駅。右から尼崎止まりの急行、山陽車による姫路行直通特急、近鉄車による尼崎止まりの阪神なんば線電車、連結して8両編成にする2両編成の増結車、梅田行普通

日本一の加速度を持つ普通用ジェットカー。尼崎駅では両側の扉を開けて停車する。これによって奈良行快速急行と梅田行急行と相互の乗り換えが普通を通り抜けてできるようにしている

直通運転を開始してから1番線に優等列車が停車するようになった。山陽電車の各車両の台車間距離が短く、2番線を通ると車端部がホームにあたる恐れがあることから変更した。

常時折り返しをしている駅は尼崎、甲子園、西宮、大石、三宮、元町、高速神戸、新開地の8駅である。尼崎駅と西宮駅は急行、甲子園駅は朝の区間急行、大石駅は山陽電車の回送（大石—三宮間）、三宮駅では快速急行、元町駅では下り本線の2番線で早朝深夜のほとんどの普通は高速神戸駅で折り返している。

非常時に折り返しができる非常渡り線がある駅は、野田、千船、尼崎センタープール前、大石、西代の5駅である。車庫は尼崎駅と石屋川《いしやがわ》駅にある。

平均駅間距離が0・98キロになっているため、普通用は高加減速性能を持つジェットカーが使われている。ジェットカーは加速度4・0～4・5、減速度4・5となっている。

4両固定編成で、5700系が4本、5550系が1本、5500系が9本、5000系が8本、5131系が1本の計23本、92両がある。今後、5700系を増備して、5000系と5131系を廃車する。

5700系はステンレス車体なので、「ジェットシルバー5700」の愛称がついている。昭和33年（1958）に登場した試作ジェットカーの5001形に続き、34年から量産ジェットカー両運車の5101形と片運車の5201形が登場した。その5201形のトップナンバーの5201号と5202号は、ステンレス車体だったのでジェットシルバーと呼ばれていた。その再来ということで、ジェットシルバー5700あるいはニュージェットシルバーの愛称をつけた。

昭和30年代には、阪神のほかに高加減速性能を持つ車両として京阪はスーパーカー、近鉄はラビットカーを登場させている。さらに近鉄は、2階電車をビスタカーと称し、南海は高野線用に急勾配区間で高登攀力《こうとはんりょく》性能を持つズームカー、阪急は定速運転ができる電子頭脳電車を登場させた。阪急だけが漢字の愛称にしたが、鉄道ファンからはオートカーと名付けられた。

このうち、近鉄のビスタカーと阪神ジェットカーだけが、今でもそう呼ばれ続けている。

ともあれ5700系は、省電力設計として先頭車

高速神戸駅に停車中の5700系ニュージェットシルバー

ジェットカー5700系の扉側にあるちょい掛けシート

の先頭台車にモーターがない0・5M車両となっている。それまでのジェットカーはオールMだったが、5700系と5550系は4両編成で3M1Tとなった。

5700系の台車は再びボルスタ付となった。このあたり、経営統合した阪急の台車に対する思想が反映しているといえる。また3M1Tになったために、モーター出力は190kWにもなっており、永久磁石同期モーターとした。この方式のモーターは惰行運転時に抵抗が発生して速度が落ちる率が高くなるが、各停専用なので惰行《だこう》時間は短く、さほど速度は落ちない。それよりも加速時の電力消費が少なくすむことで採用した。

扉間の座席定員は、それまでの8人掛けから7人掛けに減った。扉と座席の間は、連結側の一部を除いて210～385㎜にもなっている。そして袖仕切りにちょい掛けシートを置いた。

普通利用客はそれほど長く座っていない。むしろすぐに降りることができるように立つ人も多い。ちょい掛けシートはそんな人には重宝する。また、7人掛けは中仕切りで2―3―2に分けられ、中仕切りには立ち席客用に、スタンションポールと座席客用にひじ掛けが設置されている。

また、各扉には個別開閉スイッチが置かれている。各待避駅で普通はドアを開けっぱなしにしていたが、冬の寒風で暖房効果がなくなり、夏も冷房が効きにくい。そのため、待避時間中は扉を締め切りにして冷暖房効果を高める。乗降客は個別にスイッチを押して扉を開け閉めする。優等列車の到着時や、到着と発車時は全開全閉をする。個別扉スイッチはＪＲや北国の私鉄では採用しているが、関西私鉄でははじめてのものである。

５５５０系は1編成しかない。車体は阪急系のアルナ車両で造られ、艤装《ぎそう》は阪神系の阪神車両メンテナンスが行った。次の５５００系に準じているが、神戸寄り先頭車は、モーターがないＴ車の３Ｍ１Ｔとなっている。このためモーター出力は１７０kWにアップしている。また、従来のジェットカーの扉幅は１４００mmだが、５５５０系は５７００系とともに全国の通勤電車の標準の１３００mmに狭めている。台車はボルスタレスである。

５５００系は５２６1形や５３１1形、５３３1形の置き換えとして登場した車両である。ジェットカーで初のＶＶＶＦインバーター制御を採用した。また、ボルスタレス台車となっている。オールＭでモーター出力は１１０kWである。

加速度はそれまでの4・5から4・０に落としたが、定加速領域は大きいために、80㌔までの加速時間は、それまでのジェットカーよりも短い。

9編成あるうち4編成がリニューアルされ、個別扉スイッチの取り付けや外部塗色の変更など行われた。リニューアル車両は、リノベーション車両と呼ばれている。

５１３1形は、ジェットカー増備車と呼ばれ、廃車された５２３1形の台車モーターを流用し、新造のクーラー付き車体と、チョッパ制御器を搭載した車両である。車体塗色は上半分がクリーム、窓下がコバルトブルーのジェットカー伝統色となっている。制御器は三菱製である。東芝製の制御器を搭載した５３３1形とともに、2両固定編成12本24両が造られ、4両固定編成化したが、現在はその1本4両だけが残るのみである。

５００1形は、試作ジェットカーだった初代の５００1形が廃車されたのちに登場した車両である。量産ジェットカー５１０1形と５２０1形の代替車両として、2両固定編成16本32両が造られた。

中間車が転換クロスシートの9300系

中九条（現九条）延伸に備えて、３８０１系と同様に25キロと45キロに抑える抑速ブレーキを装備した抵抗制御車である。結局、難波まで一気に開通したために、抑速ブレーキは使える場所がなく、ロックされている。

その後、４両固定編成化され、すべての車両が廃車されずに残っている。

急行系は９３００系と８０００系のほかに、近鉄に直通できる１０００系と９０００系も本線だけを走る優等列車に使用されている。１０００系と９０００系は、本書の姉妹本「将来篇」の阪神なんば線の項を参照していただきたい。

このほかに、元急行系だった７８６１系と７８９０系がある。現在は武庫川線専用車両となっているが、近鉄と直通運転をする前に使用していた、阪神独自のバンドン式連結器を装備、塗色も赤胴車《あかどうしゃ》と呼ばれるクリームと赤のツートンカラーのままである。

９３００系は６両固定編成３本18両があり、中間車の扉間は転換クロスシートになっている。

８０００系は、登場時は赤胴色だった。阪神・淡路大震災で被災して廃車になった車両がある。現存している全車はリニューアルされ、９３００系と同じプレストオレンジとシルキーグレーに塗り替えられた。この塗色は、タイガースのライバルである巨人のカラーに似ていると評する人もいる。現存車は、６両編成19本１１４両である。

リニューアル車の2本は、９３００系と同様に中間車について転換クロスシート化された。その後のリニューアル車のうち8本は、4両ある中間車のうち中央の2両が転換クロスシートになっている。

赤胴車７８６１系と７８９０系の加速度は2・5だが、８０００系以降の急行系の加速度は3・0に向上している。そして赤胴車は支線の武庫川線にしか走らなくなった。前述したように、日本では他には見られないバンドン式連結器を、まだ装備している。

標準の阪神の車両の車体幅は２７５０㎜、車体長は先頭車が18・38ｍ、中間車が18・18ｍである。国交省算出基準によるロングシート車の定員は先頭車が１２１人、中間車が１３０人で、６両編成の定員は７６２人、平均定員は１２７人である。

最混雑区間は、阪神なんば線の開通で出屋敷《でやしき》→尼崎間である。平成20年度までは淀川→野田間だった。野田駅で大阪地下鉄千日前《せんにちまえ》線に乗り換えて難波方面に向かう客があったためだったが、阪神なんば線の開通で直接行けるようになって出屋敷→尼崎間が最混雑区間になった。

混雑率は１１１％と空いている。輸送人員は1万９２８０人である。最混雑時間帯は7時32分から1時間、この間に4両編成の普通が5本、６両編成の優等列車が20本走り、輸送力は1万７３５８人となっている。平均定員は１２３人である。

阪神本線には阪神の車両だけでなく、山陽と近鉄の車両も走る。山陽車はセミクロスシート車が多いが、横1&2列と横2&2列の2種があり、梅田寄り先頭車をロングシート化した編成もある。阪神も一部セミクロスシート車とオールロングシート車がある。また、近鉄車は21ｍ大形車体で定員が多い。平均定員１２３人は妥当なところである。

ちなみに、尼崎着7時32分から1時間の間に4両編成の普通が5本走り、特急は5本でうち1本はセミクロスシートの山陽車、残る4本は阪神車で主にロングシート車を使用する。快速急行は5本、うち2本が近鉄車である。すべてが阪神車を使用するのは区間特急と区間急行であり、各5本が走る。

昭和59年度は姫島→淀川間だった。淀川駅付近の工場に通う通勤客が降りるためである。混雑率は158%、輸送人員は2万6946人で、4両編成の普通が5本、5両編成の準急が5本、区間急行が2本、6両編成の特急が6本と急行が5本、区間急行3本の26本、合計136両が走っていた。

集中率は24・8%である。平成24年度の集中率は23・1%である。区間が異なるので単純比較はできないが、1・7ポイント下がっている。

ちなみに、阪神なんば線ができる直前の平成20年度は、本線の最混雑区間は淀川→野田間である。淀川駅付近にあった工場が移転し、跡地にマンションが建ったことなどから淀川→野田間になった。混雑率は101%、輸送人員は2万1712人と、昭和59年度にくらべると5000人ほど減っている。平成20年時の最混雑時の運転本数と編成両数は、4両編成の普通4本と6両編成の特急、急行、準急が各6本、区間急行が5本の27本の運転だった。

平成24年度の集中率は25・2%で、昭和57年度に比べて上がっている。阪急と同様に昼間時の乗客も減ってしまったのである。それが、阪神なんば線ができたことによって昼間時も通勤時も乗客が増えた。

阪急の芦屋川駅にくらべ、阪神の芦屋駅は賑わっている。阪急の芦屋川駅よりJRの芦屋駅から遠いことと、JRにはない難波・奈良方面の快速急行が走っているからである。しかし、打出《うちで》駅と芦屋駅との間付近に住んでいる人や、埋め立て地の海浜地区の人はJRも利用する。大阪駅へ行くにはJRとの競争だが、難波方面は阪神しか直通しないので、難波方面の強化が必要である。

今のダイヤでは無理をすれば10分毎に快速急行を運転できるが、それより阪神なんば線に乗り入れない近鉄の急行を尼崎駅まで快速急行と同じ停車駅で直通し、本線の特急か急行に接続するのが望ましいところである。

特急の停車駅が西宮、芦屋、御影、三宮以遠各駅だたっときの梅田―三宮間の所要時間は、最終的に26分30秒だった。加速度3・0の車両だと45秒縮めて25分45秒にできる。25分45秒なら時刻表には秒単位を表示しないから25分と掲載される。つまり阪神間ノンストップ運転時と同じ所要時間になる。

　そうしようとした矢先に、阪神・淡路大震災が起こり、その後、山陽電鉄と直通運転をすることになったことで、この計画は中止となった。というのは山陽電鉄の直通車の加速度は2・8だったため30秒の短縮はできない。さらに、尼崎駅や魚崎駅に停車するようになり、甲子園駅にも停車するにいたっては、とても阪神間を25分にはできなくなってしまった。

　しかし、加速度3・0の性能は直通特急、特急以外の優等列車では重宝している。

　優等列車は直通特急、特急、区間特急、快速急行、急行、区間急行がある。このうち直通特急と特急は、梅田―元町間で停車駅は同じで、利用している人の多くは単に特急と呼んでいる。

　同区間での特急の停車駅は尼崎、甲子園、西宮、芦屋、魚崎、御影、三宮だが、朝ラッシュ時の上りは甲子園駅を通過する。

　元町以遠では、昼間時の直通特急のうち2本に1本は高速神戸、新開地、高速長田《こうそくながた》の3駅に停車して、次の停車駅は山陽電鉄線に入って板宿《いたやど》となる。もう1本は元町―西代《にしだい》間各駅と山陽電鉄線に入って板宿となる。特急は元町以遠各駅に停車する。

　快速急行は、阪神なんば線経由で奈良―三宮間の運転で、本線内停車駅は尼崎、武庫川、甲子園、芦屋、魚崎である。御影駅を通過するのは、車体長21mの近鉄車6両編成が停まれる長さがないためである。また、土休日に今津駅に停車し、朝夕夜間は武庫川駅を通過する。

　区間特急は、朝ラッシュ時上りだけに運転され、停車駅は魚崎―香櫨園《こうろえん》間各駅、今津、甲子園、尼崎、野田である。他のすべての優等列車が停車する西宮は通過する。

　急行は梅田―西宮間の運転だが、一部に御影行がある。停車駅は野田、尼崎、武庫川、甲子園、今津、西宮、芦屋、魚崎である。

　区間急行は、朝ラッシュ時に梅田―甲子園間で運転され、停車駅は福島、野田、千船、尼崎、武庫川、鳴《なる》尾《お》である。

朝ラッシュ時上りは12分サイクルに直通特急、快速急行、区間特急、区間急行、普通が各1本運転される。甲子園—尼崎間が過密運転区間で、1時間に25本が走る。これに山陽のS特急の多くが大石まで乗り入れる。ただし大石—三宮間は回送である。

昼間時は、20分サイクルに特急と普通が各2本10分毎に運転され、これに梅田—西宮間と梅田—尼崎間の急行が各1本、そして快速急行が1本運転される。快速急行と梅田—尼崎間の急行は尼崎駅で接続する。このとき本線普通を通り抜けて乗り換えができる車両通り抜け方式を行っている。

夕ラッシュ時は、10分毎に特急と普通、梅田—西宮間の急行に加えて20分毎に快速急行が走る。このため尼崎—西宮間では1時間に21本の電車が走る。

かつての準急は運転区間がいろいろと変化し停車駅も時期によって異なるが、停車駅は福島、野田、姫島《ひめじま》（夕ラッシュ時のみ）、千船、杭瀬《くいせ》、尼崎、出屋敷、尼崎センタープール前（朝の上りのみ）、武庫川、鳴尾（下りのみ）、甲子園、今津、西宮、香櫨園、打出、芦屋（下りは通過）、深江、青木、御影以遠各駅で山陽電鉄の東須磨駅まで乗り入れていたこともあった。

梅田駅には、10両編成が停車できる仮称0番線を設置する予定があった。現在の梅田駅の配線は、それに備えたものである。0番線は少し前まであった専門大店という地下街の下に設置する予定だった。

しかし、少子高齢化が進んでいる現状では必要ない。それよりも手狭な梅田駅を広げるために0番線を活用することになった。現3番線を廃止し、2番線と4番線の間の乗車ホームを広げることにした。

拡張後は予定していた0番線を1番線とし、旧1番線だった新2番線以降は頭端部を伸ばすものの、位置はそのままにする。ただし新1番線は、乗降ホームを分けない片側ホームになる。2022年度末の完成予定である。

芦屋駅西方から住吉駅までは、連続立体交差事業で高架工事中である。これができると立体化されていない区間は、香櫨園駅西方から打出駅西方までと武庫川駅の梅田寄り、それに芦屋駅の両端だけになる。

そのうち武庫川駅の1か所と、芦屋駅前後の2か所の踏切は非常に廃止しにくい。両駅は川の上に駅があるために立体化しようにも架け替えが必要だし、その前後は高架になっているために、この高架区間も嵩上げが必要になる。

道路を線路の下で交差させる、いわゆるアンダーパスにすることも武庫川と芦屋川の土手の上にあることと、民家が近接していてできない。

踏切を廃止しようにも、交差する道路は交通量が多くて廃止もままならない。ただし武庫川駅の神戸寄りの右岸にあった道路は、武庫川河川敷に移して廃止した。これと同様にすることで廃止できなくはないが、武庫川左岸の河川敷は狭い。

踏切廃止を強硬に行わなければ、これら3か所の踏切は永遠に残る恐れがある。つまり、永遠に立体化率100%は達成できないということである。

課題としては、近鉄特急の乗り入れである。今の20分サイクルの昼間時のダイヤでも、梅田―元町間の急行を尼崎駅に2分停車させて近鉄特急と接続して、近鉄特急を先に走らせることで20分毎に走らせることはできる。

近鉄特急の停車駅は、西九条、尼崎、西宮、芦屋とし、尼崎駅で普通を通り抜けて急行と連絡し、西宮駅と青木駅、御影駅、大石駅でも普通を追い抜くと、難波―三宮間は37分（快急は44分）で結べる。

しかし、快速急行が折り返しで三宮駅で長時間停まっているので、近鉄特急の折り返しと整備はできない。高速神戸駅も普通が折返線を使っている。新開地駅は阪急の特急が使っている。できるのは車庫がある山陽電鉄の東須磨駅である。

それならば、一層のこと姫路駅まで延長してもいい。JRの新快速に迫るスピードで走らせると、混んでいるJR新快速を嫌って、特急料金を払っても阪神間から姫路に行く人は利用する。

姫路駅まで直通すると、むかしから多くの人が夢見ていた名古屋―姫路間という、私鉄で一番長い長距離特急が実現する。こうなると近鉄特急とはいわず、超特急か快速特急にすることになろうが、これもダサい。もっとスマートなネーミングにすることになろう。

JR山陽線（神戸—上郡間） 朝ラッシュ時に快速が舞子、垂水、須磨の3駅を通過するのは問題

山陽本線の神戸—姫路間は、東海道本線の大阪—神戸間とともにJR神戸線の愛称がついているが、路線が異なるので本書では山陽本線として扱う。山陽本線は神戸—下関間528・1キロだが、上郡《かみごおり》駅が神戸都市圏として最遠だろう。

神戸駅は、島式ホーム2面と上り線側に長距離列車始発用の片面ホームの1番線がある。駅の中心点に東海道本線の終点（東京起点）589・340kmと山陽本線起点の0kmを示す距離標が置かれている。

兵庫駅で和田岬《わだみさき》線と接続、明石駅で山陽電鉄、西明石駅で山陽新幹線と連絡、加古川駅で加古川線、姫路駅で播但《ばんたん》線と姫新《きしん》線に接続し、山陽新幹線と連絡、相《あい》生《おい》駅で赤穂《あこう》線と接続して山陽新幹線と連絡する。

和田岬線は、三菱重工の社員の通勤用として朝ラッシュ時と夕夜間だけ走る。赤穂線の播州《ばんしゅう》赤穂駅まで新快速と快速が直通する。

神戸—兵庫間が東海道線に続く方向別複々線になっており、兵庫駅の先で内側線が南に移り、ここからは線路別複々線になる。兵庫駅までは内側線、外側線と呼ばれているが、新長田《しんながた》駅からは内側線に代わって電車線、外側線に代わって列車線になる。

首都圏のJRで多い線路別複々線は、急行線と緩行線に分けられている。緩行線にあたるのが電車線である。緩行というのは各駅停車電車（以下各停）のことで、普通というのは、京阪神地区東海道山陽線の京阪神明石地区では快速のことである。電車線には各停と普通、すなわち快速が走るので緩行線とはいえないために電車線にしている。

ここでいう電車とは、電車区間を走る列車のこと、つまり近郊電車のことであり、列車というのは中長距離を走る電車列車のことである。そういうことで電車線と列車線という呼び方で分けている。

国鉄時代に、兵庫以西を早期に複々線化するには線路別にしたほうがいいということで線路別複々線にな

JR山陽本線(神戸―上郡間)
JR赤穂線(相生―播州赤穂間)

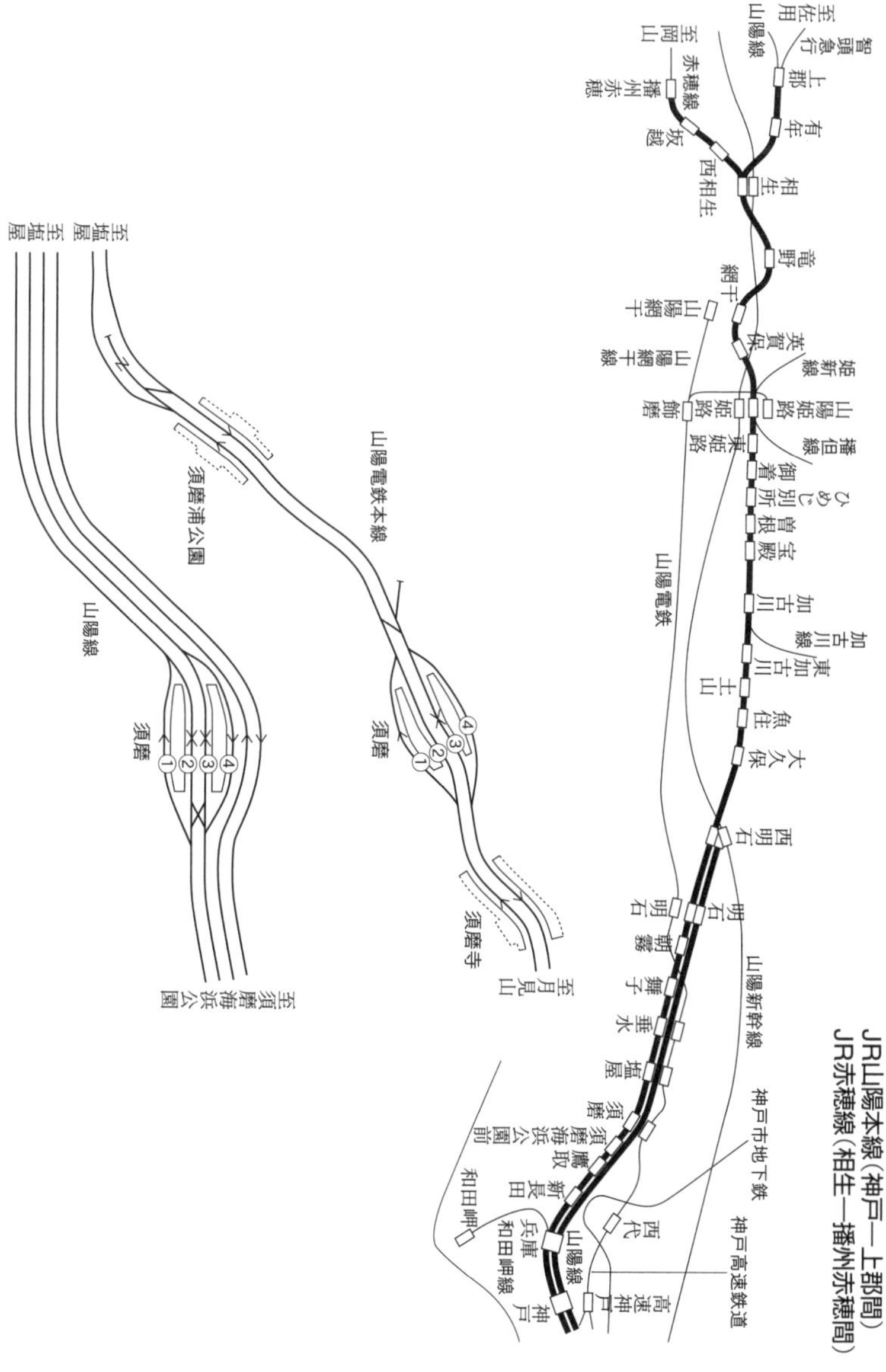

ったが、ＪＲ化後に方向別にしようとしたものの実現しなかった。そこで須磨駅と垂水駅に島式ホームを設置することも考えられたが、これもかなわなかった。

鷹取《たかとり》駅の北側を走る列車線は、上下線が広がってその間に神戸貨物ターミナルが置かれている。上下線に囲まれて貨物ターミナルや車庫がある方式を、抱込み式という。また、貨物ターミナルは「貨物（タ）」と省略して国鉄・ＪＲの文章などには表記されている。

新長田駅を通過する223系快速加古川行

新駅の海浜公園駅の次は須磨《すま》駅である。電車線は、島式ホーム2面4線で、外側が電車線の本線で内側は中線と呼ばれる副本線になっており、神戸寄りにシーサスポイントがある。朝ラッシュ時の快速は、列車線を走るためにホームがなく須磨駅を通過する。昼間時は、副本線で各停のうち2本に1本が中線で折り返している。各停と快速が待避追越をして、緩急接続をするのは夕ラッシュ時のみである。

中線は、下り線側に面した2番線と上り線側に面した3番線の2線がある。基本的には上り線側の2番線で折り返すが、明石方面に行くときは跨線橋を通って3番線に行かなくてはならない。このため3番線でも折り返すときがあるが、今度は明石方面から各停に乗り換えるのが面倒になる。

私鉄だと、明石寄りにY形引上線を設けて2番線に到着後、引上線で折り返して3番線に転線する方式をとる。しかし、国鉄は電車が停まっていて、乗客が移動するほうを採用しているのが多い。ＪＲに責任はないが、乗務員本位の折返方法である。

舞子《まいこ》駅は島式ホームで、手前の垂水《たるみ》駅とともに快速

須磨駅は電車線側が島式ホーム2面4線になっている

須磨駅は電車線だけにホームがある

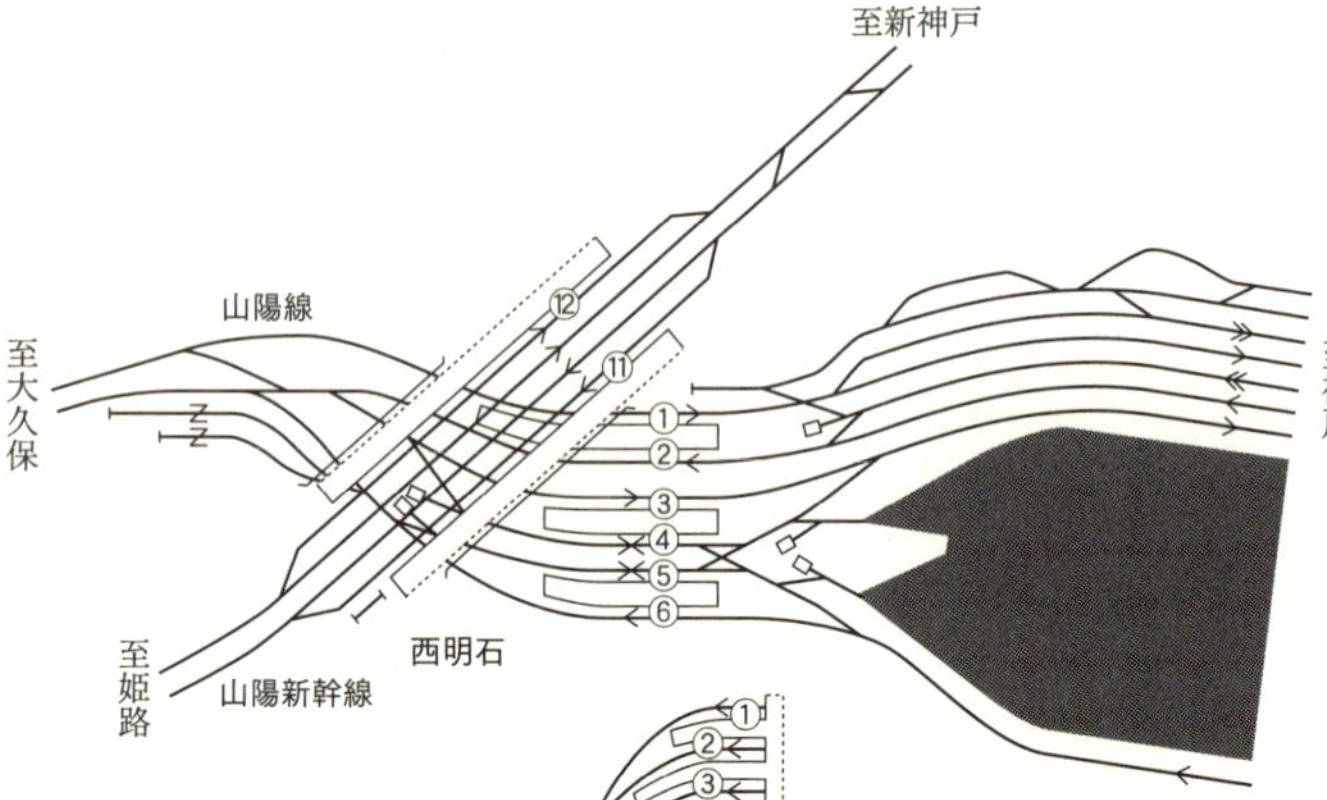
至新神戸
山陽線
至大久保
至神戸
至姫路
山陽新幹線
西明石
⑫
⑪
①
②
③
④
⑤
⑥

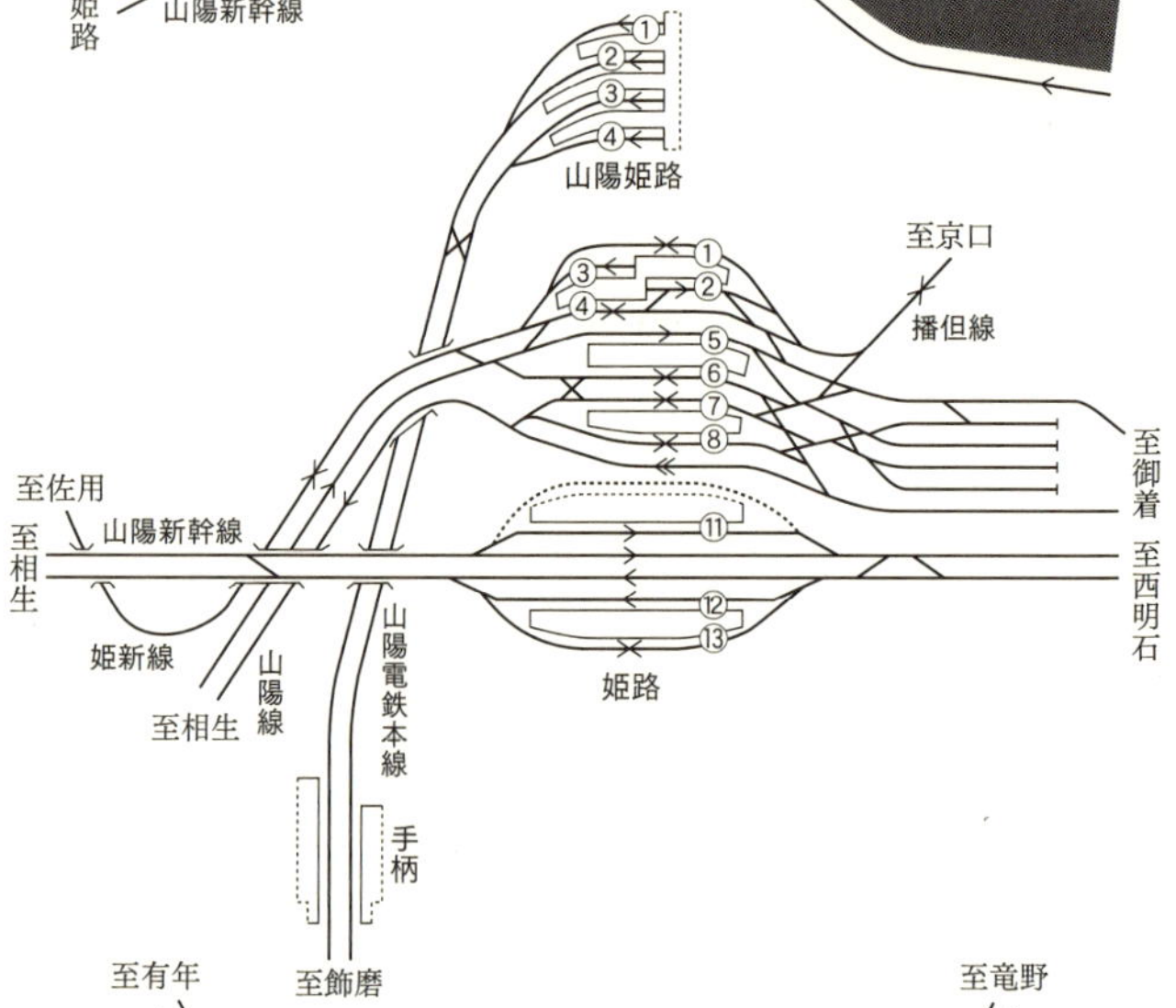
山陽姫路
至京口
播但線
至佐用
至相生
山陽新幹線
至御着
至西明石
姫新線
至相生
山陽線
山陽電鉄本線
姫路
手柄
至飾磨
①
②
③
④
⑤
⑥
⑦
⑧
⑪
⑫
⑬

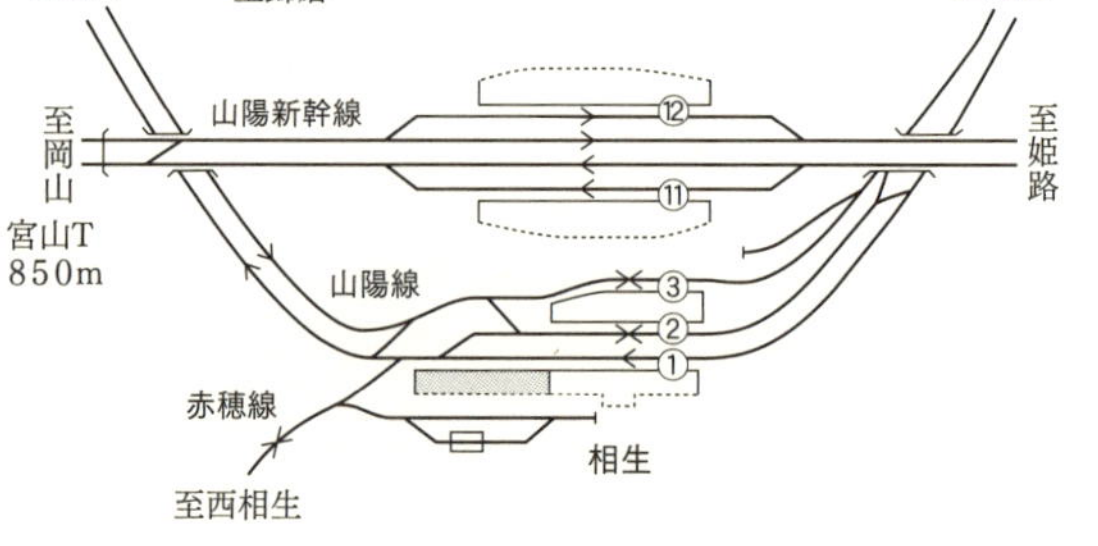
至有年
至竜野
至岡山
山陽新幹線
至姫路
宮山T
850m
山陽線
赤穂線
相生
至西相生
⑫
⑪
③
②
①

が停車する。近くにある山陽電鉄の舞子公園駅も特急が停車する。舞子公園への行楽客を狙ったわけではなく、明石海峡大橋を通る高速バスのバス停が、両駅のすぐそばにあり、舞子駅の北デッキが高速乗り場の階段・エレベータにつながっている。淡路や徳島への高速バス利用者のための停車である。

明石駅では列車線にもホームが設置されている。西明石駅の手前の電車線の上下線間に、抱込み式の網干総合車両所明石品質管理センターという、長ったらしい名前の車庫がある。国鉄時代は明石電車区といっていた。こちらのほうがわかりやすい。

西明石駅は、山陽新幹線の駅が斜めに交差して両線のコンコースは連絡通路で結ばれている。山陽線の列車線に島式ホーム1面2線、電車線に島式ホーム2面4線の計3面6線がある。電車線の内側は中線の副本線になっていて、須磨駅と同様に乗客にとって不親切な折返方法をとっている。姫路寄りに引上線があるから、これを改良して引上線で折り返しをするようにしてほしいものである。

明石駅を出ると、電車線と列車線は合流して複線になる。次の大久保駅は、島式ホーム2面4線に加えて下り貨物列車待避線（下り1番副本線）がある。もとは、片面ホームと島式ホームが各1面あるJR形配線だったが、山陽新幹線が開通する前の特急、急行の頻繁運転のために、上り線側にあった相対式ホームを島式ホームにして待避線を1線増やし、さらに下り1番副本線を設置した。

土山《つちやま》駅は上り線が片面ホームに面したJR形配線、東加古川駅は下り線が片面ホームのJR形配線になっている。

加古川駅は島式ホーム2面4線に加古川線用の1面2線が加わる。南側の1番線が下り本線、2番線が中線の副本線、3番線が上り本線、4番線が上り1番副本線、5番線が加古川1番本線。6番線が加古川2番副本線である。

加古川線と山陽本線の両方向とは直通運転ができる配線になっているが、直通運転はしていない。加古川線電車の回送が山陽本線から転線するときのための配線構造である。また、山陽本線の両方向の列車が折り返す配線になっているが、朝ラッシュ時に各停が神戸

姫路貨物ターミナル付近を走る特急「はまかぜ」香住行

方から折り返している。同駅で昼間時の新快速と普通（西明石以東は快速）とは緩急接続をする。

宝殿《ほうでん》駅は、下り線が片面ホームに面したJR形配線に上り線の外側に貨物待避線の上り1番副本線がある。次の曽根《そね》駅は上り線が片面ホームに面したJR形配線だったが、副本線の中線を撤去している。姫路別《べっ》所《しょ》駅は相対式ホームだが、南側に片置式の姫路貨物ターミナルが同居している。

御着《ごちゃく》駅の手前で山陽新幹線が近寄ってくる。御着駅付近で、山陽新幹線から姫路保守基地への出入線が地上に降りてきて一般道と交差する踏切がある。保守用車両しか通らないが新幹線に踏切があるのは、ここと東海道新幹線の浜松工場の出入線だけである。

山陽本線からも、狭軌の出入線が姫路新幹線保守基地に入っている。保守基地内で標準軌とで3線軌になっている。これは山陽本線を経由したレール運搬貨車が進入して、標準軌のレール運搬貨車に積み替えるためのものである。

高架になり、新駅の東姫路駅をすぎて姫路駅になる。姫路駅は、山陽本線用島式ホーム2面4線と下り線の外側に貨物待避線の下り1番副本線があり、さらに北側に切欠きホーム付の島式ホーム1面がある。このホームは、播但線方向に出発できる切欠きホームと、姫新線方向に出発できる切欠きホームが点対称で配置されている。

山陽本線と播但線を直通する「はまかぜ」の香住《かすみ》方面は、7番線に入線してスイッチバックをして播但線に入る。大阪行は播但線から6番線に入って大阪方面に発車する。

姫路名物、駅そばが、山陽本線の上下ホームと新幹線2階コンコースにある。通常の駅そばではなく、ラーメンとほぼ同じ麺を関西風だしで出されるのが「駅そば」である。通常のそばは「和そば」として別にメニューがある。

姫路を出ると、単線の姫新線と並行して山陽新幹線をくぐる。山陽本線はそのまま直線で進むが、姫新線は右カーブして分かれていく。

英賀保《あがほ》駅は、下り線に片面ホームがあるJR形配線、そして新駅で相対式ホームの、はりま勝原《かつはら》を過ぎて網干《あぼし》駅がある。上り線が片面ホームに面しているJR形配線だが、中線はなく2番線が下り本線になっている。そして3番線が下り1番副本線である。上郡寄りに、網干総合車両所があって入出庫電車が多く、3番線の下り1番線に続いて下2〜5番までの発着用副本線がある。

網干車両所は片置式になっている。その東南に、北沢産業の廃止された専用線の線路が1キロほど残っている。山陽電鉄網干線の網干駅は、相当に離れている。

山陽本線相生駅はUの字の底の位置にあり、その北側を山陽新幹線がまっすぐに貫通している。上り線が片面ホームのJR形配線で赤穂線が分岐しているが、赤穂線直通電車は3番線には入れない。朝ラッシュ時は、播州赤穂発の新快速と上郡発の普通(西明石駅から快速)などとが同時進入でき、その逆も可能な配線になっている。

赤穂線は単線だが、朝夕夜間に新快速が播州赤穂駅まで直通する。播州赤穂駅は、下り線が片面ホームに面したJR形配線になっている。

山陽本線の有年《うね》駅は、右に大きくカーブしている曲線上にある。山陽新幹線が開通する前に、頻繁に特急

相生駅を発車する新快速播州赤穂行

と急行が走っていたので、下り線が片面ホームに面したJR形配線を改造して島式ホーム2面4線にした。上りにはホームに面していない通過線があり、特急が通過していたものだった。しかし、特急は「スーパーはくと」だけになってしまったので、島式ホームの外側の線路を撤去して、本線は3線（副本線も本線の一つである）に減らした。その後、中線を上り本線に変更、通過線は上り1番副本線（上1線）にしたが、現在は上1線を撤去して橋上駅舎になり、北側を区間整理して駅前広場になっている。

　上郡駅は、左に大きくカーブしているところにある。上り線が片面ホームに面したJR形配線になっているが、智頭《ちず》急行線が分岐するため。島式ホームの岡山寄りに智頭急行の普通用の切欠きホームがある。特急「スーパーはくと」の下り倉吉《くらよし》行は3番線で発着、上りは1番線に発着して智頭急行線に入る。また、下り線の外側に貨物待避線の下り1番副本線がある。

　特急と新快速、普通、各停が走る。普通は大阪方面から西明石駅まで快速として走る。西明石駅から普通になるが、紛らわしいので快速として述べる。

　特急は、上郡駅から智頭急行線に乗り入れて山陰本線の倉吉まで行く「スーパーはくと」と、姫路から播但線に乗り入れて山陰本線の鳥取、浜坂《はまさか》、香住のいずれかの駅まで行く「はまかぜ」、それに平成31年3月から走る「らくラクはりま」がある。三ノ宮以遠の停車駅は「スーパーはくと」が明石、姫路、上郡、佐《さ》用《よ》、大原《おおはら》、智頭、郡家《こおげ》、鳥取だが、下り13号のみ神戸、西明石、加古川に停車する。「はまかぜ」は神戸駅に停車し、明石、姫路、福崎《ふくさき》、寺前《てらまえ》、生野《いくの》、竹田《たけだ》（一部通過）、和田山《わだやま》、八鹿《ようか》、江原《えばら》、豊岡《とよおか》、城崎《きのさき》温泉、竹野《たけの》、香住、浜坂、岩美《いわみ》だが、5号は平成31年3月から西明石、加古川にも停車するようになる。「らくラクはりま」は三ノ宮、神戸、明石、加古川に停車する。「らくラクはりま」は朝姫路発大阪行、夜大阪発姫路行の快適通勤用である。「はまかぜ」5号と「スーパーはくと」13号は大阪駅を夜に約1時間毎に発車する。このため停車駅を「らくラクはりま」に合わせている。

新快速は明石、加古川、姫路以遠各駅、快速は須磨、垂水、舞子、明石以遠各駅だが、朝の上りは明石—兵庫間で外側線に走るために舞子、垂水、須磨を通過する。

三ノ宮—姫路間で最速の「スーパーはくと」の所要時間は37分、表定速度92・9キロ、最速の「はまかぜ」は39分、表定速度88・2キロ、新快速は40分、表定速度86・0キロである。「はまかぜ」と新快速の停車駅は同じだが、「はまかぜ」のほうが速い。

朝ラッシュ時上りは、加古川駅発の各停が走り、前述のように快速は外側線を走るために舞子、垂水、須磨の3駅を通過する。兵庫駅は方向別線路区間なので停車できる。朝ラッシュ時ピーク時に、姫路—神戸間で9分サイクルに新快速と快速、各停が各1本が走る。快速は御着《ごちゃく》、加古川、土山《つちやま》の3駅で新快速を待避する。加古川駅で新快速と緩急接続をする。各停が西明石から回送でやってきて折り返す。各停は東加古川駅と大久保駅で新快速を待避する。

西明石駅からの複々線区間に入ると、西明石始発の各停が加わり、電車線では4分30秒間隔になる。新快速・快速は外側線を走るので、西明石駅始発も含めて各停は、神戸駅までに3回走行中に新快速か快速に追い抜かれる。また、快速は神戸駅の1番線に停車して新快速を待避する。

各停が4分30秒毎に走るものの、快速は通過するから舞子、垂水、須磨の各駅では速達サービスが受けられない。列車線の上り線側に、これら3駅のホームを設置してもらえれば便利だが、用地がなくてなかなか難しい。それでも、これらのうち1駅だけでも列車線の上り線だけホームを設置してもらいたいものであ

塩屋駅付近を走る快速（左）と1300t牽引の貨物列車（右）。さらに右の山陽電鉄線を走る阪神車による直通特急がちらっと見える

る。

朝ラッシュ時では姫路以西で新快速は、播州赤穂、上郡、網干の3駅を始発駅として走る。快速は網干発か姫路発があり、岡山発の普通も姫路まで走る。

昼間時は、新快速はすべて姫路折返になる。快速は加古川折返が2本に1本、残りが網干折返で、それぞれ30分毎に走る。姫路止まりの新快速に接続して播州赤穂行の普通が30分毎に走る。そのうちの1本、つまり1時間毎に相生駅で岡山行普通、もう1本は上郡行普通に連絡する。

複々線区間では、15分サイクルに新快速と快速、西明石折返と須磨折返の各停が各1本走る。快速は上下とも兵庫駅付近で新快速に抜かれる。西明石折返の各停は朝霧付近で新快速に走行中に抜かれる。須磨駅で快速と須磨折返の各停は接続する。

夕ラッシュ時下りは、新快速が7分30秒毎に走る。快速は15分毎、各停は15分サイクルに2本の運転だが、須磨駅まで6分間隔と9分間隔、須磨以遠は5分間隔と10分間隔による組み合わせである。快速は須磨駅で各停と緩急接続をしている。明石駅と西明石駅では、方向別ホームなので、緩急接続は考慮していない。

西明石以遠で快速は、土山駅と加古川駅、御着駅で新快速を待避する。

姫路以遠では新快速、快速ともに網干行が多いが、30分毎に播州赤穂行がある。また、姫路―岡山間の普通が1時間1本運転され、この普通に連絡する新快速は姫路止まりである。

山陽電鉄本線　三宮―明石間で特急の停車駅は多すぎて遅い

山陽電鉄本線は、西代《にしだい》―姫路間54・7キロの路線で、阪神・阪急の神戸高速線に乗り入れるとともに、特急は阪神電鉄の特急と相互直通している。このため直通特急と呼ばれている。このほかに普通は阪急・阪神の両三宮駅、S特急は阪神三宮駅まで乗り入れる。

支線として、飾磨《しかま》―山陽網干間8・5キロの網干線がある。網干線は単線である。

西代駅で神戸高速線と接続する。神戸高速線は、神戸高速鉄道が第3種鉄道事業者となって線路等を保有し、阪神電気鉄道（元町―西代間）と阪急電気鉄道（阪急三宮―新開地間）が第2種鉄道事業として電車を走らせ運行している。

西代駅自体は、相対式ホームという簡単な構造をしている。それでは簡素すぎるということで高速神戸寄りに非常渡り線と横取り線がある。

板宿駅の先で、地上に出て東須磨車庫が併設している東須磨駅がある。かつては片面ホームと島式ホーム2面3線のJR形配線だったが、現在は島式ホーム2面4線なっている。

月見山《つきみやま》駅近くのJR山陽線に、須磨海浜公園駅ができたために、対抗手段として月見山駅は特急停車駅になった。須磨駅は島式ホーム2面4線である。

須磨浦公園駅では、鉢伏山《はちぶせやま》への須磨浦ロープウェイと連絡する。ロープウェイの鉢伏山上《さんじょう》駅からは、さらに山の上に行くカーレーターというベルトコンベヤーの上にゴンドラを載せた珍しい乗り物がある。

塩屋《しおや》駅から、山陽本線が海側で並行するようになるが、列車線は山陽電車より一段下で並行する。さらにJR電車線はその下を走っている。塩屋駅付近は洋館が多い。滝《たき》の茶屋《ちやや》駅はジェームス山という閑静な住宅街の最寄駅である。ホームからは大阪湾や淡路島、明石海峡大橋を見通せる。

山陽垂水駅はJR垂水駅と隣接しているが、JRの快速は朝ラッシュ時には通過するので山陽電車の利用

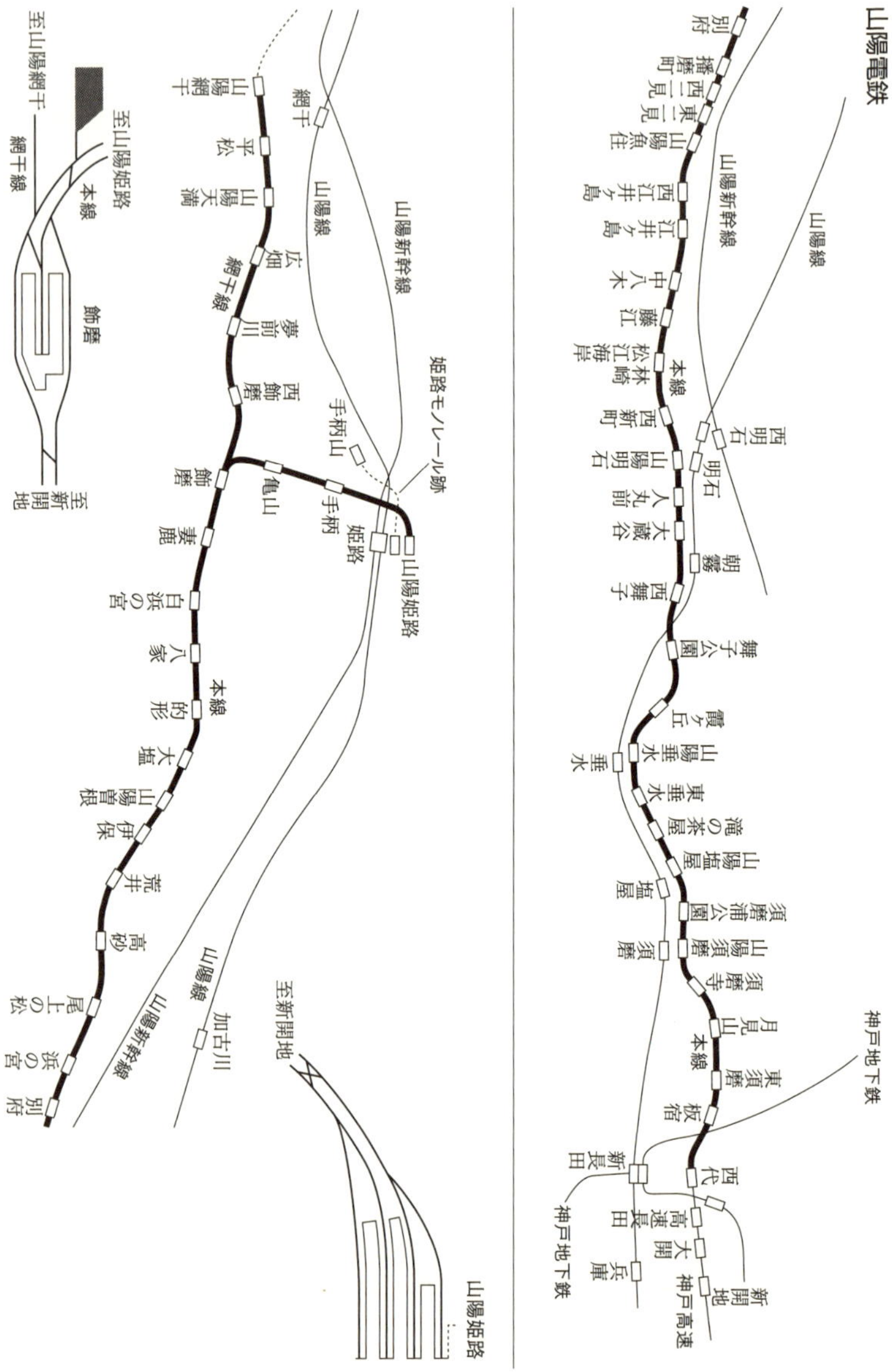
山陽電鉄
別府
播磨町
西二見
東二見
山陽魚住
西江井ヶ島
江井ヶ島
中八木
藤江
林崎松江海岸
西新町
山陽明石
人丸前
大蔵谷
西舞子
舞子公園
霞ヶ丘
山陽垂水
東垂水
滝の茶屋
山陽塩屋
須磨浦公園
山陽須磨
須磨寺
月見山
東須磨
板宿
西代
本線
西明石
明石
朝霧
垂水
塩屋
須磨
新長田
高速長田
大開
新開地
兵庫
長田
神戸高速
神戸地下鉄
山陽新幹線
山陽線
山陽姫路
至新開地
別府
浜の宮
尾上の松
高砂
荒井
伊保
山陽曽根
大塩
的形
八家
白浜の宮
妻鹿
飾磨
亀山
手柄
姫路
手柄山
姫路モノレール跡
西飾磨
夢前川
広畑
山陽天満
平松
山陽網干
網干
網干線
加古川
至山陽網干
至山陽姫路
至新開地

鉢伏山から見た須磨駅。阪神特急須磨浦公園行（左）と須磨発姫路行（右）が接続している

も多い。ここから一旦、JRと離れて住宅街の中を走る。そこに霞ヶ丘《かすみおか》駅がある。島式ホーム2面4線の待避駅で、海側はシーサイドホテル舞子ビラ神戸の敷地があり、同ホテルの最寄駅である。

舞子公園駅では、明石海峡大橋を走る高速バスの最寄駅である。この先でJR山陽線を乗り越して、今度は山陽電車が海側を走る。JRの列車線は高架になっているが、電車線は山陽電車とともに地平線で並行する。

高架になって島式ホームの人丸《ひとまる》前がある。子午線が横切っているので、ホームに子午線のラインが描かれている。山陽明石駅は、島式ホーム2面4線で神戸寄りに引上線がある。JR明石駅と隣接していても別の駅ということで、正式名は山陽明石だが、職員も含めて誰も山陽を略して明石と呼んでいる。上り線は副本線を含めて姫路方向にも出発できる。

西新町《にししんまち》駅は高架になり、姫路寄りにY形引上線が設置されている。藤江《ふじえ》駅は上り線だけ島式ホームになっていて、朝ラッシュ時に普通が特急とS特急を待避する。

JRと山陽の両明石駅。左を走る電車が山陽普通、右がJR新快速

東二見《ひがしふたみ》駅は二見車両基地が隣接し、島式ホーム3面5線になっている。2、3番線に特急が停車して1、2番線で普通を待避するところまでは他の追越駅と同じだが、これに加えて4番線の北側に島式ホームが1面置かれている。この島式ホームはコンコースからの階段はないので乗降はできない。ホームの反対側に5番線があり、神戸方面に出発はできるが、反対側は二見車庫につながっている。

普通などを車両交換するとき、交換される車両を4番線に停車させ両側の扉を開ける。5番線には車庫から出庫した交換する車両を停車させて、4番線に乗っている客を乗せて出発する。つまり車両交換時にだけ使うための島式ホームなのである。

別府《べふ》あたりでは、山陽新幹線と並行する。高砂《たかさご》駅は島式ホーム2面4線で下り1、2番線は神戸方向に発車でき、同駅始発のS特急がここで折り返している。

大塩《おおしお》駅も島式ホーム2面4線の追越駅だが、下り本線の2番線と上り副本線の4番線は4両編成、上り本線は5両編成分しかホームの長さがない。6両編成の特急は、下りは待避線である1番線に停車し、本線である2番線に待避する普通が停車する。上り特急は本線である3番線に停車するので、姫路寄り後ろ1両の扉を締め切りにする。

　飾磨駅は網干線の分岐駅である。もともと網干線の電車は姫路発だったので、飾磨駅でスイッチバックをしていた。そのころは網干線の発着線は2線あったが、特急が阪神と直通するようになって6両編成に対応するようにホームを延伸する必要があった。このため網干線の発着線を1線にして、空いたスペースを本線のホーム延伸用にあてた。

　飾磨車庫が隣接し、大きく右にカーブして北上する。手柄《てがら》駅の下りホームは6両対応になっていて阪神梅田発の臨時列車「播磨酒造ライナー」が停車する。この列車は下りのみの運転なので、上りホームは4両対応である。この先で山陽新幹線と山陽本線、姫新線をくぐる。

滝の茶屋駅からは淡路島が見える

東二見駅の5番線は跨線橋とつながっていない

　山陽姫路駅は、乗降分離の櫛形ホーム5面4線で3、4番線が6両対応、1、2番線が4両対応になっているが、2番線の降車ホームは6両対応になっている。JRの姫路駅よりも北側にあるために姫路城へはJRの駅よりも近い。といっても200mほどしか距離の差はない。
　網干線は単線で、中間の全駅で行き違いが可能である。ただし多くの区間で複線用地が確保されている。網干駅―赤穂間の免許を昭和12年（1937）5月に取得したが、昭和45年2月に相生―赤穂間、46年9

神戸寄りから見た姫路駅

月に網干—相生間の免許を失効させて延伸計画の取りやめをした。

特急用車両は、5000系と5030系6両編成と3両編成2本を連結した6000系6両編成がある。5000系は横2&2列の転換クロスシートだが、梅田寄り先頭車はオールロングシート化されている。5030系は横1&2列の転換クロスシート、6000系はロングシートである。

最新の6000系は普通用として使用されるものの、ときおり6両編成にして直通特急に使用される。普通用は3000系が使用され4両編成と3両編成がある。

3000系と5000系、5030系の車体の幅は2780㎜、6000系は2750㎜である。車体長は5000系と5030系が18・43m、3000系が18・33m、6000系が18・18mとなっている。中間車も先頭車と同じ寸法である。

6000系が少し小さめになっている。寸法的に見ると阪神の中間車と同じである。ホームドアの導入の前提とし寸法を合わせたものと思われる。6両編成で

6000系による直通特急梅田行

は、阪神の先頭車が１００㎜長いものの、ほぼ同じである。そして加速度３・０も阪神に合わせたようだが、減速度の常用最大が４・２になっているのは阪神の４・０よりも高い。平均定員の算出は座席にバリエーションがあるため１２２人前後ということになる。

　最混雑区間は西新町→明石間である。明石駅でＪＲの新快速に乗り換えるために、どっと降りるからである。混雑率は91％と１００％を割っている。輸送人員は７００５人、最混雑時間帯は7時15分から1時間で、その間に6両編成５本、４両編成６本、３両編成3本、計14本、63両の電車が走る。輸送力は７６８２人なので平均定員は１２１・９人となり、ほぼ国交省基準に合致している。

　昭和59年度は、明石で国鉄に乗り換えて人が減っても、それから再び滝の茶屋駅まで漸増して、塩屋駅で国鉄に乗り換える人があって最混雑区間は滝の茶屋→塩屋間になっていた。混雑率は１３０％、輸送人員は８４９０人である。

　最混雑時間帯は7時30分から1時間、この間に4両編成の電車が14本、計56両が走っていた。輸送力は７

０６４人、平均定員は１２６人である。

昭和59年度の集中率は29・4％と高い。平成24年度の最混雑区間は西新町→明石間である。集中率は29・1％と区間が違うけれど、あまり変わっていない。このとき混雑率は１１１％だった。平成28年度に比べて混んでいるが、それでもさほど混んでいない。集中率が30％近くあることから、昼間時は空いている。

明石以西には工業地帯があり、明石駅と姫路駅のＪＲ線から山陽電車に乗り換えて各工場へ行く流れもあるのと、西代―明石間ではＪＲよりも駅が多いことや、ＪＲ朝霧駅に相当する駅が山陽電鉄線にないことで棲み分けもなされており、一概にＪＲに押されっぱなしということはない。

列車種別は特急と普通、それに朝ラッシュ時上りにＳ特急があるものの急行はない。かつては早朝深夜に急行がわずかに走っていたが廃止された。急行の停車駅は須磨まで各駅、垂水、西舞子、明石、西新町、藤江、東二見、別府、高砂、荒井《あらい》、大塩《おおしお》、白浜《しらはま》の宮《みや》、妻《め》鹿《が》、飾磨だった。

Ｓ特急の停車駅に似ていなくはない。本来、Ｓ特急は急行にすべきだが、急行というと遅いイメージがあって、特急のＳｕｂあるいは山陽電鉄線内だけを走るので頭文字をとってＳ特急とした。

Ｓ特急の停車駅は、東二見まで各駅、藤江、明石、霞ヶ丘、垂水、滝の茶屋、須磨、月見山、板宿以東各駅である。

特急の多くは阪神梅田駅まで直通するので直通特急と呼ばれる。東二見駅入出庫の東二見―姫路間運転は、特急としている。直通特急の阪神三宮からの停車駅は、元町、西元町《にしもとまち》（一部）、高速神戸、新開地、大《だい》開《かい》（一部）、高速長田、西代（一部）、板宿、月見山、須磨、滝の茶屋（朝ラッシュ時上り）、垂水、舞子公園、明石、東二見、高砂、大塩、飾磨である。

昼間時は30分サイクルに直通特急が2本、須磨浦公園折返の阪神特急が1本、阪急三宮―姫路間と須磨―姫路間の普通が各1本である。

阪神の梅田―三宮間で特急、直通特急を合わせて10分毎に運転している。山陽電鉄線の須磨―姫路間は15分毎に直通特急は運転されている。10分毎から15分毎になるために、直通特急の半分は西元町、大開、西代の3駅を通過させ、もう半分は停車させるとともに三宮駅と高速神戸駅、新開地駅で時間調整もして5分遅くする。これによって須磨以西では15分毎になる。

阪神線で10分毎に走る特急・直通特急のうち、特急については、三宮駅から各駅に停車して須磨浦公園で折り返している。このとき須磨駅の待避線に須磨—姫路間の普通を停車させて連絡する。そして阪神特急は普通が発車し、2分後に須磨浦公園に向かって発車する。須磨駅の神戸寄りに渡り線やY形引上線がないので須磨—姫路間の普通は東須磨—須磨間を回送で運転して東須磨駅で折り返している。これに阪急三宮—姫路間の普通が加わって30分サイクルのパターンダイヤを構成している。

普通は霞ヶ丘駅、東二見駅、大塩駅で直通特急を待避する。東二見駅と大塩駅では緩急接続をする。霞ヶ丘駅は直通特急の停車駅ではないから緩急接続をしていないように思えるが、同駅の前後にある垂水駅と舞子公園駅には特急が停車する。姫路行の場合、特急から普通に乗り換えるには舞子公園駅で、普通から特急に乗り換えるには垂水駅で降りればいい。霞ヶ丘駅では特急に乗ることはできないものの、他の駅では緩急接続は可能なのである。

朝は12分サイクルに特急、S特急、普通が各1本走る。普通は藤江駅でS特急、特急の順で待避する。S特急は藤江駅に停車するので緩急接続ができている。また、霞ヶ丘駅にもS特急は停車するから、完全な緩急接続をしている。しかし、S特急は直通特急に先行して走っているので、霞ヶ丘駅に停車させると続行の直通特急の邪魔になる。そこでS特急は特急が停まる舞子公園駅を通過して邪魔をしないようにしている。

そして普通は、須磨駅でもS特急と直通特急を待避して緩急接続をしている。

夕ラッシュ時下りは、須磨浦公園折返の阪神特急が1時間に1本の運転にして10～12分毎に直通特急を走らせ、普通もそれに応じた間隔で走る。普通の待避駅は須磨、明石、東二見、大塩になる。普通は阪急三宮発着のほかに阪神三宮発着も運転され、阪神特急は須磨駅で時間調整せずにそのまま須磨浦公園に向かう。須磨発の普通は、後続の直通特急と連絡する緩急接続をしている。

高速神戸駅に停車中のS特急

直通特急は、阪神線内は10分毎である。これを山陽線内で約12分毎にするため、舞子公園駅まで昼間時と同様に時間調整や停車駅を変えたりしている。

S特急は11時台にも3本運転されている。

阪神線に近鉄特急が直通しても、折り返せる駅はない。そこで山陽電鉄線内に直通することになる。姫路駅まで直通するのが望ましいが、輸送過剰になるので明石折返でもいい。その場合は、西新町駅の姫路寄りにある引上線で整備折返をすることになろう。

三宮—明石間の停車駅は高速神戸のみとすると、所要時間は24分となろう。20分サイクルに変更し、直通特急は8分間隔と12分間隔として12分間隔のところに近鉄特急を走らせ、明石駅で直通特急と連絡する。そして明石以遠で特急は10分毎にする。さらに一部の近鉄特急は姫路まで延長運転をする。

山陽直通特急は、停車駅が多すぎる。それよりも速い列車の運転が望まれる。それに応えるのが近鉄特急というよりも座席指定特急の運転であろう。

新快速の三宮—明石間の所要時間は16分だからそれよりも遅いが、近鉄特急は座席指定である。運賃は阪神・山陽側もＪＲも３９０円と同じだが、近鉄特急は特急料金が必要になる。それでも難波へ乗り換えなしで行けることから、それなりに利用されるだろう。

また、姫路まで延長運転した場合の停車駅は、高砂、飾磨の2駅のみにする。朝ラッシュ時にも走らせると、満員の新快速に嫌気がさした乗客が明石駅で乗り換えずともそのまま神戸、大阪方面に乗り続けるだろう。ぜひ、検討してもらいたいものである。

阪急宝塚線、能勢電鉄

昼間時は10分毎の特急の運転が望まれる

阪急宝塚線は、梅田―宝塚間24・5キロの路線である。十三駅で神戸線、京都線と接続、蛍池《ほたるがいけ》駅で大阪モノレールと連絡、石橋《いしばし》駅で箕面《みのお》線、川西能勢口《かわにしのせぐち》駅で能勢電鉄妙見《みょうけん》線に接続して箕面線と妙見線とは朝夕ラッシュ時に直通電車が走る。宝塚駅で今津線と接続するとともにJR福知山線と連絡する。

十三駅の宝塚線ホーム下り線に設置された
阪急初のホームドア

路面電車として開業したので、急カーブがやたらとあって遅かったが、連続立体交差事業で高架化されたときにほとんどの急カーブは緩和された。三国《みくに》駅付近では、ルートを変更して曲線半径160mだったので30キロに速度が制限されていたのを、上り線は半径700m、下り線は600mに緩和されて速度を落さなくなった。

庄内《しょうない》駅と曽根《そね》駅は、島式ホーム2面4線の追越駅である。庄内駅にある非常渡り線下り線側ポイントと下り1号線の待避線が本線と合流するポイントは複分岐ポイントになっている。

曽根駅の宝塚寄りに引上線がある。下り線側から引上線へは2号線しか行けない。折り返し後の上り線側へは内側の3号線本線と4号線待避線の両方に入線できる。ただし、曽根駅折返電車はなく、夜間の滞泊留置線として使用されている。

阪急宝塚線・箕面線・能勢電鉄

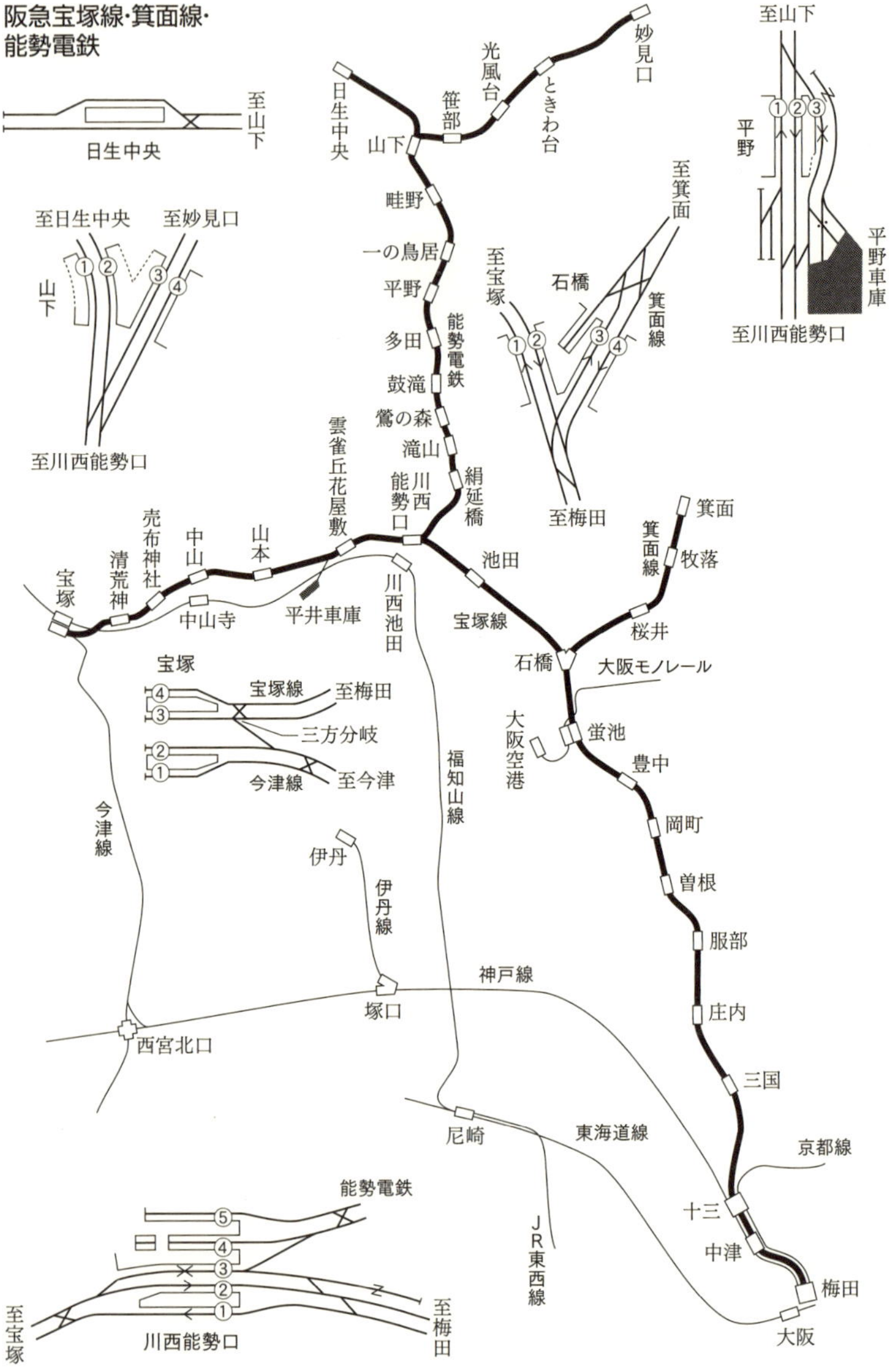

梅田駅の神戸寄りで各種電車が走る

豊中《とよなか》駅の宝塚寄りにY形引上線があり、梅田寄りには2線の留置線が置かれている。石橋駅で箕面線が分岐している。本線直通用の線路は路面電車のような形で分岐している。本線の梅田寄りにあったシーサスポイントは、片渡り線に変更された。昼間時箕面線電車は5号線で折り返している。

池田駅は宝塚線の車庫があったが、現在は雲雀丘花《ひばりがおかはな》屋敷《やしき》駅近くの平井《ひらい》車庫に統一されてなくなってしまった。その名残として宝塚寄りにY形引上線と下り線の外側に留置線がある。

川西能勢口駅は、能勢電鉄妙見線との接続駅で、朝夕夜間に直通特急が走る。島式ホームの外側の1号線が下り本線、反対側の2号線が上り本線、能勢電と同じホームになっている阪急側に3号線の副本線がある。能勢電は同じホームの頭端櫛形の発着線である4号線と外側に頭端式の5号線がある。4、5号線は8両編成対応だが、4号線は途中に線路を跨ぐ仮設通路によって6両対応にしている。これによって3号線から5号線への乗り換えが楽になっている。

阪急の上り電車は3号線で発着するが、直通特急の

石橋駅で箕面線は宝塚線と路面電車のような配線で分岐する

川西能勢口駅の能勢電鉄4号線には仮設の通路が設置されている

「日生《にっせい》エクスプレス」が3号線で発着するときは2号線で発着する。「日生エクスプレス」は8両編成で朝ラッシュ時に同駅で2両増結して10両編成になる。このため梅田寄りに引上線がある。増結車は引上線で待機して、日生中央駅からの「日生エクスプレス」が到着してから梅田寄りに連結する。

雲雀丘花屋敷駅は、島式ホーム2面4線で宝塚寄りに平井車庫への入出庫線が分かれる。入出庫線は宝塚線と並行するとともに3線に増え、さらに洗浄線が並行する。宝塚線寄りが引上線の7号線で、雲雀丘花屋敷駅折返の電車はここに入って転線する。

今津線と共用の宝塚駅は、頭端島式ホーム2面4線で、1、2号線が今津線用、3、4号線が宝塚線用になっているが、昼間時は両線双方で乗り換えがしやすいように2号線に今津線電車、4号線に宝塚線電車が折り返している。道路を隔てた北側にJR宝塚線がある。

箕面線の桜井駅と牧落《まきおち》駅は相対式ホーム、終点箕面駅は頭端櫛形ホーム2面2線で、1号線は乗降分離の両側ホームになっている。朝夕ラッシュ時に宝塚線直通電車が走るときは、線内運転の普通は2号線で発着する。

能勢電鉄妙見線は、日生線が分かれる山下《やました》駅まで複線になっている。途中の平野《ひらの》駅に車庫が隣接しており、上り線は島式ホームになっている。山下駅の手前で路面電車的な配線で日生線が分岐する。山下駅から先は単線で、光風台《こうふうだい》駅は行き違いができる。終点妙見口は頭端櫛形ホームで1号線は乗降分離の両側ホームになっている。

日生線の日生中央駅は、日生ニュータウンの最寄駅である。島式ホームと片面ホームによる2面2線で、1号線は両側ホームになっていて、片面ホームは降車用である。1、2号線ともホームがなくなっても線路が伸びて留置線になっている。夜間に滞泊をするとともに「日生エクスプレス」の待機線にもなっている。

8両固定編成と2両固定編成で運用されている。8000系8両編成のなかには、宝塚寄り2両が転換クロスシートになっている編成が4本ある。

能勢電鉄にも「日生エクスプレス」用8両編成が1本ある。他は4両固定編成である。

寸法は神戸線と同じなので、8両編成の平均定員は

日中の宝塚駅では今津線と宝塚線は同じホームで停車する

127・5人である。

最混雑区間は三国→十三間で混雑率は144%、輸送人員は3万5675人である。最混雑時間帯は7時32分から1時間、この間に10両編成3本、8両編成20本、計23本190両が走り、輸送力は2万4768人としている。平均定員は130・4人になる。輸送力は少し多めに算出している。

平均定員を127・5人とすれば輸送力は2万4225人となり、混雑率は147%と3ポイント上がる。

昭和59年度の混雑率は173%、輸送人員は4万8197人だったので、平成28年度は1万2000人以上減っている。ピーク時間帯に10両編成が2本、8両編成が25本の計27本220両が走っていた。輸送力は2万7940人、平均定員は127人で、こちらは運輸省算出基準に従っていた。

昭和59年度の集中率は29・9%と高い。平成24年度は27・5%と下がっている。少子高齢化が要因だが、乗客数の減少は、JR福知山線へ移行した人が多いことが大きな要因である。

能勢電鉄妙見線の最混雑区間は、絹延橋《きぬのべばし》→川西能勢口間で混雑率は82％、輸送人員は８６３８人である。最混雑時間帯は7時10分から1時間、この間に8両編成5本、４両編成11本、計16本、84両が走り、輸送力は1万５２６人となっている。平均定員は１２５人となっている。乗務員室の占める割合が多くなる4両編成が多いので、妥当な数字である。

昭和59年度の混雑率は１７６％、輸送人員は1万１１９２人だったので、３０００人近く減っている。ピーク時に5両編成が5本、4両編成が9本、計21両走り、輸送力は６３６３人、平均定員は１０４人である。平均定員が少ないのは、5両編成は車長15ｍの元阪急の６１０系小形車だったからである。

昭和59年度の集中率は、45・8％と非常に高かった。平成24年度は40・6％で下がったとはいえまだ高い。昼間時はガラガラである。沿線の人は、通勤・通学以外はもっぱらクルマを利用して移動するからである。

1駅間しかない日生線の混雑率は31％、輸送人員は２３３３人、8両編成5本、4両編成5本の計10本、60両が走り、輸送力は７５２０人、平均定員は１２５・３人で妥当な数値である。

昭和59年度の混雑率は22％、輸送人員は３９０人としている。しかし、58年度の混雑率は66％、輸送人員は１０１９人、57年度は49％、７６７人である。こんなに変動することはあり得ない。どの年度のものが正しいか不明である。59年度は5両編成2本、4両編成2本の計4本、18両が走り、輸送力は１７５４人、平均定員は97・4人である。

昭和59年度の集中率は15・9％、58年度は42・9％、57年度は38・4％、平成24年度は44・8％である。

日生ニュータウンは５０００所帯余り住んでおり、1所帯当たり1・5人が通勤通学するとすれば７５００人だが、入居開始が昭和50年であり、人口のピークは平成12年ごろ、その後は少子高齢化で通勤通学人口は減り続けていると考えられる。

事実、平成12年のピーク時の輸送人員は３２８２人で、その後は減少している。ちなみに12年度の集中率は43・3％である。

優等列車は特急「日生エクスプレス」、通勤特急、急行、準急がある。停車駅は梅田―日生中央間運転の

「日生エクスプレス」が十三、川西能勢口、平野、畦《うね》野《の》、山下、通勤特急が朝上りに運転され、川西能勢口始発で、池田、石橋、豊中、十三に停車する。

能勢電鉄線内で「日生エクスプレス」は普通を追い抜かない。しかし、平野駅の上り線には副本線があることから、朝ラッシュ時上りは同駅で緩急接続をすれば、通過駅から「日生エクスプレス」に乗り換えられて便利である。

急行は十三、豊中以遠各駅、準急は朝上りのみ運転で、曽根まで各駅、十三、中津である。準急が中津駅に停車するのは、梅田駅のオフィスビル群が中津駅まで伸びてきたために降車客が増えたからである。

昼間時は10分サイクルに、梅田—宝塚間の急行と梅田—雲雀丘花屋敷間の普通が走る。急行は普通を追い抜かないので、梅田駅と十三駅から豊中—雀丘花屋敷間の各駅に行くには来た電車に乗ればいいという乗り間違いがあまりない簡単なダイヤである。

かつて20分毎の特急が走っていた。停車駅は十三、豊中、石橋、池田、川西能勢口、山本で、所要時間は29分、雲雀丘花屋敷駅で普通を通過追越を行っていた。同駅の前後の駅は特急が停車するので半緩急接続になっていた。

しかし、雲雀丘花屋敷—宝塚間を各駅に停車する急行と普通の間隔は不揃いで発車時間が分かりにくかった。結局もとに戻ってしまったのだが、そうはいっても昼間時の宝塚駅はJR福知山線に客を取られがちで、がらんとしている。

梅田—雲雀丘花屋敷間は今のダイヤのままとし、急行は山本—清荒神間を通過する特急にして、雲雀丘花屋敷駅で梅田—宝塚間運転の普通と緩急接続をする。これによって梅田—宝塚間の所要時間は30分となり、福知山線に対抗できる。

朝ラッシュ時上りは基本的に16分サイクルに「日生エクスプレス」、通勤特急、急行、準急が各1本、普通が2本走る。普通は豊中発、池田発、雲雀丘花屋敷発があり、曽根駅で優等列車を待避する。準急は箕面発である。

夕ラッシュ時は10分毎に走る急行と普通（川西能勢口行）のほかに、20分毎に「日生エクスプレス」と雲雀丘花屋敷行急行が交互に走る。

JR福知山線・東西線・片町線

尼崎駅の発着番線が多すぎる

福知山《ふくちやま》線は、尼崎《あまがさき》―福知山間106・5キロで全線電化路線で尼崎―篠山口《ささやまぐち》間が複線、篠山口―福知山間が単線である。尼崎駅で東海道線とJR東西線と接続して直通電車が走る。三田《さんだ》駅で神戸電鉄三田線と連絡、谷川《たにかわ》駅で加古川線、福知山駅で山陰線と京都丹後鉄道と接続する。

東海道線とは外側線を走る特急と丹波路快速、それに普通が大阪駅まで、内側線を走る各停が京都駅またば高槻駅まで直通する。JR東西線と片町線とは快速、区間快速、各停が松井山手《まついやまて》駅、同志社大前駅、木津《きづ》駅まで直通する。福知山線の発駅は新三田駅が多いが、篠山口駅、宝塚駅、塚口駅の各駅発がある。外側線を走る普通は東海道線の塚本駅を通過する。

JR東西線は京橋―尼崎間12・5キロの路線で、尼崎駅からは東海道線と福知山線、京橋駅からは片町線と接続して直通する。JRは第2種鉄道事業者で、関西高速鉄道が第3種鉄道事業者になっている。

連絡路線は、京橋駅で環状線、大阪天満宮駅で谷町線（駅は南森町）、北新地《きたしんち》駅で環状線と東海道線、大阪メトロ御堂筋、四つ橋、谷町の各線、阪神本線、阪急各線、新福島駅で阪神本線（駅は福島）、海老江駅で阪神本線（駅は野田）と千日前線（駅は野田阪神）である。環状線福島駅とは連絡していない。

片町線は木津―京橋間44・8キロの路線である。木津駅で関西本線と奈良線、放出《はなてん》駅でおおさか東線と接続する。まもなく鴫野《しぎの》駅でもおおさか東線と接続する。木津―松井山手間が単線、松井山手―京橋間が複線である。

木津駅は島式ホーム2面4線だが、片町線は西側の1番線の1線だけで発着する。祝園《ほうその》駅とJR三山木《みやまき》駅、大住《おおすみ》駅は行違い駅、同志社前駅は折返用の2番線があったが、架線を撤去してホームへの踏切も閉鎖している。

京田辺《きょうたなべ》駅は上り線が片面ホームに面し、島式ホーム

京田辺―同志社前間にある天井川の防賀川をくぐる木津行

京田辺駅は島式ホーム2面4線になった

四条畷駅は島式ホーム2面4線になっている

の外側が下り1番副本線になっているJR形配線だったが、折返用で木津寄りが頭端行止式になった4番線を片面ホームの反対側に新設した。

松井山手駅から複線になる。相対式ホームだが、京橋寄りにシーサスポイントがあって、上下線ともいずれの方向にも出発ができる。次の長尾《ながお》駅は長らく電車の終点で、長尾―木津間は非電化だった。全線が電化されて通過駅になってしまったが、京橋寄りにシーサスポイントがあって上り線から下り2番線に入線が可能で、上り1番線で折り返しができる。

河内《かわち》磐船《いわふね》駅の京橋寄りで、京阪交野線が交差する。

東寝屋川駅は平成31年3月に寝屋川公園駅に改称する。四条畷《しじょうなわて》駅は島式ホーム2面4線だが、追い越しはあまりせずに京橋寄りにシーサスポイントがあり、普通の多くは同駅で折り返している。

住道《すみのどう》駅は島式ホーム2面4線の追越駅、徳庵《とくあん》駅では

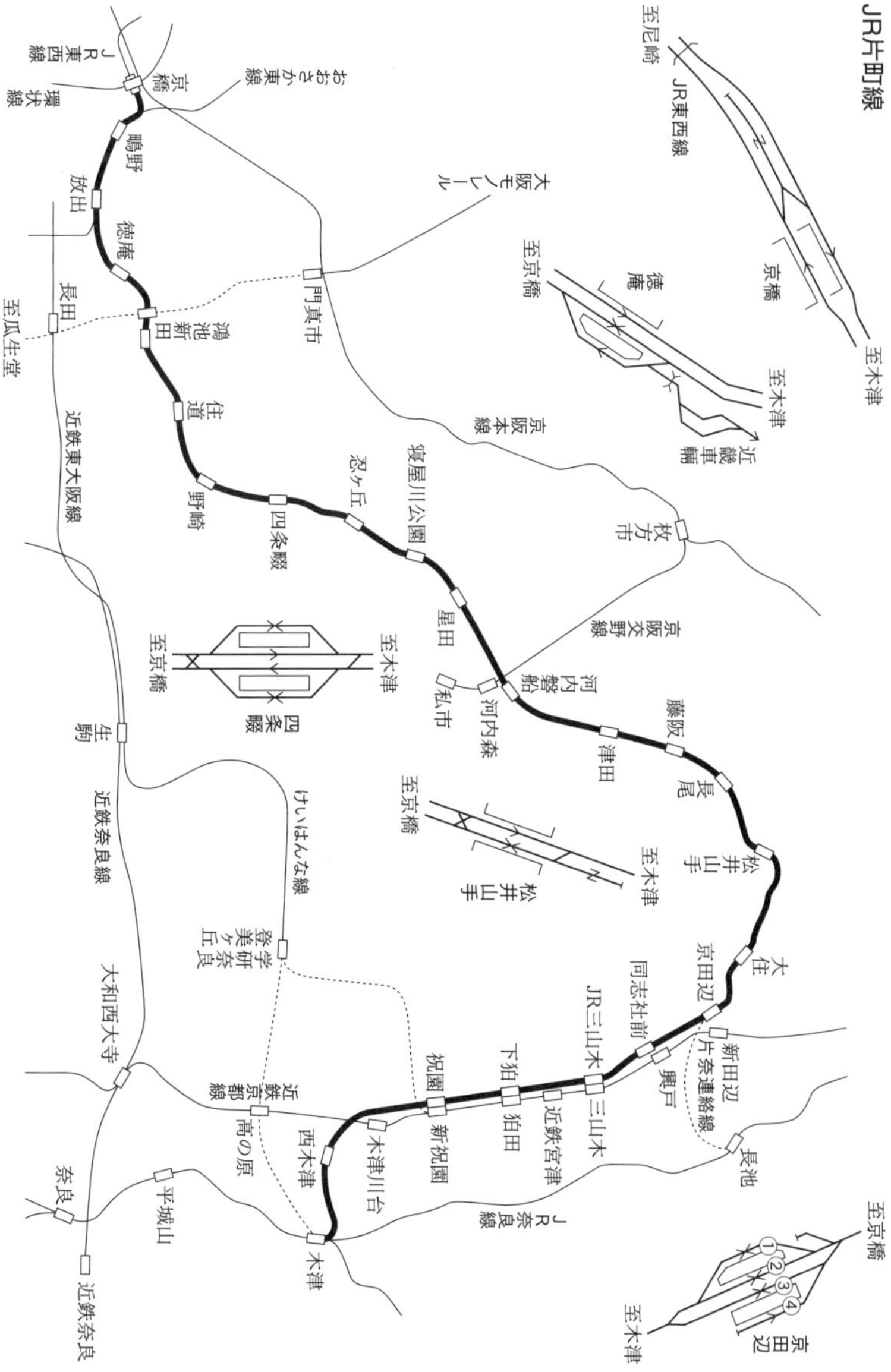
JR片町線
至尼崎
JR東西線
京橋
至木津
至京橋
徳庵
至木津
近畿車輌
京阪本線
枚方市
京阪交野線
河内磐船
河内森
私市
星田
至木津
至京橋
四条畷
寝屋川公園
忍ヶ丘
四条畷
野崎
住道
鴻池新田
門真市
大阪モノレール
徳庵
放出
鴫野
京橋
おおさか東線
JR東西線
環状線
長田
至瓜生堂
近鉄東大阪線
生駒
近鉄奈良線
けいはんな線
学研奈良登美ヶ丘
至京橋
至木津
松井山手
藤阪
津田
長尾
松井山手
大住
京田辺
同志社前
JR三山木
下狛
祝園
新田辺
片奈連絡線
興戸
三山木
近鉄宮津
狛田
新祝園
近鉄京都線
高の原
西木津
木津川台
木津
長池
JR奈良線
大和西大寺
奈良
平城山
近鉄奈良
至京橋
至木津
京田辺
1
2
3
4

車両メーカーの近畿車両の工場が隣接しており、その専用線が片町線と接続している。完成した新車を甲種貨物輸送で、片町線経由で全国に送り出している。

放出駅は島式ホーム2面4線で内側はおおさか東線の発着線である。東側に車両基地である森之宮電車区放出派出所があり、出庫電車はおおさか東線を経て放出駅に向かう。入出庫電車は京橋方面にはそのまま行けるが、木津方面へはスイッチバックしなければならない。おおさか東線の線路を使って行けなくはないが、おおさか東線も電車が頻繁に走っているので、一度京橋駅まで行ってから同駅のY形引上線で折り返して木津方面に向かっている。

放出駅からはおおさか東線とで、すでに複々線になっている。片町線の上り線がおおさか東線の上下線を乗り越して南側に移る。最初は方向別だが鴫野駅手前では線路別になる。鴫野駅を過ぎるとおおさか東線が分かれていく。

そして京橋駅となる。当初は島式ホーム1面2線だったが、ホームが混むために下り線の南側に片面ホームを設置して、島式ホームは上り線専用にした。そして尼崎寄りにY形引上線を設置した。

京橋駅から500mのところに片町駅があった。最終的に頭端櫛形ホーム2面2線だった。JR東西線の開通で廃止された。片町駅があってこその片町線である。せめて大阪城北詰《きたづめ》駅に、副駅名として片町駅を記入してほしいものである。

京橋駅からJR東西線に入る。駅間は単線並列シールドトンネルで掘削されたので、各駅のホームは基本的に直線である。新福島駅は、京橋寄りに非常渡り線を設置しているために開削工法で掘られ、ホームは魚腹状に中央が膨らんでいる。

手前の北新地駅は大阪駅と同一駅とみなされ、尼崎駅以遠のJR線の各駅とは、大阪駅から塚本経由の営業キロで運賃計算される。

海老江駅の手前で、阪神本線と交差して海老江駅となる。この先で淀川をくぐる。このため地下40mという深いところを走る。

地上に出て東海道線と合流し、6線で進む。真ん中に東海道線の内側線、それを挟んでJR東西線があり、そして外側線が並ぶ。尼崎駅は上り線の北側に貨

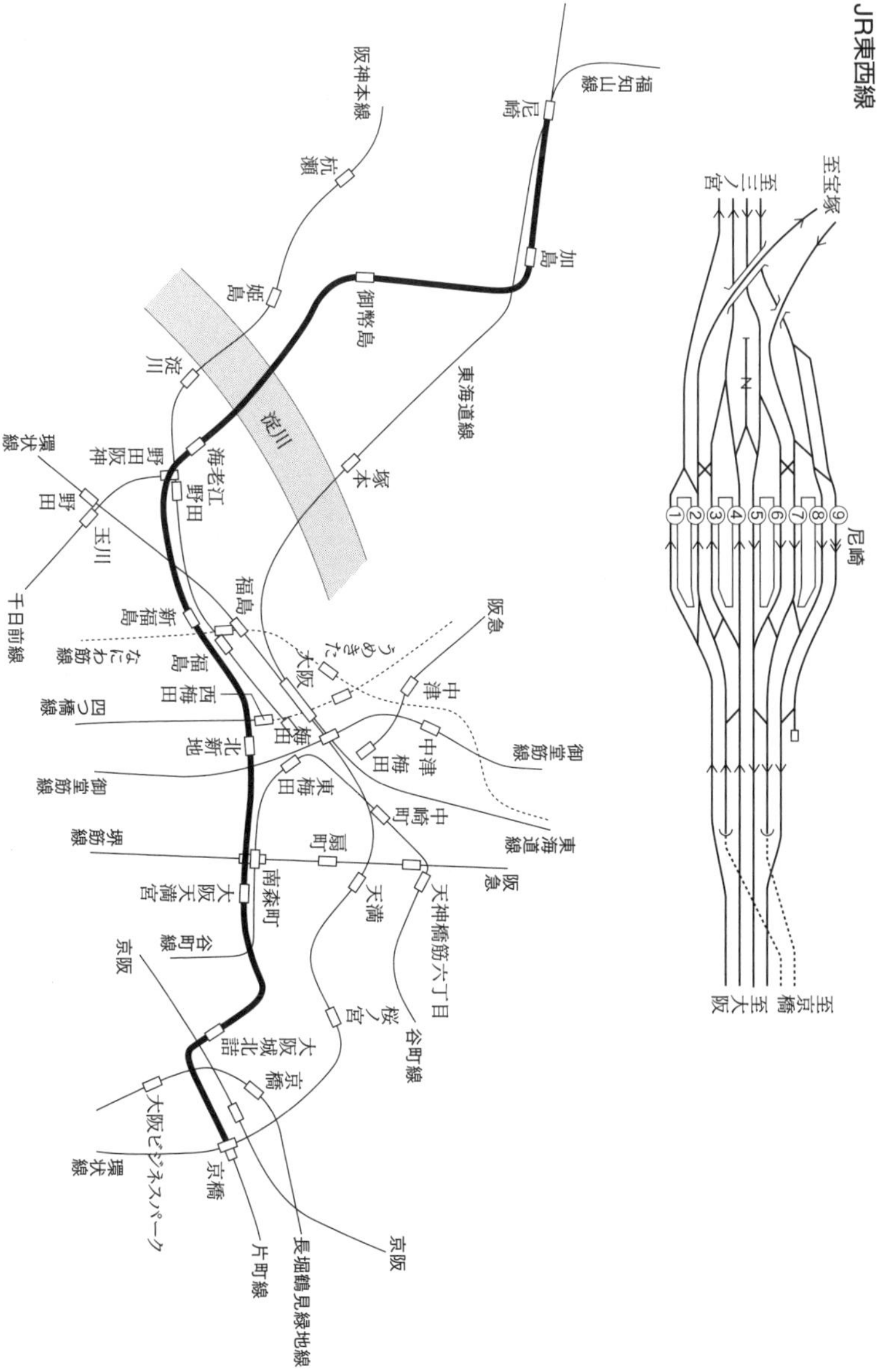
JR東西線
至宝塚
至三ノ宮
尼崎
至京橋
至大阪
福知山線
尼崎
加島
御幣島
東海道線
阪神本線
杭瀬
姫島
淀川
淀川
塚本
海老江
野田阪神
野田
野田
玉川
環状線
千日前線
新福島
福島
福島
なにわ筋線
うめきた
大阪
阪急
中津
中津
西梅田
四つ橋線
北新地
梅田
梅田
御堂筋線
御堂筋線
東梅田
中崎町
東海道線
扇町
堺筋線
阪急
南森町
大阪天満宮
天満
天神橋筋六丁目
谷町線
谷町線
桜ノ宮
大阪城北詰
京阪
京橋
京橋
大阪ビジネスパーク
環状線
片町線
長堀鶴見緑地線
京阪

神戸寄りから見た尼崎駅

塚口駅はJR形配線に留置線が付随している。手前のガードは阪急神戸線

福知山線（尼崎—新三田間）

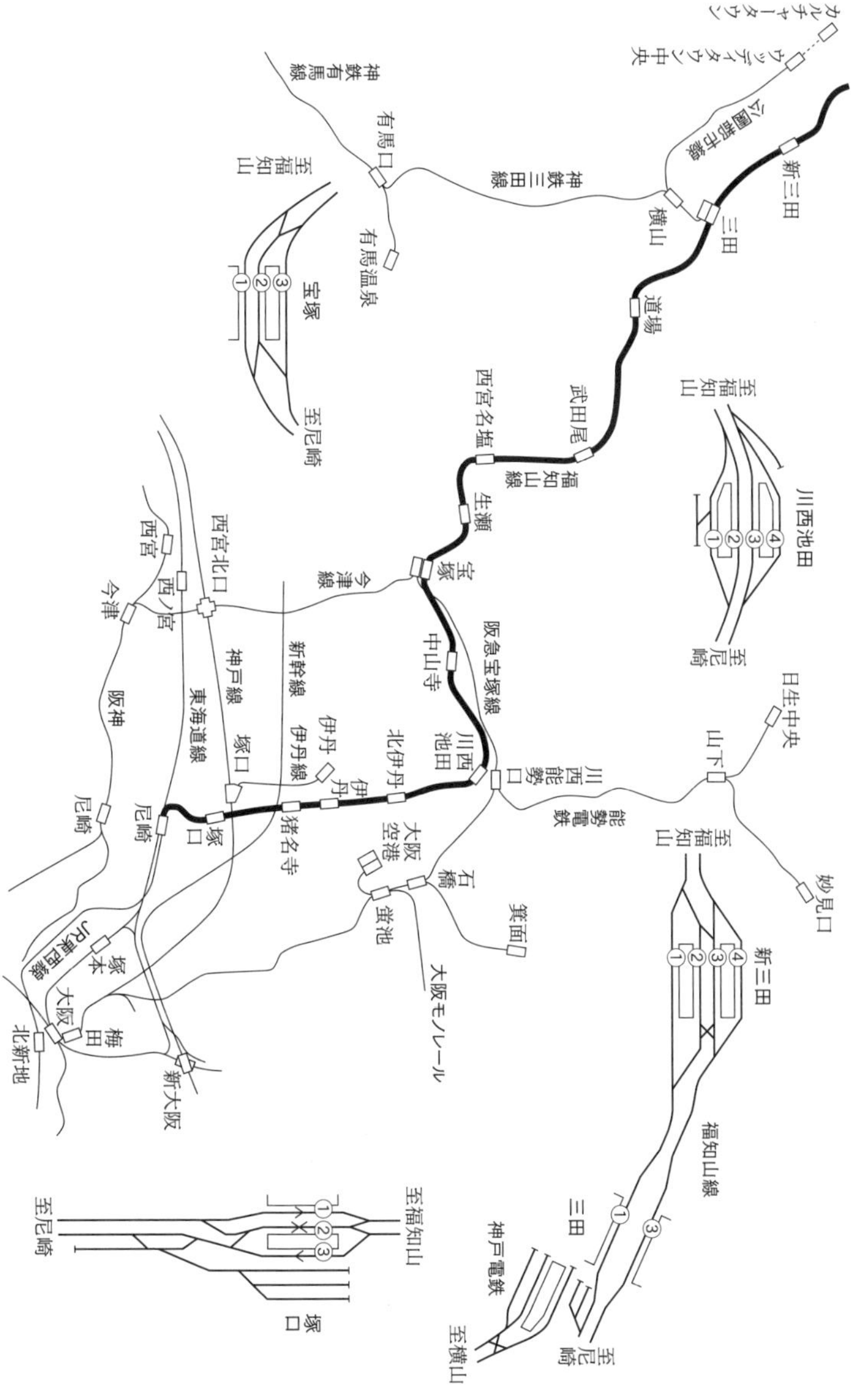

新三田
三田
横山
道場
武田尾
西宮名塩
生瀬
宝塚
中山寺
川西池田
北伊丹
伊丹
猪名寺
塚口
尼崎
福知山線
神鉄三田線
神鉄有馬線
有馬口
有馬温泉
ウッディタウン中央
カルチャータウン
今津線
西宮北口
西宮
今津
西ノ宮
阪神
神戸線
東海道線
新幹線
伊丹線
阪急宝塚線
川西能勢口
能勢電鉄
山下
日生中央
妙見口
石橋
箕面
大阪空港
蛍池
大阪モノレール
塚本
大阪
梅田
北新地
新大阪
JR東西線
至福知山
至尼崎
至横山
神戸電鉄

物待避線があるので、島式ホーム4面9線である。JR東西線からは外側の1、8番線を除いて発着ができる。基本的にJR東西線は3、6番線で発着し、東海道線各駅停車が4、5番線で発着するが、西明石方面直通は4、5番線である。4、5番線の神戸寄りにY形引上線がある。同引上線でJR東西線の多くの電車が折り返しているが、3、6番線からY形引上線に入れない。その場合は塚口駅まで行って折り返している。

その塚口駅は、下り線が片面ホームに面したJR形配線に加えて3線の留置線がある。

北伊丹駅は島式ホームだが、7両編成2本を直列に並べて収容できる2線の留置線がある。直列に並べた2編成の中央にシーサスポイントがあり、頭端側に停めていた編成を引き出せるようにしている。

川西池田《かわにしいけだ》駅は島式ホーム2面4線の追越駅で、ホー

三田付近を走る丹波路快速

谷川駅を出発した普通福知山行

黒井駅を通過する特急「こうのとり」

ムはほぼ直線だが、その前後は宝塚に向かって左にカーブしている。

阪急宝塚線をくぐった先にあるＪＲの宝塚駅は、下り線が片面ホームに面したＪＲ形配線で、駅の中央あたりから三田寄りは右にカーブしている。

西宮名塩《にしのみやなじお》駅は相対式ホームで、三田寄りはホームも含めて名塩トンネルに食い込んでいる。西宮名塩ニュータウン、通称ナシオンがあり、ナシオンと西宮名塩駅の間には斜行エレベータがある。

福知山線（新三田—福知山間）

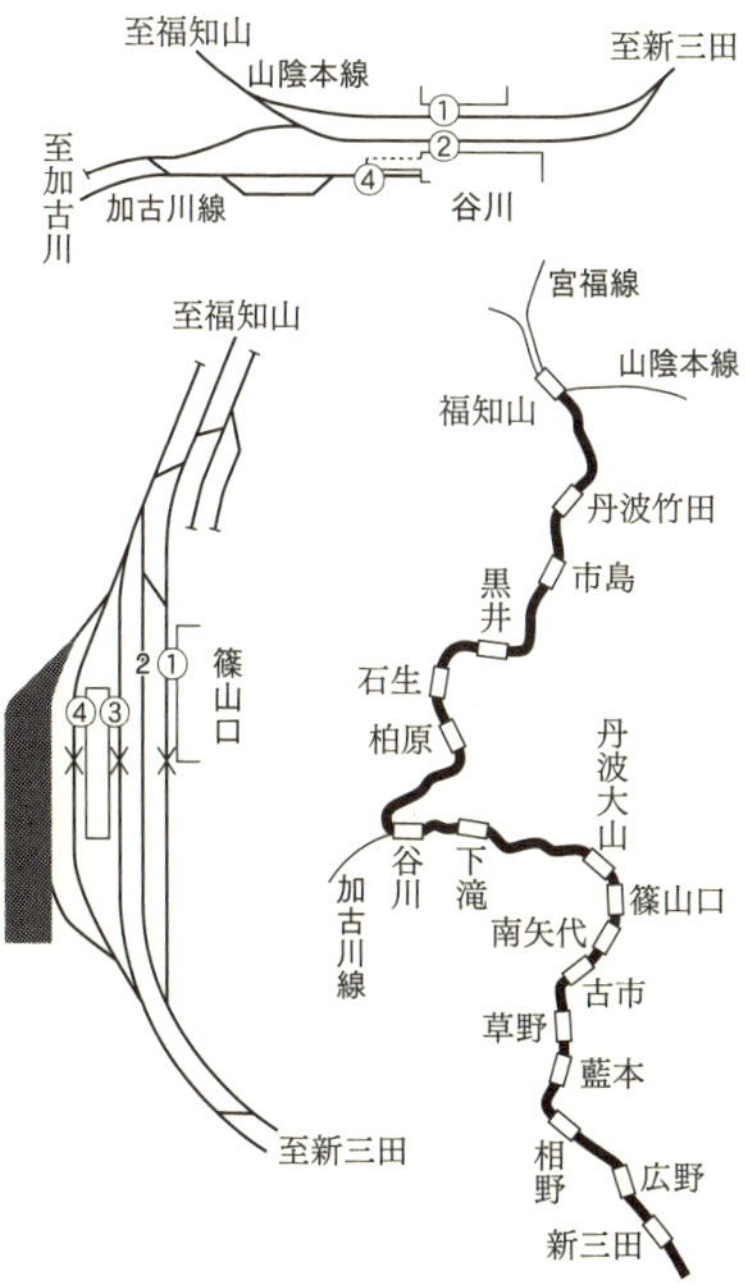

手前の生瀬《なまぜ》駅から道場駅までは、別線線増をした区間で、最小曲線半径は６０４ｍになっていて各電車はフルスピードで走る。ほとんどがトンネルである。

三田駅は貨物用の中線があったが撤去された。新三田駅は、島式ホーム２面４線で内側の２線が副本線である。尼崎寄りに副本線だけのシーサスポイントがある。また、福知山寄りに13線の電留線がある。

広野《ひろの》駅は、下り線が片面ホームに面したＪＲ形配線、篠山口駅は、上り線が片面ホームに面した１番線で、２番線はホームに面していない中線だが使われていない。かつては機関車の機回線だった。３、４番線は島式ホームに面していて、ここで篠山口止まりの電車と篠山口始発の電車を接続させる。そして５～11番の電留線がある。

篠山口駅から単線になる。福知山駅までの各駅は、すべて行き違いが可能なだけでなく、１線スルー構造になっている。谷川駅は加古川線と接続しているので、加古川線用の切欠きホームがある。

福知山駅は高架になり、片面ホーム1面と島式ホーム2面5線のほかに、京都丹後鉄道の発着線1面2線がある。片面ホームの5番線が福知山線の普通と丹波路快速の発着線である。特急「こうのとり」は下りが4番線、上りが2番線に停車し、山陰線特急の下りが3番線、上りが1番線に停車して、同一方向同一ホームでの乗り換えができる。特急同士の乗り換えは同一列車とみなして特急料金は通しで計算される。

なお、1、2番線のホームは230mと長い。これは客車寝台特急「出雲」に対応していたためである。南口広場には、福知山機関区の転車台とC11 40号機が保存展示されている。広場には東屋《あずまや》もあり、柱はアメリカカーネギー社とイリノイ社製の古レールが使われている。

片町線とJR東西線、福知山線のJR東西線直通車は、207系と321系の4扉ロングシート車の7両編成を使用する。高槻・京都発着の福知山線直通各停もそうである。

福知山線の丹波路快速と快速、普通は223系と225系の4、6両編成が使用され、一番長い編成は4＋4両の8両編成である。篠山口駅以遠を走るときは、同駅で4両編成を切り離している。福知山—篠山口間は223系の2両編成か225系の4両編成を使用する。

片町線の最混雑区間は、鴫野→京橋間で混雑率は130％、輸送人員は2万6980人である。最混雑時間帯は7時30分から8時29分の間で、この間に7両編成19本、133両が走り、輸送力は2万6691人としている。平均定員は155・6人になるが多すぎる。

7両編成の321系と207系を、国交省基準で算出すると1009人、平均定員144・1人である。19本で輸送力は1万9171人となり、混雑率は141％にしなければならない。

昭和59年度の混雑率は258％にもなっていた。輸送人員は3万2450人と5000人も多かった。6両編成15本、90両が走り、輸送力は1万2600人、103系を使用していたので平均定員は140人である。

昭和59年度の集中率は30・8％と高かった。平成24年度は22・9％と大きく下がっている。少子高齢化が要因と考えられるが、そうではない。昭和59年度の終日の輸送人員は10万5300人だったが、平成24年度は12万7359人と増えている。

ＪＲ東西線の開通で沿線人口は増えており、京阪などから片町線利用に切り替えた人も多い。

沿線市街地が成熟したことによって集中率が下がったのは事実だが、昭和59年当時は国鉄だった。片町線に混雑緩和の予算を増やしてもらうために、朝ラッシュ時の乗車人員を水増しした数字を、東京駅前にあった国鉄本社に提出したために集中率が高くなったのである。

ＪＲ東西線の最混雑区間は、大阪天満宮→北新地間で混雑率は85％である。京橋駅で環状線に乗り換える客が多いために京橋駅を出ると空いてしまう。そして大阪天満宮駅で、大阪メトロからの乗換客が増えて大阪天満宮→北新地間が最混雑区間になる。

輸送人員は1万7520人である。最混雑時間帯は7時30分から8時29分で、通過本数は19本と片町線と変わらない。修正した混雑率は92％である。

ＪＲ東西線が開通して2年後の平成12年度の混雑率は135％、輸送人員は2万652人と多かった。運転本数は14本である。

同年度の集中率は29・8％、24年度は21・9％に下がった。統計をみると混雑時の輸送人員は減っていくものの、終日の輸送人員は年々増加している。

ＪＲ東西線は電車特定区間の運賃が採用され、初乗り運賃は120円、大阪メトロの初乗り運賃は180円だから、大阪天満宮・南森町《みなみもりまち》―北新地・東梅田間を移動すると少し歩いてでも、ＪＲを利用したほうが得である。そういうことから、都市内移動手段としてＪＲ東西線が認知されるようになった。

福知山線では、快速と各停（緩行）とで分けられている。快速の最混雑区間は伊丹→尼崎間で、混雑率は116％、輸送人員は1万3800人である。最混雑時間帯は7時30分から8時29分、223・225系の8両編成が6本、207・321系の7両編成5本の計11本83両が走り、輸送力は1万1930人、平均定員は143人としている。

しかし、321系と207系の7両編成の定員は1009人、8両編成は転換クロスシートの225系と

223系の4+4か6+2の8両編成である。定員は998人、平均定員は124・8人である。合計で輸送力は1万1033人になり、混雑率は125%に修正しなければならない。

各停の最混雑区間は、塚口→尼崎間で混雑率は82%、輸送人員は8010人である。最混雑時間帯は7時30分から8時29分、7両編成が9本走り輸送力は9801人である。やはり修正すると輸送力は9081人となり、混雑率は88%になる。昭和59年度と平成24年度の統計は公表されていない。

片町線は快速、区間快速が走る。快速は東西線を通り抜けて福知山線に入っても快速として走る。ただし福知山線の塚口駅折返快速は当然同駅に停車する。区間快速の福知山線内は各駅に停車する。福知山線と直通の各停は、昼間時にはない。片町線・東西線各停はすべて西明石発着になる。区間快速も塚口折返になる。また朝夕ラッシュ時に、おおさか東線の快速が放出—尼崎間で走る。

快速の停車駅は長尾まで各駅、河内磐船、星田《ほしだ》、四条畷、住道、放出、京橋—尼崎間各駅、伊丹、川西池田、中山寺《なかやまでら》、宝塚、西宮名塩、三田以遠各駅である。区間快速は四条畷まで各駅、住道、放出、京橋以遠各駅である。

福知山線の優等列車は、丹波路快速と宝塚・新三田折返の快速、そしてJR東西線直通快速がある。丹波路快速と宝塚・新三田折返の快速は、大阪発着で225系と223系を使うが、一部は321系と207系を使用する。

普通は東西線直通と東海道線京都と高槻発着、それに大阪発着がある。大阪発着は、外側線を走り塚本駅を通過する。これがもともとの普通で、京都・高槻発着は各停である。各停は321系と207系、普通は225系と223系を使うが、一部は321系と207系を使う。

福知山線には、大阪発着の特急「こうのとり」が走る。福知山折返と城崎《きのさき》温泉折返があり、城崎温泉折返のときは、京都発着の特急「きのさき」は福知山折返となって福知山駅で「こうのとり」と連絡をする。「こうのとり」が福知山折返のときは、「きのさき」は城崎折返になって福知山駅で「こうのとり」と連絡する。「こうのとり」の停車駅は尼崎、宝塚、三田、篠山口、柏原《かいばら》だが、朝夕夜間には西宮名塩（朝ラッシュ時上り2、4号のみ）、新三田、藍野《あいの》、谷川《たにかわ》、黒井《くろい》の各駅にも停車する。

早朝深夜に、奈良駅発着の片町線直通電車が走る。朝下り快速が2本、夜上り各停と区間快速が各2本である。

朝ラッシュ時の片町線下りは快速が木津発で18〜23分間隔で走る。各行き違い駅での停車時間が統一されておらず、松井山手駅で発車したときの間隔は16、17分と22、23分のいずれかになる。

前者の間隔のときは、区間快速が1本、後者では2本運転される。区間快速の始発駅は、1本のときは京田辺駅、2本のときは京田辺駅と松井山手駅である。これに松井山手始発の各停が1本加わる。そして四条畷駅で、サイクルが短いときは1本、長いときは2本加わり、放出駅でおおさか東線からの快速が加わる。平成31年3月から、おおさか東線の快速は新大阪駅に向かうので、鴨野—尼崎間は走らなくなる。緩急接続は住道駅で行い、四条畷駅の副本線は折返電車が使用する。

JR東西線内は西行が3、4分毎、東行が4〜6分毎になっている。

福知山線の朝ラッシュ時上りは福知山・篠山口始発の丹波路快速が18〜24分間隔で走り、その間に篠山口始発のJR東西線直通快速が走る。24分間隔のときは、特急「こうのとり」2号も加わる。

新三田駅で各停や快速が加わる。緩急接続は、宝塚駅と川西池田駅で行う。宝塚駅では東西線直通快速と特急、大阪行快速の3列車を待避する各停がある。待避時間は11分と非常に長い。塚口待避の各停があり、塚口駅始発もある。もちろん尼崎折返もあるが、その数は少ない。

昼間時の片町線は区間快速と各停が各1本による15分サイクルの運転である。区間快速の2本に1本は木津—塚口間、もう1本は同志社前—塚口間、各停は四条畷—西明石間である。

福知山線は、大阪—篠山口間の丹波路快速と大阪—宝塚間の快速が30分毎に走り、大阪—宝塚間は15分毎になる。これに、新三田—高槻間の各停と塚口—同志社前・木津間の区間快速が15分毎に走る。区間快速が塚口駅折返をするのは、尼崎駅では3、6番線で発着をするのでY形引上線に入線できないことだが、阪急塚口駅に対抗するためもある。これに特急が1、2時間毎に運転される。

特急が1時間に1本走っても、丹波路快速と快速の間隔は15分のままである。各停も上りの宝塚—新三田間で、特急待避する各停だけが先行各停との間隔を15分から17分にするだけである。

夕ラッシュ時の片町線上りは、新三田—木津間と宝塚—同志社前間運転の快速が30分毎に走り、尼崎—同志社前間は15分毎になる。これに尼崎—京田辺間の区間快速と、尼崎—奈良間のおおさか東線直通の快速が30分毎、西明石—松井山手間と京橋—四条畷間の各停が15分毎に走る。JR東西線の開通で京橋駅から座れなくなったという苦情に対処して、京橋—四条畷間の各停がある。

緩急接続は住道駅で行うが、下りは四条畷駅で行う。このため、四条畷駅折返の各停は上り4番線で行う。また、下りの四条畷折返は住道駅で快速と緩急接続を行う。

福知山線は、特急「こうのとり」、大阪—新三田間の快速と木津—篠山口間の快速がそれぞれ1時間毎、大阪—福知山間の丹波路快速と同志社前—宝塚間の快速が30分毎、新三田—高槻間の各停が15分毎に走る。

尼崎—新三田間では、JR東西線直通の快速と特急、丹波路快速とJR東西線直通で宝塚折返の快速、木津—篠山口間の快速と大阪—新三田間の快速が束になって2本続行運転をし、川西池田駅で緩急接続あるいは待避している。

それにしても尼崎駅では、丹波路快速とJR東西線直通快速とはホームが違う。このため各種電車間の乗り換えは同じホームでできるときもあればできないときもある。2番線と3番線、6番線と7番線を1線にまとめて両側ホームにすれば、阪神尼崎駅のように車両を通り抜けての乗り換えができる。JRは、発着線を使い分けるために発着線を多くしがちだが、こうなると乗客は跨線橋を右往左往しなければならない。コンパクトにしたとしても、それをうまく使いこなしてう乗客本位の駅構造にしてもらいたいものである。

近鉄京都線・橿原線

15分サイクルのわかりやすいダイヤに戻す必要がある

近鉄京都線は、京都―大和西大寺《やまとさいだいじ》間34・6キロの路線で、竹田駅で京都地下鉄烏丸線と接続し相互直通をしている。近鉄丹波橋《たんばばし》駅では、京阪本線と連絡する。西大寺駅で奈良線と橿原《かしはら》線に接続し、近鉄奈良駅と橿原神宮前駅と天理駅まで直通電車が走る。

橿原線は、大和西大寺―橿原神宮前間23・8キロの路線で、西大寺駅で奈良線と京都線、平端《ひらはた》駅で天理線と接続して直通電車が走り、大和八木《やまとやぎ》駅で大阪線と接続して京都―賢島《かしこじま》間の直通特急が走る。橿原神宮前駅では南大阪線と連絡する。田原本《たわらもと》駅で田原本線（駅は西田原本）と接続しているが、直通運転はない。田原本線の電車の検修時に、回送で西大寺車庫や五位堂《ごいどう》工場に入場するときに回送電車が走る。

京都駅は、ＪＲ東海道新幹線の新大阪寄りの高架下にある。櫛形ホーム3面3線で、西大寺に向かって右カーブして新幹線の高架下から抜けた先までホームがある。ホームがなくなると左に大きくカーブして、新幹線をくぐって南下する。手前にシーサスポイントがある。通常のシーサスポイントは直線上にあるが、このシーサスポイントはカーブ上にある特殊なものである。

上鳥羽口《かみとばぐち》駅は、島式ホームを挟んだ両側に停車線と通過線がある追越駅である。竹田《たけだ》駅は島式ホーム2面4線で外側が近鉄京都線、内側が京都地下鉄烏丸線の電車が発車する。

近鉄丹波橋駅の手前で京阪本線をくぐる。近鉄丹波橋駅は、相対式ホームで京阪の丹波橋駅と長い高架の連絡通路でつながっている。

丹波橋駅から桃山御陵前《ももやまごりょうまえ》駅まで京阪本線と並行するが、近鉄の桃山御陵前駅と京阪の伏見桃山駅とは連絡駅にはなっていない。近鉄京都線が奈良電鉄だった昭和20年（１９４５）までは連絡駅だったが、京阪の丹波橋駅に奈良電が乗り入れを開始してからは連絡駅を廃止した。

近鉄京都線

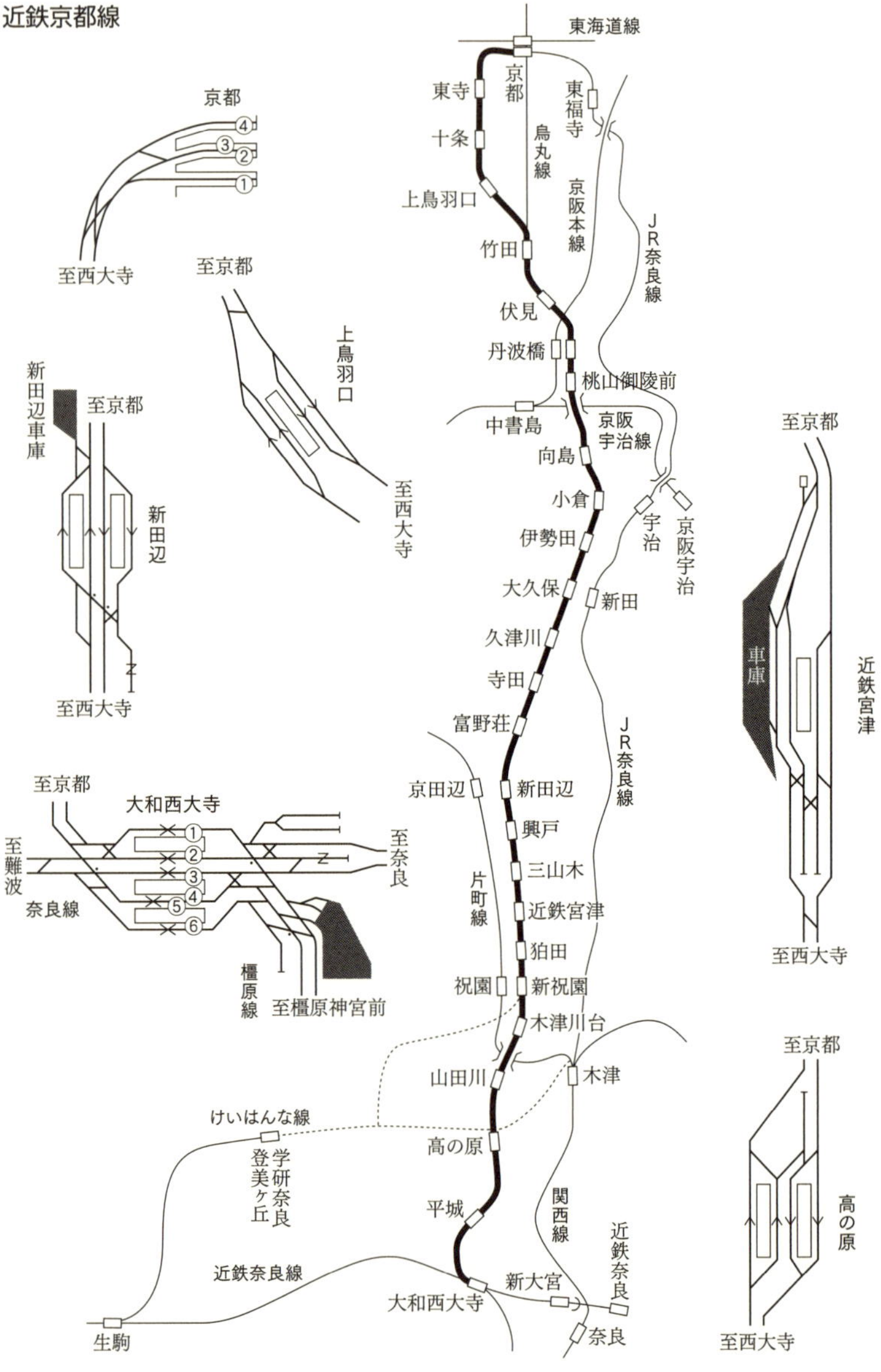

京都
至西大寺
至京都
上鳥羽口
至西大寺
新田辺車庫
至京都
新田辺
至西大寺
至京都
大和西大寺
至難波
奈良線
至奈良
橿原線
至橿原神宮前
東海道線
京都
東寺
十条
上鳥羽口
竹田
伏見
丹波橋
桃山御陵前
中書島
向島
小倉
伊勢田
大久保
久津川
寺田
富野荘
新田辺
興戸
三山木
近鉄宮津
狛田
新祝園
木津川台
山田川
高の原
平城
大和西大寺
新大宮
近鉄奈良
奈良
東福寺
烏丸線
京阪本線
JR奈良線
京阪宇治線
宇治
京阪宇治
新田
JR奈良線
京田辺
片町線
祝園
木津
関西線
けいはんな線
学研奈良登美ヶ丘
近鉄奈良線
生駒
至京都
車庫
近鉄宮津
至西大寺
至京都
高の原
至西大寺

近鉄京都駅は新幹線のホームの下にある

京阪の丹波橋駅への連絡線は、伏見桃山駅の北側にあった。現在は道路になったり家が建っているが、現地に行くと痕跡は見て取れる。京阪の丹波橋駅の北側では、京都方面への線路跡は自転車置き場や保守用のクルマの駐車場などになっている。

伏見桃山駅は高架駅である。南側の宇治川を渡る手前で京阪宇治線が下で交差する。向島《むかいじま》駅は島式ホーム2面4線の追越駅で、その南には大きな巨椋池《おぐらいけ》が広がっていたが、干拓されて久しく痕跡はあまりない。

JR奈良線が、小倉《おぐら》駅の南から久津川《くつかわ》駅の南まで少し離れて並行する。途中にある大久保《おおくぼ》駅は島式ホーム2面4線の追越駅で急行が停車駅する。

JR奈良線が東へ離れていくが、今度は片町線が新《しん》田辺《たなべ》駅の北側から近寄ってくる。新田辺駅も島式ホーム2面4線で急行が停車する。近くに片町線の京田辺駅がある。興戸《こうど》駅は、JR片町線ほど近くはないが同志社大学の最寄駅で、京都市内から通う学生は近鉄を使う。

ずっとJR片町線と並行する。近鉄宮津《きんてつみやづ》駅は、宮津車庫が隣接し、島式ホームの外側に停車線と通過線が

奈良寄りから見た西大寺駅

ある追越駅である。

新祝園《しんほうその》駅は、島式ホーム2面4線の急行停車駅である。木津川台《きづがわだい》駅の南側で片町線が京都線の下をくぐって遠ざかっていく。

高の原《たかはら》駅は島式ホーム2面4線だが、本線は外側、副本線は内側にある追越駅で急行が停車するとともに、特急も一部が停まる。

西大寺駅は島式ホーム3面5線で、1、2番線が奈良・橿原神宮前方面、3～5番線が大阪・京都方面になっているが、6番線は橿原線の同駅折返が基本的に停車する。また、すべての発着線は両方向に発車ができる。橿原線と奈良線との間に西大寺車庫があって車庫の入出庫線と橿原線、奈良線、それに引上線の線路が複雑にからみあっている。

橿原線の平端《ひらはた》駅の北側で、天理線が分岐する。橿原線のホームと天理線のホームは扇状に広がっており、橿原線は島式ホーム2面4線、天理線は相対式ホームである。橿原線の西側に駅舎と駅前広場があり、地下道で各ホームに行ける。

新ノ口《にのくち》駅の橿原神宮前寄りで、大阪線と接続する新ノ口連絡線が分かれる。大和八木駅は大阪線が上、橿原線が下でほぼ直交している。大阪線は島式ホーム2面4線、橿原線は相対式ホームである。新ノ口連絡線は、伊勢中川方向に直通できるようになっている。これとは別に大阪方面から橿原方面への連絡線もあって、大阪線の大阪寄りで分岐して八木西口ホームの手前で橿原線と接続している。

　八木西口ホームは大和八木駅と離れているが、大和八木駅の構内にあって同じ駅である。八木西口ホームで切符を買っても「大和八木」と表記されている。営業キロも大和八木駅と同じだが、大和八木―八木西口間を乗車すると、初乗り運賃の150円が取られる。現実には入場券扱いである。

近鉄橿原線

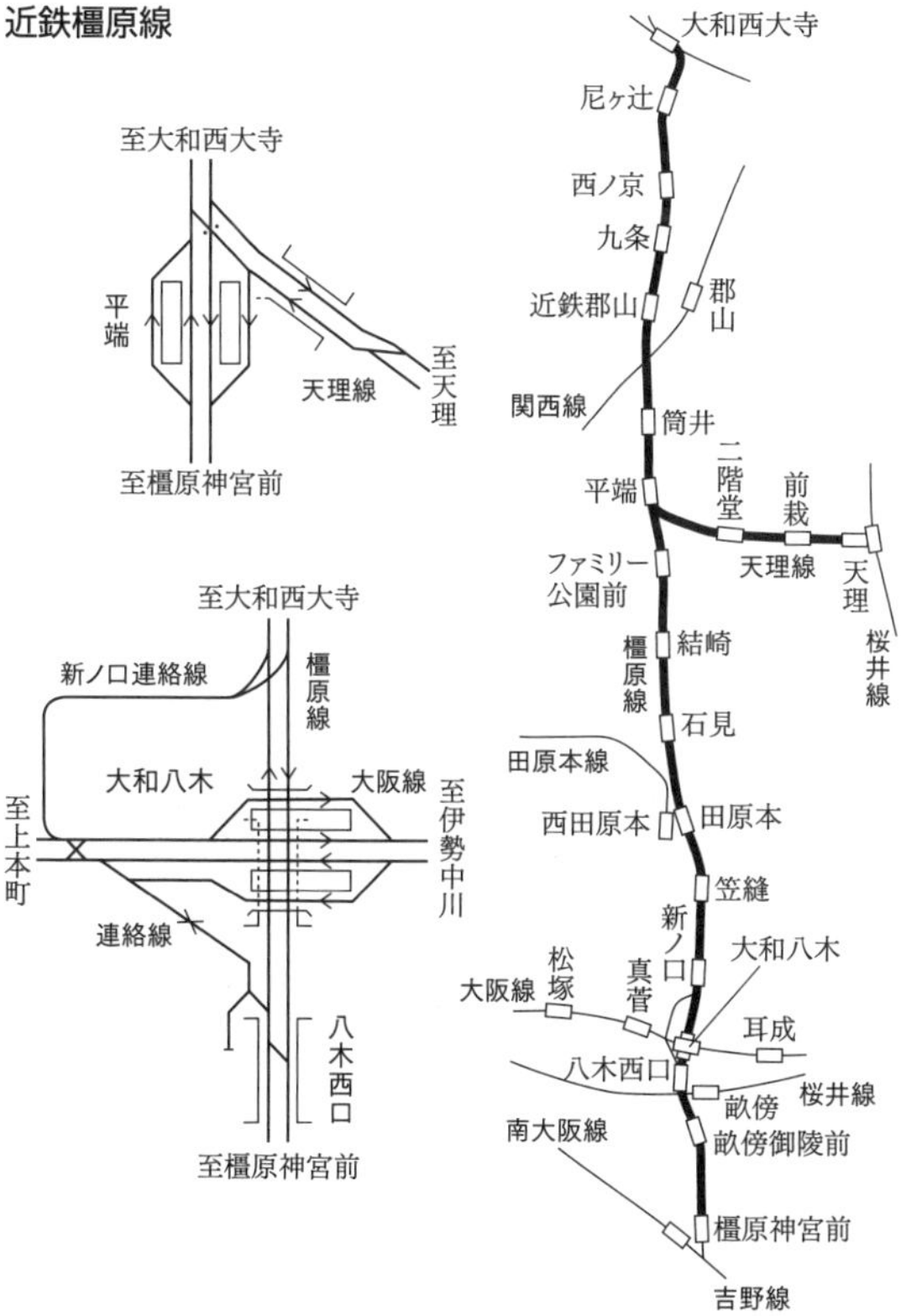

　近鉄の母体だった大阪電気軌道は、現在の八木西口駅を八木駅として畝傍《うねび》線（現橿原線）と接続した。そして、桜井駅まで延伸したときに連絡線にした。

　橿原神宮前駅では南大阪線と連絡するが、狭軌線が橿原線のホームのほうに伸びてきて、標準軌とで4線軌や3線軌になっている。これについては、本書の姉妹本「将来篇」の近鉄南大阪線の項を参照していただきたい。

　天理線の天理駅は櫛形ホーム4面3線になっている。

　車両については、乗務員室後部に座席がある車両と、いきなり扉と踊り場がある車両の2種がある。京都地下鉄乗り入れ用や最近の車両は、運転席後部に座席がない。ホームの乗降位置が異なるので、ホームドアを設置するときに問題がある。広幅の可動柵にするにしても、車端寄りの扉は大きく異なっている。ロープ昇降式がいいと思われる。

　いずれにしても、車体長20m、車体幅2800mmの大形車体で、先頭車132人、中間車146人である。6両固定編成の定員は848人、平均定員は141・3人、2+4の6両編成の定員は820人で平均定員は136・7人、4両編成は556人、平均定員

右に分岐しているのが新ノ口連絡線

八木駅では橿原線（下）と大阪線（上）が直交する

橿原神宮前駅には標準軌と狭軌による4線軌がある。ここで狭軌の南大阪線電車を標準軌の台車に取り換えて五位堂工場に回送する

は139人である。

最混雑区間は、向島↓桃山御陵前間である。宇治川を渡り、京都の市街地に入った桃山御陵前駅から漸減していくからである。混雑率は126％、輸送人員は1万8530人である。最混雑時間帯は7時36分から1時間、この間に6両編成が17本、4両編成が1本の計18本、106両が走り、輸送力は1万4734人となっている。平均定員は139人である。多くが2＋4の6両編成で、6両固定編成は地下鉄烏丸線直通しかない。

特急の停車駅は丹波橋、高の原（朝の上りと夕夜間の下り）、西大寺、西ノ京（昼間時）、八木、急行は東寺《とうじ》、竹田《たけだ》、丹波橋、桃山御陵前、大久保、新田辺、新祝園、高の原、西大寺、西ノ京（昼間時）、郡山、平端、田原本、八木以遠各駅、準急は東寺、竹田、丹波橋以遠各駅である。宮津行急行は興戸《こうど》駅、三山木《みやまき》駅に停車、京都線急行の奈良線西大寺―奈良間では新大宮駅に停車し、天理線直通急行は天理線内で各駅に停車する。

特急は、京都―奈良間と京都―橿原神宮前間がそれぞれ30分毎に走るが、昼間時は特急だけで15分毎にはなっておらず、京都発でみて、奈良行は毎時20分と50分、橿原神宮前行は10分と40分に発車する。

以前は1時間に京都―奈良間が2本、京都―橿原神宮前間と京都―賢島間が各1本で完全な15分毎にしていた。

京都―賢島間の特急の利用率が芳しくなく、行楽客が多い薬師寺への利便性を高めるために、最寄駅である西ノ京駅に昼間時の特急を停めたことから、京都―橿原神宮前間の特急を30分毎にした。

京都―賢島間の特急は、京都発10時0分の「しまかぜ」の次は16時10分になっている。それでも京都・橿原線内では、一部の普通と急行の発車時間をずらすことによって、昼間時に京都発毎時0分と30分に伊勢方面の特急を走らせることができるようにしている。

昼間時の急行は1時間に4本運転され、うち1本は地下鉄烏丸線と直通する国際会館―奈良間、1本は京都―奈良間、残り2本は京都―橿原神宮前間である。

普通は基本的に、京都―橿原神宮前間と京都―西大寺間、国際会館―新田辺間、西大寺―天理間が各2本と

狛田駅を通過する特急

京都駅を出発したビスタEXによる特急奈良行

なっている。

下りの場合、新田辺、新祝園、高の原の3駅で急行と普通は緩急接続をするようになっているが、1時間に普通の1本は待避しない。また、大久保駅で1時間に1回、新祝園駅でも1回、急行は特急を待避する。

以前のように、完全な15分サイクルにしたほうがわかりやすい。地下鉄烏丸線への急行の乗り入れを開始してから、パターン化ができなくなった。

急行は、30分サイクルに地下鉄直通と京都発着を各1本運転をし、竹田以遠各駅の区間準急を走らせて、地下鉄直通急行と接続するようにして、15分サイクルに近いダイヤパターンにすればいいのではないかと思われる。

西大寺以南は、1時間に特急と急行が各2本、西大寺—天理間の普通が1本、京都—橿原神宮前間が3本の運転で、普通は平端駅で緩急接続をする。

天理発着の普通が走るとき、平端—橿原神宮前間の普通の間隔は20分になる。天理発着の普通を急行にして、1時間2本とした完全な30分サイクルが望ましいといえる。


朝ラッシュ時上りのピーク1時間は、特急3本、急行8本、準急2本、普通8本の運転である。3本の特急は高の原駅にも停車をしているが、混雑率の輸送力には含まれていない。特急は8両編成である。

夕ラッシュ時下りは、特急と急行は完全に15分毎に運転される。京都発普通もほぼ15分毎の運転だが、京都発18時5分と19時5分と1時間に1本走る準急が走るときだけ、発車時間が1分ずれる。これに竹田で、地下鉄烏丸線からの直通普通が1時間に3本が走る。準急と合わせてほぼ15分毎の運転になる。

夕ラッシュ時のダイヤが一番わかりやすい。それでも準急がダイヤを乱している。地下鉄直通はすべて15分間隔にするのがいいだろう。

昼間時の京都—奈良間の特急の所要時間は35分、表定速度66・9キロ、急行は45分、表定速度53・2キロである。

JR奈良線

複線化区間が増えたときには快速の増発をすることになろう

JR奈良線は、木津《きづ》—京都間34・7キロの路線だが、本書では京都から木津に向かって述べることにする。京都—JR藤森《ふじのもり》間と宇治《うじ》—新田《しんでん》間が複線、他は単線である。木津駅で関西本線と接続して、すべての電車が奈良駅まで直通する。

東福寺《とうふくじ》駅で京阪本線、六地蔵《ろくじぞう》駅で京都地下鉄東西線と連絡する。黄檗《おうばく》駅は、京阪の黄檗駅と離れているため連絡駅にはなっていない。

奈良線には、通称勝手踏切が多かった。単線区間が多かったために、沿線の住民が奈良線を横断するのに便利だということで、勝手に踏切を造ったものである。当然、警報機も遮断器もない第3種踏切ということになるが、結構事故が絶えないために横断できないようにフェンス等を設置したりしたが、それでも通り抜けられていた。

複線化されたところは、まず線路の通り抜けができなくなってしまった。現在、複線化工事が行われており、工事区間もできなくなっているが、まだ残っている。人道地下道を整備することも一つの手である。

JR藤森駅は、京阪藤森駅と相当離れているために「JR」が冠されている。同駅から単線になる。桃山《ももやま》駅はJR形配線の駅だが、片面ホームに面しているのは上り1番副本線の1番線で、上り本線の2番線と下り本線の3番線が島式ホームに面している。しかし、下り京都行は1番線に停車し、上りみやこ路快速や快速、区間快速は2番線を通過する。

六地蔵駅は、1線スルー構造の島式ホームで1番線がスルー線の上下本線、2番線が上下副本線になっている。行き違いをしないときの下り奈良方面の電車は、誤乗を防ぐために2番線に停車する。

木幡《こはた》駅も1線スルー駅で、1番線がスルー線になっており、行き違いをしない上下普通は1番線に停車する。上下普通が行き違いをするときは、左側通行で行う。黄檗駅は、左側通行の行き違い駅になっている。

JR奈良線

山陰線
京都
京阪
東海道線
東福寺
伏見稲荷
稲荷
深草
竹田
藤森
墨染
JR藤森
東西線
六地蔵
丹波橋
桃山
木幡
伏見桃山
中書島
観月橋
桃山南口
六地蔵
木幡
横大路
京阪
淀
黄檗
黄檗
京阪宇治線
桃山御陵前
三室戸
京阪宇治
近鉄京都線
小倉
宇治
JR小倉
大久保
新田
久津川
城陽
寺田
長池
片奈連絡線
新田辺
山城青谷
京田辺
山城多賀
興戸
同志社前
筆者案
玉水
片町線
近鉄京都線
棚倉
上狛
関西線
木津
関西線
至京都
玉水
至木津

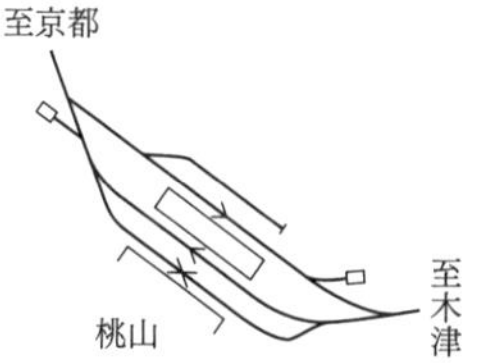

至京都
至木津
桃山

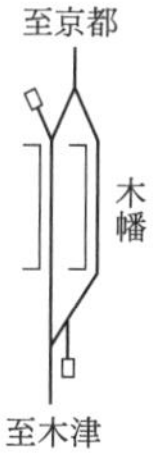

至京都
木幡
至木津

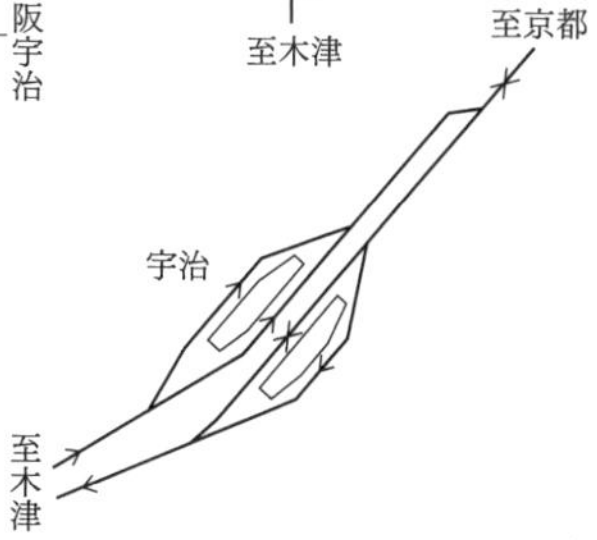

至京都
宇治
至木津

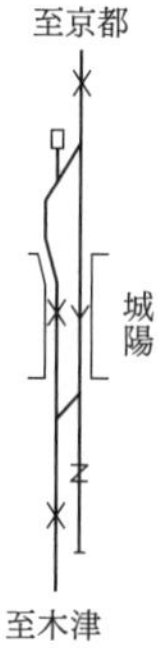

至京都
城陽
至木津

宇治駅は、島式ホーム2面4線の追越駅で、1、3番線が本線、2、4番線が副本線である。宇治—新田間は複線である。新田駅の上り京都方面1番線は奈良方面にも出発できる。次の行き違い駅の城陽《じょうよう》駅の木津寄りに引上線があって、京都方面から同駅折返電車が走る。

長池《ながいけ》駅と山城青谷《やましろあおだに》駅は相対式ホームで、左側通行の行き違い駅。山城多賀《やましろたが》駅と棚倉《たなくら》駅は、下り奈良方面がスルー線、玉水《たまみず》駅と上狛《かみこま》駅は上り京都方面が、それぞれスルー線になった1線スルー駅である。

木津駅は島式ホーム2面4線で、1番線が片町線折返用と一部の奈良線の京都方面、2番線が関西線の加《か》茂《も》方面と奈良線の京都方面、3番線が奈良線奈良方面と関西線の一部の天王寺方面、4番線が関西線の天王寺方面である。

大半は221系4両編成だが、6両編成も使用され

東福寺付近を走る、みやこ路快速。京阪電車が上を越えていく

稲荷駅に進入する普通奈良行。まだ103系を使っている

奈良駅を出発するみやこ路快速

る。ＪＲになってから、阪和線で使用された4扉ロングシート車の２０５系が奈良線に投入されている。４両編成5本があり、普通に使用されている。わずかながら4両編成の１０３系も走っている。

みやこ路快速、快速、区間快速が走る。みやこ路快速の停車駅は東福寺、六地蔵、宇治、城陽、玉水、木津、快速はみやこ路快速の停車駅に加えてＪＲ小倉、新田にも停車する。区間快速は東福寺、六地蔵、宇治以遠各駅である。快速は宇治駅で緩急接続をする。

朝ラッシュ時京都方面は、区間快速か快速が15～21分毎に走り、その間に奈良発と宇治発の普通が運転され、先行快速と後続快速のあいだは1本の普通しか走らないのが基本である。この普通と、その前を走る普通との間隔は桃山駅から19分になる。この間に宇治発の普通が欲しいところである。

奈良発6時46分の区間快速と7時10分の快速、それに7時38分の区間快速は、関西線ＪＲ難波駅からの直通で関西線内は普通で走る。使用車両は２２１系で6時46分発と7時10分発は6両編成、7時38分発は４両編成である。

昼間時は、30分サイクルにみやこ路快速と京都—奈良間の普通、京都—城陽間の普通が各1本走る。みやこ路快速は、宇治駅で京都—奈良間の普通と緩急接続をする。

上下のみやこ路快速は、京都—奈良間で3回すれ違う。京都寄りでの1回と宇治以南での1回は複線区間ですれ違うが、奈良寄りは単線なので、下り京都行のみやこ路快速が棚倉駅で運転停車して下り快速の行き違い待ちをする。

このため、みやこ路快速の下り京都→奈良間の所要時間は45分だが、上り奈良→京都間は49分になる。下りみやこ路快速の表定速度は55・6㌔である。

夕方下り奈良方面は、30分サイクルに快速、京都—奈良間と京都—城陽間の普通が各1本走る。

ＪＲ藤森—宇治間、新田—城陽間、山城多賀—玉水間の3区間の複線化と奈良線京都駅と六地蔵駅の改良、それに棚倉駅の1線スルー化の工事が行われている。これらが完成すると、かなりの行き違い待ちが解消され、昼間時はみやこ路快速に加えて京都—奈良間の区間快速が運転されることになろう。

近鉄奈良線・難波線

緩急分離型ダイヤよりも緩急接続型ダイヤに移行を

近鉄奈良線というと、大阪難波―近鉄奈良間32・8キロと思っている人が多いが、正式な奈良線は、布施《ふせ》―近鉄奈良間26・7キロである。大阪上本町《うえほんまち》―布施間4・1キロは大阪線、大阪難波―大阪上本町間は難波線である。しかし、特急を除いて大阪難波―近鉄奈良間は奈良線の線路として運行されている。

また、大阪難波、大阪上本町、近鉄日本橋《にっぽんばし》、近鉄奈良は、大阪や近鉄の文字を冠しているが、利用者も会社側も単に難波、上本町、日本橋、奈良としか呼ばない。ただし「大阪上本町」に関しては、昔から駅に到着する前に、車掌が放送案内していたので違和感はない。また、かつての市電は、上本町六丁目、略して上《うえ》六《ろく》電停があり、近鉄の駅も上六とよく呼ばれていた。

難波駅で阪神なんば線と接続して相互直通をし、大阪メトロ御堂筋線と四つ橋線、千日前線、南海本線、高野線と連絡する。しかし、南海難波駅はやや離れている。千日前線は、阪神の桜川駅から鶴橋駅までずっと並行する。

日本橋駅で大阪メトロ堺筋線、上本町駅で谷町線（駅は谷町九丁目＝谷九《たにきゅう》）、鶴橋駅で環状線と連絡する。

上本町―布施間は、もともと奈良線の路線だったが、近鉄の前身の大阪電気軌道が、伊勢方面を目指す大阪線の区間に編入した。そして昭和31年（１９５６）12月に線路別複々線で、奈良線電車と大阪線電車の走行線路を分けた。さらに昭和52年に、鶴橋手前―布施間は方向別複々線に変更した。

河内《かわち》永和《えいわ》駅でＪＲおおさか東線、生駒《いこま》駅でけいはんな線と連絡、西大寺駅で京都線と橿原《かしはら》線と接続して、京都線電車の多くが奈良駅まで乗り入れている。

難波駅は、下り奈良方面が島式ホーム、上り阪神尼崎方面が片面ホームで尼崎寄りに引上線が1線ある。上本町―鶴橋間で、半高架になっている大阪線の下り線と地下線になっている奈良線の上り線が立体交差し

近鉄奈良線

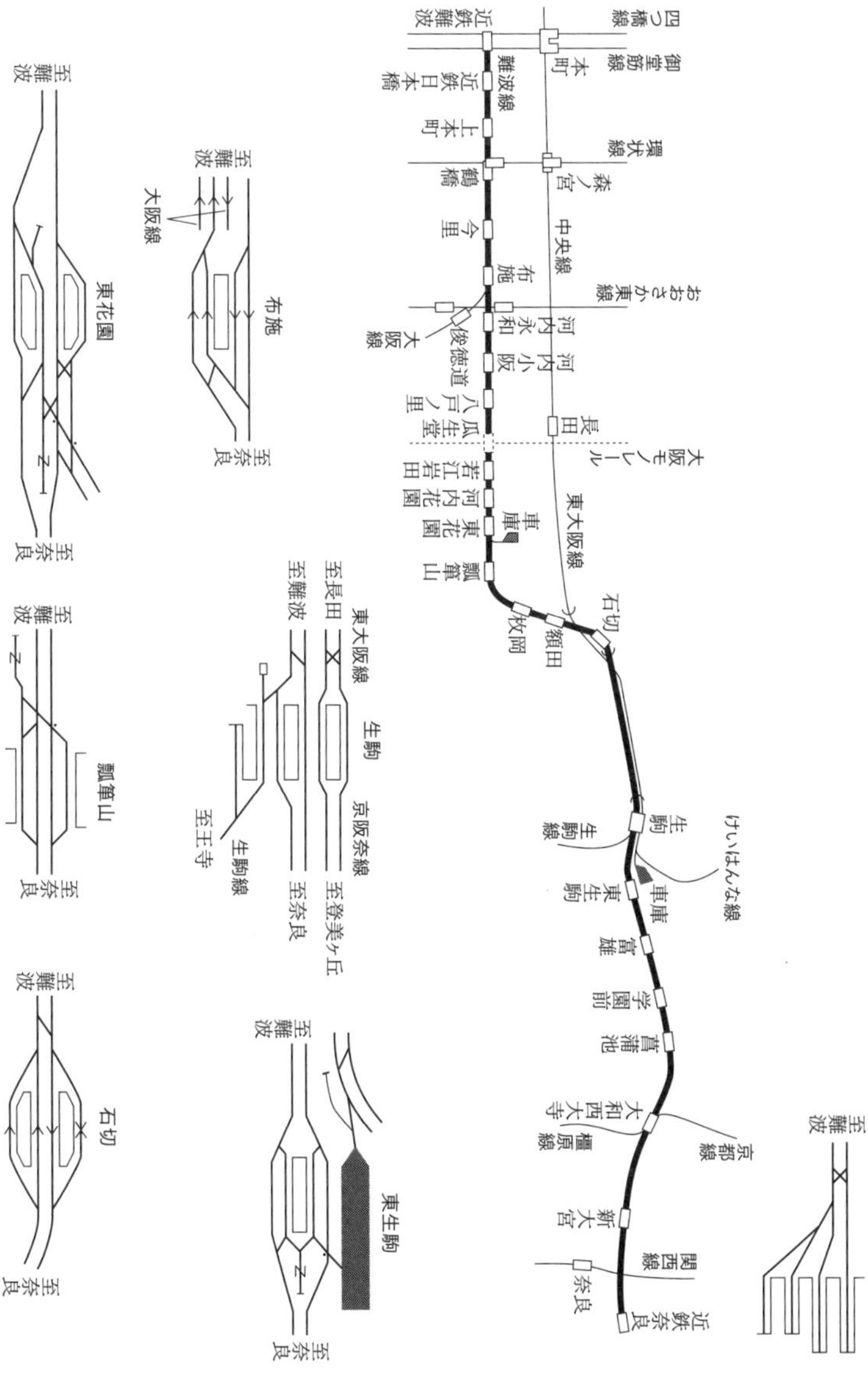

四つ橋線
御堂筋線
本町
近鉄難波
難波線
近鉄日本橋
上本町
環状線
森ノ宮
鶴橋
中央線
今里
布施
おおさか東線
河内永和
大阪線
俊徳道
河内小阪
八戸ノ里
長田
瓜生堂
大阪モノレール
若江岩田
河内花園
東大阪線
車庫
東花園
瓢箪山
枚岡
額田
石切
生駒
生駒線
けいはんな線
東生駒
富雄
学園前
菖蒲池
大和西大寺
京都線
橿原線
新大宮
関西線
奈良
近鉄奈良
至難波
至奈良
大阪線
東花園
至長田
東大阪線
生駒
京阪奈線
至登美ヶ丘
至王寺
生駒線
瓢箪山
石切
東生駒

難波駅に停車中の名古屋行特急

て方向別複々線になる。

　北側から奈良線下り線、大阪線下り線、奈良線上り線、大阪線上り線の順である。方向別複々線になっているために、大阪線の特急と奈良線の一般電車の乗り換えが同じホームでできる。

　今里《いまざと》駅は、かつて線路別複々線のときは大阪線と奈良線とも相対式ホームとするも、奈良線の上り線と大阪線の下り線に面した片面ホームを合体させて島式ホームにしていた。このときの名残で、複々線の両外側に片面ホーム、内側の線路に面した島式ホームの3面4線になっている。

　布施駅は大阪線が下、奈良線が上の2重高架になっている。両方とも島式ホーム1面4線で、外側に通過線、内側に停車線がある構造になっている。布施駅の奈良線は、もともと新幹線タイプの通過線と停車線がある相対式ホームだった。大阪線は下り線に通過線があった。

　河内永和駅の鶴橋寄りで、JRおおさか東線がくぐっていく。ホームからは大阪線の俊徳道《しゅんとくみち》駅が見える。

　八戸《やえ》ノ里《さと》駅は島式ホーム2面4線の追越駅だが、準急と区間準急が停車しないために緩急接続ができない。

　東花園《ひがしはなぞの》駅も高架になり、島式ホーム2面4線で東花園車庫が隣接している。下り側では1番線が待避線の副本線、2番線が本線だが、上り側は3番線が待避線の副本線、4番線が本線になっている。奈良寄りの上下線間に引上線があり、車庫の入出庫線は引上線の手前で分かれて大きくカーブして北上する。東花園車庫の線路群は南北に伸びている。鶴橋寄りにも引上線を設置できる空間がある。

　瓢箪山《ひょうたんやま》駅は、新幹線タイプの通過線と停車線がある相対式ホームの駅で、難波寄りに引上線がある。瓢箪山↓石切《いしきり》間は、最急35・7‰の上り勾配になっている。瓢箪山駅の標高は50mほど、石切駅は104mと50m以上の標高差がある。

石切駅は、島式ホーム2面4線の追越駅で快速急行は通過するが、急行は区間準急と緩急接続を行う。ここから生駒《いこま》トンネルに入る。生駒トンネルも急勾配で登り、生駒駅の標高は198mになる。生駒駅は、けいはんな線と奈良線、そして生駒線のそれぞれが島式ホームの3面6線である。

東生駒駅は、布施駅と同じ島式ホーム1面4線で奈良寄りに引上線がある。また、けいはんな線の東生駒車庫が隣接しており、同車庫から奈良線の下り本線、副本線につながっている。けいはんな線の車両の全般検査は、大阪線の五位堂工場で行う。けいはんな線は第3軌条方式なので、パンダ付の事業用車に連結されて奈良線、橿原線、大阪線を走る。

西大寺駅は、京都線と奈良線と接続して西大寺車庫があるために線路が輻輳《ふくそう》している。西大寺—新大宮間で平城宮跡を貫通する。新大宮駅を出て地下に入り、櫛形ホーム4面4線の奈良駅となる。地上は国道369号と近鉄ビルがある。

地下駅の近鉄奈良駅に停車中の快速急行三宮行（右）と特急京都行（左）

阪神直通対応車は6両編成が24本、2両編成26本がある。6両編成の中にはロングシートとクロスシートとに変換できるL／C車が4本あるが、阪神線直通電車はロングシートで乗り入れることになっている。

近鉄車は21m4扉の大形車だが、直通してくる阪神車は19m3扉の中形車である。6両編成の定員は近鉄車が848人、阪神車が746人と100人も違う。

特急車のうち22600系の4両編成と2両編成の各2本も阪神に直通ができる。

最混雑区間は、河内永和→布施間である。布施駅で大阪線の河内《かわち》国分《こくぶ》方面への乗換客があるために、布施駅から乗客が減り始めるためである。混雑率は136%、輸送人員は3万9200人である。

最混雑時間帯は7時35分から1時間で、近鉄車の8両編成が10本、10両編成が4本、阪神車の6両編成が3本、8両編成が2本、10両編成が1本の計20本、164両である。輸送力は2万2700人、平均定員は138・4人になる。

国交省の定員算出基準で計算すると2万2124人となり、600人ほど少なくなる。これは乗務員室の面積を正確に除外しているかいないかの違いである。ともあれ、これによる混雑率は140%になる。

昭和59年度の混雑率は186%である。また、一番混んでいたのは昭和40年度で混雑率は262%にもなっていた。昭和59年度の輸送量は5万4950人で2万人以上減っている。同年度の集中率は31・8%もあった。平成24年度は27・1%に下がっている。

少子高齢化と沿線の人口減、そしてJR関西線への転移によるものである。集中率は下がったが、阪神と相互直通をしたことによって、平成24年度のピーク時の輸送人員は3万5200人だったのが、26年度は400人増えた3万9200人と、わずかながら増加に転じている。

優等列車は特急と快速急行、急行、準急、区間準急がある。難波―奈良間で特急の停車駅は上本町、鶴橋、生駒、学園前、西大寺、快速急行はこれに日本橋が加わり、急行はさらに布施と石切が加わる。準急は鶴橋まで各駅、布施、河内《かわち》小《こ》阪《さか》、東花園、石切以遠各駅、区間準急は東花園から各駅に停車する。快速急行と準急、区間準急は阪神と相互直通している。特急は朝ラッシュ時上りと夕夜間下りに走る。

昼間時は、20分サイクルに三宮―奈良間の快速急行と難波―奈良間の急行、尼崎―西大寺間の区間準急、それに尼崎―東花園間と難波―西大寺・奈良間の普通が各1本走る。

下りの難波→西大寺間の普通は八戸ノ里駅で急行、石切駅で快速急行を待避する。尼崎→花園間の普通はいずれの列車とも待避しない。区間準急は布施駅で快速急行を待避し、石切駅で急行と緩急接続をする。

上りの西大寺→難波間の普通は、瓢箪山駅で急行と緩急接続をし、布施駅で快速急行を待避する。東花園→難波間の普通は待避なし、区間準急は東花園駅で快速急行を待避する。上りと下りはダイヤパターンが異なっている。

朝ラッシュ時上りは、13～16分サイクルに快速急行2本と普通が各2本と準急が1本走り、それに特急が1時間に3本走る。準急と普通のうち1本が西大寺発、もう1本が東生駒発で、準急は石切駅で快速急行を待避し、普通は石切と東花園、八戸ノ里、布施の各駅で快速急行や特急を待避する。八戸ノ里駅では特急と準急の2列車待避することがある。

基本的にはこのパターンだが、運転サイクルに幅があって一定していない。緩急分離形ダイヤで、東花園以南の各駅では普通に乗れば難波まで準急に乗り換えることができない。準急を八戸ノ里駅に停車して、通勤準急とし緩急接続をしてもらえれば便利である。

夕ラッシュ時下りは、20分サイクルに快速急行、急行、準急が各1本、普通が2本が運転され、そこに20分または40分間隔で特急が走る。

普通は八戸ノ里駅で準急以外の優等列車を待避し、東花園駅ではこれらに加えて準急を待避して緩急接続をする。石切駅では快速急行か急行、特急を待避する。やはり東花園駅手前までは、緩急分離形ダイヤになっている。急行の八戸ノ里停車、つまり通勤急行を走らせると便利になる駅が増える。

緩急分離形ダイヤだと、優等列車だけが混まずに各電車が均等に混むことになり、混雑列車のむらがないというメリットがある。しかし、ラッシュ時の乗客が減ってきたので、今後は緩急接続形ダイヤにして普通だけしか停まらない駅の速達性を高めてもらいたい。

ＪＲ関西線・和歌山線・桜井線

なにわ筋線ができても大和路快速は残る？

関西本線は、名古屋―ＪＲ難波間１７４・９キロの路線だが、亀山《かめやま》駅を境に名古屋寄りはＪＲ東海、大阪寄りはＪＲ西日本の路線である。ＪＲ東海区間は全線、ＪＲ西日本区間は加茂《かも》―ＪＲ難波間が電化をしている。本書では、電化区間の加茂―ＪＲ難波間の愛称大和路線を取り上げる。

木津《きづ》駅でＪＲ奈良線と片町線、奈良駅で桜井線、王《おう》寺《じ》駅で和歌山線と接続し、近鉄生駒線と田原本線（駅は新王寺）と連絡する。久宝寺《きゅうほうじ》駅でおおさか東線、天《てん》王寺《のうじ》駅で阪和線、環状線、新今宮《しんいまみや》駅で環状線と接続する。

和歌山線は、王寺―和歌山間87・5キロの単線電化路線で、王寺―五条《ごじょう》間に関西線直通電車が走る。吉野口《よしのぐち》駅で近鉄吉野線、橋本《はしもと》駅で南海高野線に連絡、和歌山駅で阪和線と紀勢線に接続する。

桜井《さくらい》線は、奈良―高田《たかだ》間33・3キロの単線路線で、朝ラッシュ時の上りに桜井線・和歌山線経由で関西線直通電車が走る。天理《てんり》駅で近鉄天理線、桜井駅で近鉄大阪線に連絡する。

関西本線の加茂―ＪＲ難波間は、大和路線、桜井線は万葉まほろば線の愛称が付けられている。しかし、さほど定着しておらず、ほとんどの利用客は関西線、桜井線としか呼ばない。

関西線の加茂駅は、島式ホーム2面3線になっている。島《しま》ヶ原《はら》―笠置《かさぎ》間の峠越えのための補助機関車を連結する機関区が加茂駅にあった。そのため、ＪＲ形配線に加えて片面ホームと島式ホームの間に機回線が置かれていた。

片面ホームを撤去し、中線の用地に島式ホームを設置して2番線は両側ホームにした。1〜3番線の3線はすべて電化している。

加茂―木津間は単線である。木津駅は島式ホーム2面4線となっている。木津駅からは複線になる。

平城山《ならやま》駅の東側には吹田総合車両所奈良支所、もと

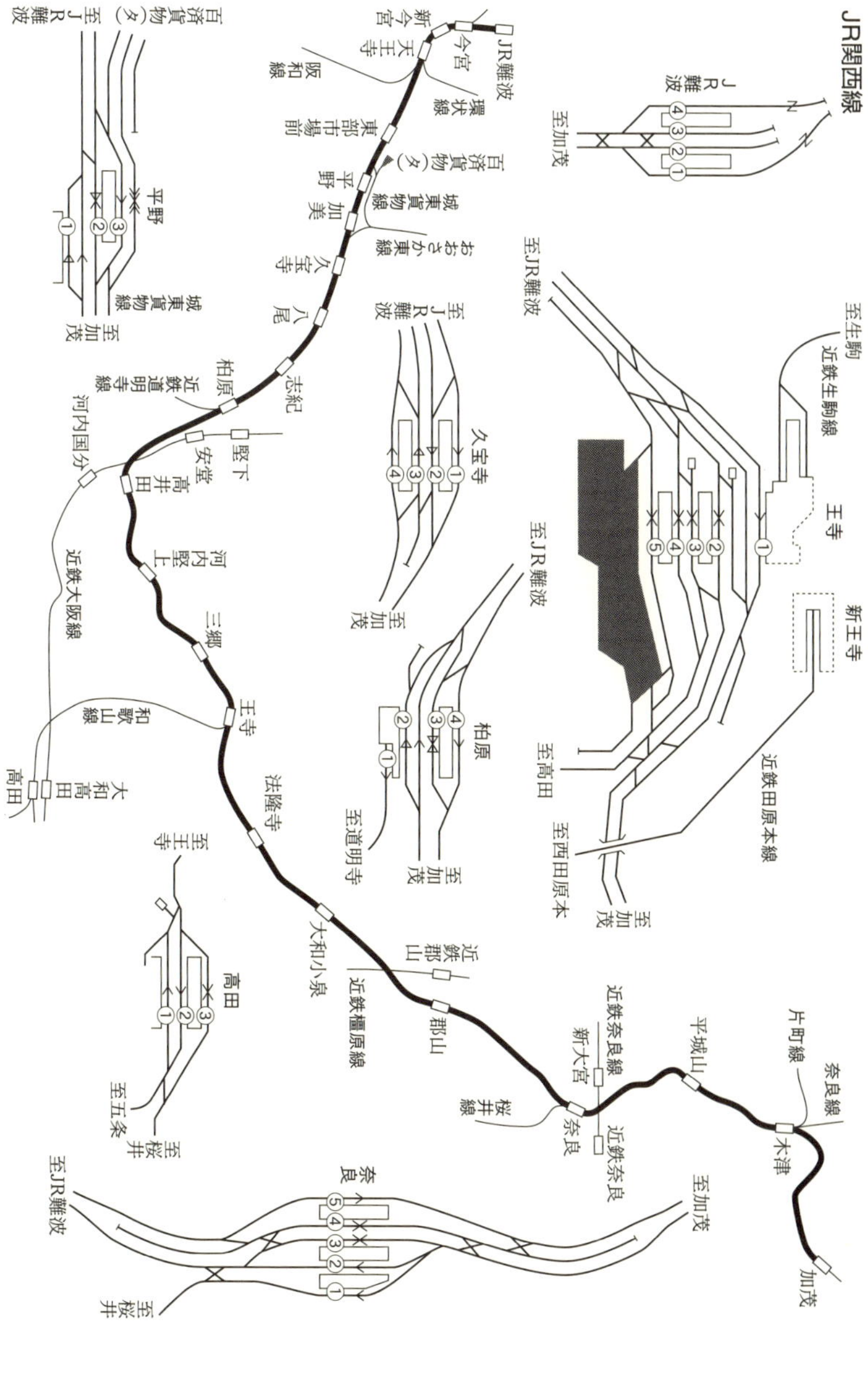
JR関西線
JR難波
至加茂
至JR難波
至生駒
近鉄生駒線
王寺
新王寺
近鉄田原本線
至高田
至西田原本
至加茂
至JR難波
柏原
至道明寺
至加茂
至JR難波
久宝寺
至加茂
百済貨物(タ)
至JR難波
平野
城東貨物線
至加茂
JR難波
今宮
新今宮
天王寺
環状線
阪和線
東部市場前
百済貨物(タ)
平野
城東貨物線
加美
おおさか東線
久宝寺
八尾
志紀
柏原
近鉄道明寺線
堅下
安堂
河内国分
高井田
河内堅上
近鉄大阪線
三郷
王寺
和歌山線
大和高田
高田
法隆寺
大和小泉
近鉄郡山
近鉄橿原線
郡山
至王寺
高田
至五条
至桜井
奈良
近鉄奈良線
新大宮
近鉄奈良
桜井線
平城山
片町線
奈良線
木津
加茂
至加茂
至JR難波
至桜井

の奈良電車区がある。関西線とは奈良寄りの佐保《さほ》信号場でつながっている。

奈良駅は高架化され、島式ホーム3面5線になった。東側から1番線で、2番線は両側にホームがある。1番線が桜井線、2番線が関西線上り天王寺方面で、両側の扉を開けて桜井線との乗り換えをしやすくしている。3番線は、関西線の天王寺方面と奈良線の京都方面、ホームが変わって4、5番線は関西線加茂方面と奈良線京都方面が発車する。

1番線が桜井線本線、2番線が関西線下り本線、3番線は関西線中1番線、4番線が同中2番線、5番線が関西線上り本線である。

3、4番線は天王寺・桜井方面と加茂・京都方面の両方向に出発でき、1、2番線は天王寺・桜井方面、5番線は加茂・京都方面のみ出発できる。また、加茂寄りと天王寺寄りの両方に引上線がある。

王寺駅は和歌山線との分岐合流駅で、留置線群が南側に広がっている。北側が1番線、中線2線を挟んで島式ホームの2、3番線、続いて島式ホームの4、5番線がある。1〜3番線が関西線、4、5番線が和歌山線の発着線である。1番線は奈良方面しか発車できない。他は両方向に発車できる。和歌山線と関西線直通快速は1〜3番線で発着する。

1番線が関西線上り本線、2番線が関西線下り本線、3番線が関西線下り1番副本線、4番線が和歌山線本線、5番線が和歌山線下り1番副本線である。

近鉄生駒線の駅は、1番線の改札を出て左側、田原本線の新王寺駅は右側にある。

柏原《かしわら》駅は、島式ホームと片面ホームが各1面で線路は4線になっている。南側の片面ホームの奈良寄りの反対側に近鉄道明寺《どうみようじ》線の切欠きホームがある。これが1番線で、関西線は2番線からはじまっている。

2番線の隣に下り天王寺方面の通過線がある。これが下り本線で、1番線は下り1番副本線である。島式ホームの外側が上り本線、内側が中線で待避と天王寺方面の折返普通と柏原発の快速が発着する。

久宝寺駅は、おおさか東線の分岐駅である。島式ホーム2面4線で、おおさか東線は内側の2番線に到着し、3番線から発車するが、おおさか東線専用ではなく、関西線の普通が快速を待避するときに2、3番線

天王寺寄りから見た王寺駅

に入線する。奈良寄りに引上線があり、おおさか東線の電車は到着するとすぐに引上線に入線する。

平野駅は柏原駅と似た配線になっている。南側に片面ホームに面した1番線があり、これが下り1番副本線、その隣に下り本線の通過線がある。島式ホームの内側が上り本線、外側が上り1番副本線の待避線、さらに上り2番副本線の貨物入出区線がある。貨物入出区線は、天王寺寄りにある百済《くだら》貨物ターミナルに、奈良寄りはおおさか東線につながっている。

天王寺駅の関西線のホームは、島式ホーム2面4線になっている。外側の副本線は阪和線の上下線につながっており、特急「はるか」や「くろしお」、関空・紀州路快速が頻繁に出入りする。

また、上り副本線は奈良寄りで、環状線の外回り線との連絡線が分岐し、環状線の新今宮寄りの引上線に入れるようになっている。天王寺駅の新今宮寄りで、環状線の外回り線が斜めに乗り越していき、環状線が外側、関西線が内側の方向別複々線になる。

新今宮駅は、島式ホーム2面4線になっており、西九条寄りで関西線と環状線との転線用の渡り線があっ

天王寺駅に停車中の201系関西線普通

JR難波駅に停車中の快速高田行（右）と普通王寺行（左）

て、関西線と阪和線からの直通列車は環状線に移る。

今宮駅は、相対式の関西線ホームの上に環状線の内回りの片面ホームが覆いかぶさっているが、関西線は環状線よりもカーブがきついので、JR難波寄りの上は青空になっている。

JR難波駅は、地下に島式ホーム2面4線がある。頭端寄りは左にカーブしており、両外側の発着線はさらに奥に伸びていて、2線の引上線になっている。この引上線はなにわ筋線の副本線になる予定であり、本線である内側の発着線も北へ延ばせる路盤ができている。地下トンネルは、阪神なんば線と千日前線を越えた北側まで伸びている。

桜井線の長柄《ながら》駅と巻向《まきむく》駅、香久山《かぐやま》駅、金橋《かなはし》駅は片面ホーム、他の駅は行き違いができる。このうち天理駅は島式ホーム2面4線でホームの長さは10両以上ある。通常は3、4番線を2両編成が発着するだけだが、天理教の大祭のときには団体臨時列車が1、2番線に発着する。また、奈良寄りに電留線群がある。

桜井駅は近鉄大阪線との連絡駅で、桜井線はJR形配線になっている。かつて片面ホームに面した1番線と島式ホームの内側の2番線の間に中線があったが、南側撤去されている。畝傍《うねび》駅もJR形配線だったが、南側の下り1番副本線は撤去されている。高田駅も中線を撤去されたJR形配線の駅で、和歌山線と接続する。

和歌山線の畠田《はたけだ》、大和新庄《やまとしんじょう》、玉手《たまで》、北宇智《きたうち》、大和二見《やまとふたみ》、下兵庫《しもひょうご》、紀伊山田《きいやまだ》、中飯降《なかいぶり》、大谷《おおたに》、西笠田《にしかせだ》、紀伊長田《きいながた》、下井阪《しもいさか》、紀伊小倉《きいおぐら》、千旦《せんだ》の各駅は片面ホームで行き違いができない。このうち北宇智駅は、元は相対式ホームのスイッチバック駅だった。電車になっても長らくスイッチバック駅のままだったが、平成19年（2007）に10‰の勾配上に片面ホームを設置して、スイッチバックを解消した。

行き違い駅のうち、香芝《かしば》駅はJR形配線の駅、吉野口駅もJR形配線をしているが、本来片面ホームになっている下りホームは近鉄の上りホームと共用の島式ホームになっている。発着線番号は近鉄が1、2番、和歌山線が3〜5番になっている。

五条駅もJR形配線だが、片面ホームの1番線と島式ホームの2番線の間に中線がある。ホームは10両編成分ある。

和歌山線笠田駅に進入する奈良行

橋本駅と粉河《こかわ》駅もJR形配線である。橋本駅では南海高野線と連絡しているが、改札は別個にある。

和歌山駅は7番線で発着する。となりの8番線は紀勢線の和歌山市駅行の発着線である。

和歌山線と桜井線直通を含む関西線の快速、区間快速は221系の4、6、8両編成、または201系6両編成、普通は201系6両編成と103系4両編成、それに221系を使用する。

通勤用として大量に造られた103系だが、関西地区では関西線にだけしか残っていない。いずれ全廃になる。残るは九州の筑肥《ちくひ》線と福岡地下鉄を走るだけとなっている。

関西線直通を除く桜井線と和歌山線の普通の多くは、ワンマン運転で105系の2両編成だが、和歌山線の4両編成は117系を使用している。もちろん車掌が乗務している。

古い105系の置き替え用として227系が登場した。225系の転換クロスシートをロングシートにしたような車両で2両編成2本が登場している。2019年に大量に造られる。この車両によって、和歌山線では2023年に無線式ATCの使用開始をする。

関西線快速の最混雑区間は、久宝寺→天王寺間で混雑率は95%、輸送人員は1万2845人である。最混雑時間帯は7時30分から8時29分で、この間に8両編成が10本、6両編成が3本、計13本、98両が走る。輸送力は1万3540人としている。平均定員は138・2人にもなっている。

6両編成は201系を使用し、平均定員は140人である。140人というのは国鉄時代から続いている平均定員の数値である。残りは221系で、221系の8両編成の定員は978人、平均定員122人である。これで輸送力を計算すると、1万2300人、平均定員は125・5人となり、混雑率は104%になる。

普通（緩行）の最混雑区間は、東部《とうぶ》市場前《しじょうまえ》→天王寺間で混雑率は109%、輸送人員は6855人である。最混雑時間帯は、7時30分から8時29分、この間に6両編成8本48両が走り、輸送力は6684人、平均定員は139・3人である。乗務員室の面積を考慮すると妥当な数値である。

昭和60年度から快速と緩行を分けて混雑率を発表している。快速の混雑率は266%もあった。輸送人員は1万5827人で、3000人ほど多かった。集中率は44・2%にも達していた。平成24年度の集中率は30・4%に下がっている。少子高齢化と沿線人口の減少が要因だろうが、集中率44・2%というのは高すぎる。国鉄時代の天王寺鉄道管理局は、ラッシュ時の輸送人員をやはり水増ししていた。

緩行の昭和60年度の混雑率も234%と高い。輸送人員は、1万7719人と平成28年度の3倍以上になっている。集中率も31・7%と高い。平成24年度の集中率は17・1%と相当低い。おそらく昭和60年度の実際の集中率は25%程度だったと思われる。

大和路快速と快速、区間快速、普通が走る。大和路快速と区間快速が環状線に直通し、大和路快速は環状線内も快速運転をする。区間快速は環状線内の各駅に停車する。快速はJR難波発着である。

和歌山線と桜井線直通も含めて、天王寺—奈良間の停車駅は久宝寺、王寺以遠各駅だが、柏原発着は当然ながら柏原駅に停車する。

昼間時は30分サイクルに、大和路快速とJR難波―王寺間の普通が各2本とJR難波―高田間の快速が1本走る。普通は久宝寺駅で、大和路快速と緩急接続をする。高田発着の快速が走るときは柏原駅で同快速を待避する。快速の天王寺―奈良間の所要時間は38分、表定速度59・1キロである。

朝ラッシュ時は、加茂発区間快速が4本、快速が1本、奈良発区間快速が2本、快速が1本、奈良発で桜井線・和歌山線経由の快速が1本、高田発の快速が2本、柏原発の快速が2本の計13本である。これに奈良発おおさか東線経由尼崎行（平成31年3月から新大阪行）の快速が2本走る。桜井線経由と高田発の快速は201系6両編成を使用する。

普通は5〜10分毎に運転され、柏原、久宝寺、平野駅で優等列車を待避する。

夕ラッシュ時は、30分サイクルに快速1本、区間快速2本、東西線直通快速1本、普通が3本運転されるのが基本である。快速と区間快速の1時間に2本、ほぼ30分毎に王寺駅で8両編成だったのを奈良行と高田・五条行のそれぞれ4両ずつ分割する。このため単独での和歌山線直通はない。

和歌山線には、朝ラッシュ時に和歌山行快速が2本運転されている。停車駅は粉河駅まで各駅、打田《うちた》、岩出《いわで》で、粉河→和歌山間の所要時間は27分、表定速度47・8キロである。普通が32〜35分かかっているから5分以上速い。

なにわ筋線ができると、特急「はるか」や「くろしお」、関空・紀州時快速はJR難波経由になる。逆に関西線快速はすべて環状線経由になろう。つまり、大和路快速はずっと環状線を走るということである。

新大阪駅へは、おおさか東線経由で行けるのと、新大阪駅に関西線快速を発着させる余裕はないこともある。さらには、環状線の西側に快速がなくなると、天王寺駅などからUSJへの利便性が悪くなる。

高田駅からの快速と普通は、JR難波折返になろう。この場合、ホームで折り返しをするのではなく、うめきた（梅田北）寄りに引上線を設置して折り返しをするのがいい。そうすると、島式ホーム2面4線のJR難波駅は方向別発着線にできる。

JR阪和線・関西空港線

一部の快速を杉本町に停車すると便利である

阪和線は、天王寺—和歌山間61・3キロの路線で、支線として鳳《おおとり》—東羽衣《ひがしはごろも》間の通称羽衣線がある。元は阪和電気鉄道という高速運転をする私鉄線だった。それを南海と合併して南海山手線となったものの、国に戦時買収されて阪和線となった。

元私鉄だったために駅間距離が短く、待避追越駅も多い。天王寺駅は独自のターミナルを設けていた。櫛形ホーム5面5線の私鉄形ターミナル駅で国鉄、そしてJRになってもこのターミナルは残っている。しかし、関西線への連絡線ができて、特急「はるか」と「くろしお」それに紀州路・関空快速（早朝の上りに走る単独運転の関空快速は天王寺止まり）が関西線・環状線を経由するようになって、櫛形ホームには普通と快速、区間快速が発着するのみになった。昼間時は区間快速と普通しか発着しない。

三《み》国《くに》ケ丘《おか》駅で南海高野線と連絡、鳳駅で羽衣線、日《ひ》根野《ねの》駅で関西空港線、和歌山駅で紀勢線と和歌山線と接続する。

紀勢線は和歌山駅が起点ではなく、南海と同居する和歌山市駅が起点である。和歌山市駅の紀勢線ホームは南海が管理している。もともとは、和歌山市駅から南海本線と紀勢線をつなぐ渡り線の先までは南海の路線だった。国鉄時代は、この地点を国社分界点とされていた。この分界点までは、現在でも南海とJRとの保線境界になっている。南海は国社分界点を通って、難波—白浜・新宮間に急行などを走らせていた。

待避追越駅は鶴《つる》ケ丘《おか》、杉本町《すぎもとちょう》、上野芝《うえのしば》、鳳、和泉府《いずみふ》中《ちゅう》、東岸和田《ひがしきしわだ》、東貝塚《ひがしかいづか》、熊取《くまとり》、日根野、長滝《ながたき》、和泉砂《いずみすな》川《がわ》、紀伊《きい》と多い。

多くが島式ホーム2面4線で内側が本線だが、杉本町駅の上り線側は外側が本線、内側が副本線である。そして副本線は和歌山寄りに長く伸びている。これは、久宝寺—杉本町間にあった阪和貨物線が杉本町駅で阪和線と接続していて、和歌山寄りで長く伸びた副

JR阪和線・関西空港線

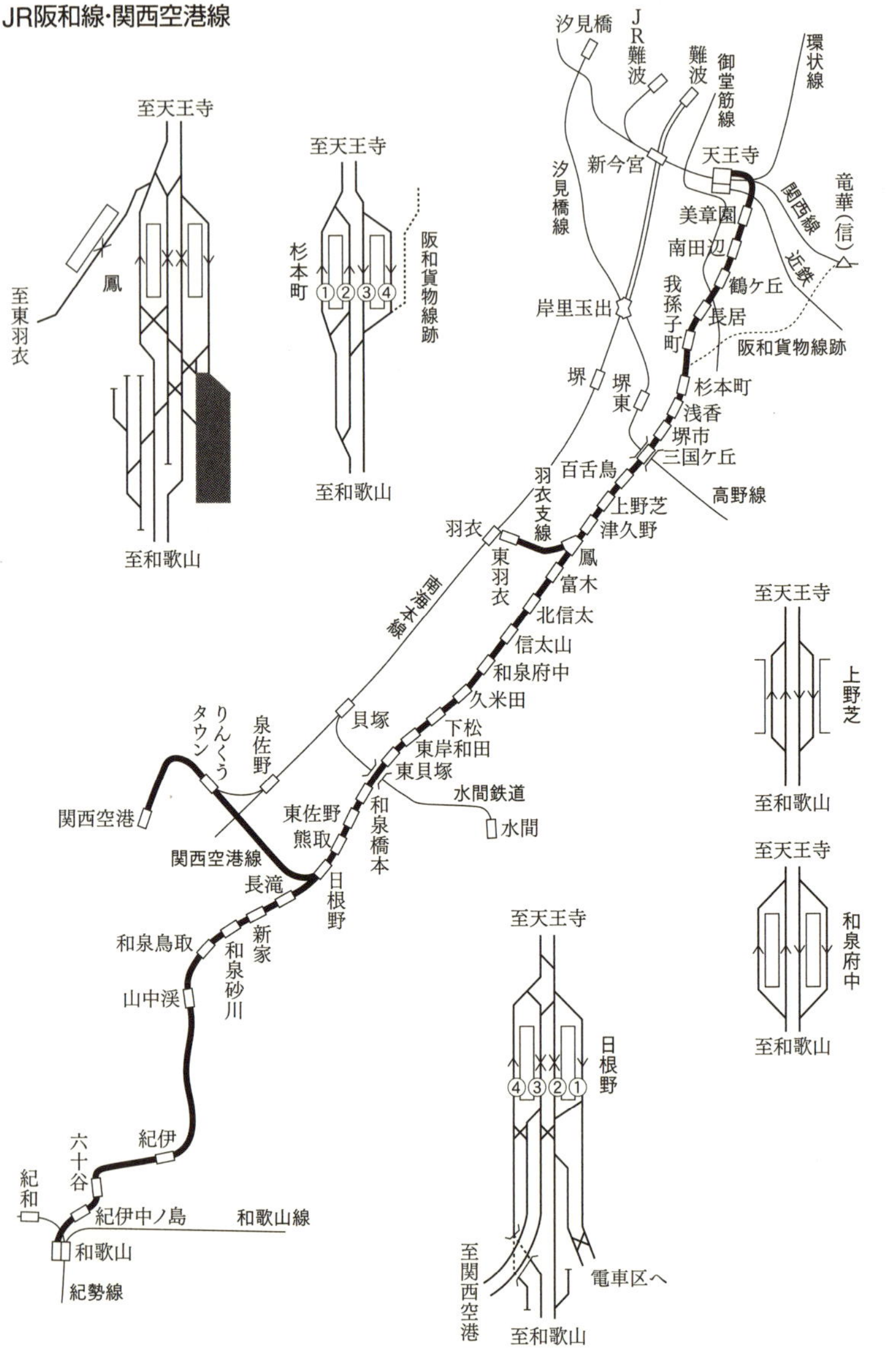
至天王寺
鳳
至東羽衣
至和歌山
至天王寺
杉本町
①②③④
阪和貨物線跡
至和歌山
汐見橋
JR難波
難波
御堂筋線
環状線
天王寺
新今宮
汐見橋線
関西線
竜華(信)
美章園
南田辺
近鉄
鶴ケ丘
我孫子町
長居
岸里玉出
阪和貨物線跡
杉本町
堺
堺東
浅香
堺市
三国ケ丘
百舌鳥
高野線
羽衣支線
上野芝
津久野
羽衣
東羽衣
鳳
富木
北信太
南海本線
信太山
和泉府中
久米田
下松
東岸和田
貝塚
東貝塚
りんくうタウン
泉佐野
水間鉄道
水間
関西空港
東佐野
熊取
和泉橋本
関西空港線
長滝
日根野
新家
和泉鳥取
和泉砂川
山中渓
紀伊
六十谷
紀和
紀伊中ノ島
和歌山線
和歌山
紀勢線
至天王寺
上野芝
至和歌山
至天王寺
和泉府中
至和歌山
至天王寺
日根野
④③②①
至関西空港
電車区へ
至和歌山

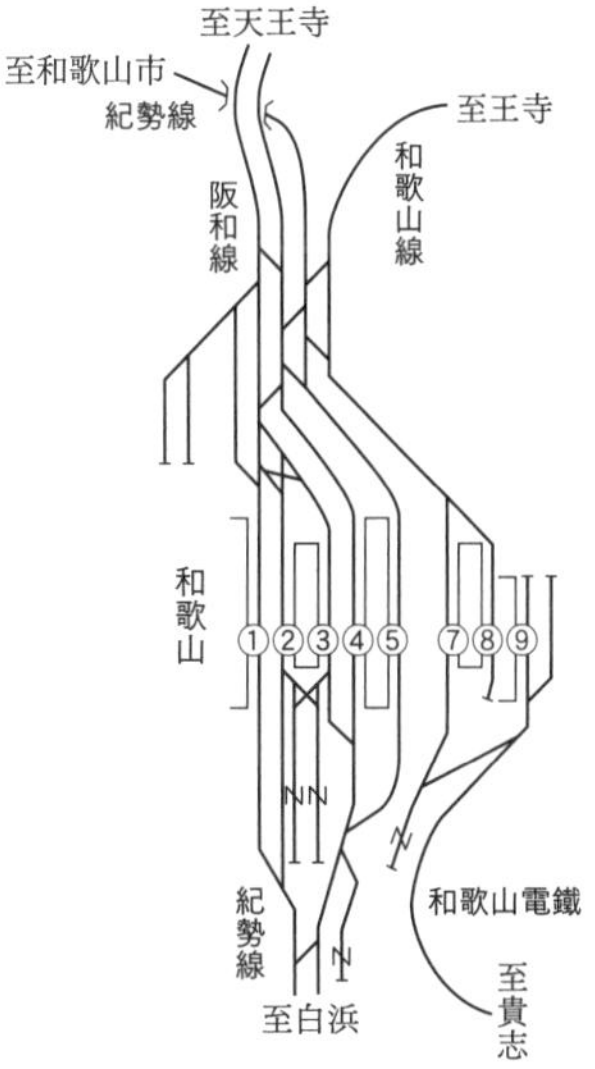

本線に貨物列車が待機してから阪和貨物線へ入線していたためである。

　鳳駅は、羽衣線の片面ホームがあるとともに車庫の旧鳳電車区が隣接している。今の車庫の名前は、日根野電車区鳳派出所である。上り副本線の3番線は出庫線としても使われ、天王寺と和歌山の両方面に発車できる。

　日根野駅は、関西空港線の分岐合流駅であるとともに日根野電車区が隣接している。天王寺方面との方向別で、関西空港線と接続するのが基本だが、関西空港からの電車が4番線に停車、和歌山行の電車が3番線、あるいは空港行の電車が3番線、和歌山から天王寺に向かう電車が4番線に停車することで、和歌山方面から空港へ、空港から和歌山方面へ行くのに、同じホーム上で行えるような配線になっている。しかし、この方法での接続はほとんど行われていない。

　和泉府中駅と東岸和田駅、熊取駅、和泉砂川駅の下り副本線は、天王寺方面からの電

阪和線天王寺ホームはあまり電車の発着がない

東羽衣駅に進入する羽衣線電車

東岸和田駅は高架になった

車が折り返しできるように天王寺方面への出発が可能で、上り線への渡り線も天王寺寄りに設置されている。

和歌山駅の1番線は、特急「くろしお」の天王寺方面が発車する。2、3番線は阪和線電車の折り返しが発着し南側に2線の引上線がある。4、5番線は紀勢線電車が発着する。6番線はない。7番線は和歌山線、8番線は紀勢線の和歌山―和歌山市間の電車が発着する。さらに和歌山電鐵《でんてつ》のホームがある。

関西空港線のりんくうタウン駅は、島式ホーム2面4線で外側が南海、内側がJRの線路である。駅名板等は内側から見るとJR、外側から見ると南海の仕様になっている。

関西空港は、島式ホーム2面4線で3、4番線側の島式ホームがJR用、1、2番線が南海用で、両線とも頭端側奥に引上線が各1線ずつ置かれ、改札口も別々に置かれている。りんくうタウン―関西空港間がJRと南海の共用である。関西空港連絡橋はバラスト軌道になっている。このため台風で貨物船が衝突して損傷を受けたときも復旧が早かった。スラブ軌道であればスラブごと取り替えが必要だがバラスト軌道では砕石を固めなおすだけでいい。

特急「はるか」用は281系を使用する。6両固定の基本編成と3両固定の付属編成があり、基本編成の新大阪・天王寺寄り1号車はグリーン車である。

特急「くろしお」は、旧オーシャンアローとして走っていた283系と「くろしお」用の287系、そして北陸線特急サンダーバードの683系交直両用電車が、北陸新幹線の開業で一部不要になり、これを直流専用に改造した289系がある。

6両の基本編成と3両の付属編成があり、1号車はグリーン車になっている。ただし、283系と289系の1号車は、半室は普通車になっている。

一般用は、すべて225系と223系に統一された。羽衣線も225系の4両編成が走る。横1&2列の転換クロスシートの3扉車で、3、4、6両編成がある。定員はトイレなし先頭車が130人、トイレ付が125人、中間車が145人で、4+4の8両編成の定員は1090人、平均定員は136人である。

阪和線も昭和60年度から快速と緩行と分けて発表されている。快速の最混雑区間は、堺市→天王寺間で混雑率は105%、輸送人員は1万4930人である。最混雑時間帯は7時30分から8時29分、この間に8両編成13本、104両が走り、輸送力は1万4248人となっている。平均定員は137人にしている。

昭和60年度の混雑率は183%、輸送人員は1万8396人で4000人弱減っている。集中率は23・2%と低かった。平成24年度は24・2%とやや高くなっている。

普通（緩行）の最混雑区間は、美章園《びしょうえん》→天王寺間で混雑率は103%、輸送人員は6855人である。最混雑時間帯は、7時30分から8時29分、6両編成8本、48両が走り、輸送力は6684人、平均定員は139・3人である。平成28年度はロングシートの205系と103系が走っていたから妥当な数字である。

特急「はるか」と「くろしお」、それに、紀州路・関空快速、快速、区間快速が走る。紀州路・関空快速と快速の違いは環状線に乗り入れるのが紀州路・関空快速、天王寺折返が快速である。

「はるか」は、天王寺—関西空港間をノンストップで走るのが基本だが、朝ラッシュ時上りと夕夜間下りは

特急「はるか」281系。走っている線路はバラスト軌道になっている

東貝塚駅を通過する287系による特急「くろしお」

和泉府中駅と日根野駅に停車して、快適通勤需要に応えている。このため回数特急券が発売されている。

天王寺―関西空港間ノンストップの「はるか」の所要時間は33分、表定速度は83・6キロである。

「くろしお」は、基本的に日根野駅に停車する列車としない列車が交互に走る。平成31年3月から朝上りは和泉砂川、日根野、和泉府中、午後は22〜30号の5本が日根野に、下りは3〜13号の5本が日根野、夕夜間に日根野、和泉砂川に停車する。夜間の最終とその前の2本は和歌山行で和泉府中駅にも停車する。

快速の阪和線内の基本の停車駅は、堺市、三国ケ丘、鳳、和泉府中、東岸和田、熊取、日根野、和泉砂川、紀伊、六十谷《むそた》だが、紀州路快速のほとんどは日根野―和歌山間各駅に停車する。

区間快速は堺市、三国ケ丘、鳳以遠各駅である。

紀州路快速と関空快速は、環状線を通って天王寺駅から日根野駅までの間は併結運転をする。そして、日根野駅で関空快速と紀州路快速とに分割併合をする。基本的に天王寺寄り4両が紀州路快速、関西空港・和歌山寄り4両が関空快速である。

昼間時は1時間に特急「はるか」が2本、「くろしお」が1本、紀州路・関空快速と天王寺―日根野間の区間快速、天王寺―鳳間の普通が4本の運転である。

下りでみて、普通は鶴ケ丘駅で紀州路・関空快速、杉本町駅で特急と区間快速を待避する。杉本町駅では、特急に追い抜かれないときでも停車時間を追い抜かれるときと同じにして、運転間隔の15分そのまま維持している。杉本町駅に区間快速が停車すれば、緩急接続ができて便利である。上野芝駅で次の紀州路・関空快速を待避する。

区間快速は、東岸和田駅で特急と紀州路・関空快速を待避する。普通と同様に、特急が走らないときでも待避時間を同じにしてダイヤパターンを乱さないようにしている。

紀州路・関空快速は和泉府中で特急を待避するが、これも特急が通過しなくても待避時と同じ2分余り停車している。

日根野以南では、紀州路快速4本と特急「くろしお」1本が走り、紀州路快速の4本のうち1本は和泉砂川駅で「くろしお」を待避する。残りの3本の紀州

熊取駅を出る関空快速・紀州路快速

紀伊駅を通過する289系による特急「くろしお」。289系は北陸線用特急車を改造した車両

路快速は、時間調整せずに、通常の停車時間だけにしてすぐに発車する。

関西空港線のりんくうタウン―関西空港間は、南海との共用区間である。このため両社間でダイヤの調整をするために苦労している。

昼間時の関空快速の所要時間は、下りが10分、上りが14分である。上りが遅いのは、関空快速がりんくうタウン駅で時間調整するからである。その理由は、関西空港駅で南海の空港特急であるラピートβと関空快速の発車時間が同じか、いずれかが先に発車しないと大阪方面のダイヤが組めない。そこで関空快速のほうが折れて2分先に発車させている。さらに、日根野駅で先に到着している紀州路快速に連結するために、一旦停止を2回行ってから連結して1分停車して発車するため、合計で4分遅くなる。

朝ラッシュ時上りは快速と普通が走る。快速は、和歌山発以外に海南《かいなん》発が1本と御坊《ごぼう》発が1本ある。海南発と御坊発は、和歌山駅まで4両編成、和歌山駅で4両を増結して8両編成になる。

ピーク時間の後に紀伊田辺《たなべ》駅からの紀州路快速と快速が走る。紀勢線内も快速で、同線内の停車駅は御坊まで各駅、紀伊由良《ゆら》、湯浅《ゆあさ》、藤並《ふじなみ》、箕島《みのしま》、加茂郷《かもごう》、海南、黒江《くろえ》、紀三井寺《きみいでら》である。さらに阪和線の日根野駅まで六十谷《むそた》、紀伊、和泉砂川しか停まらない。紀勢線快速は、このほかに紀伊田辺→和歌山間がピーク前にも走る。いずれも２２５系4両編成を使用する。

朝ラッシュ時の和歌山発や関西空港発は環状線に直通するが、紀州路快速や関空快速と称せず直通快速と称している。環状線内は各駅に停車するからである。また、和歌山発と関西空港発は日根野で連結する快速と連結しない快速がある。連結しない快速は8両編成が多いが、日根野駅で増結する快速もある。これに鳳―天王寺間の快速が加わる。

普通は和歌山発と和泉砂川発、熊取発がある。和泉砂川、熊取、東岸和田、和泉府中、鳳の各駅で緩急接続をして、上野芝、杉本町、鶴ケ丘駅で通過待ちをする。三国ケ丘駅に快速が停車するから、百舌鳥駅までの各駅から快速に乗り換えることができる。浅香《あさか》駅以北は普通しか乗れない。杉本町駅か鶴ケ丘駅に鳳発の快速が停車して緩急接続をすれば便利である。

ピーク前に「はるか」と「くろしお」が各1本、ピークの終わり間際にも「はるか」と「くろしお」が各1本走る。「はるか」は日根野駅と和泉府中駅、「くろしお」は和泉砂川にも停車して、快適通勤ができるようにしている。

夕ラッシュ時下りは、紀州路・関空快速と天王寺発快速が15分毎に運転される。天王寺発快速は日根野行と和歌山行が交互に走る。和歌山行は日根野以遠で和泉砂川、紀伊、六十谷にしか停車しない。紀州路快速は各駅停車になっているので、和泉砂川駅で天王寺発快速に追い抜かれる。

このほかに、特急「はるか」が30分毎、「くろしお」が1時間毎に走るが、天王寺発でみて19時5分に和歌山行「くろしお」が1本運転されて、この前後の時間帯は「くろしお」も30分毎になる。要するに日根野駅までは、特急も15分毎の運転となる。

普通は1時間に5本が運転され、優等列車の間をぬって9〜14分毎に運転される。普通は杉本町駅で必ず優等列車に抜かれるので、夕ラッシュ時も天王寺発快速だけでも杉本町駅に停車すれば便利である。

旧オーシャンアロー283系。御坊駅にて

南海本線

フリーゲージトレインによる京都河原町―関空間の特急を走らせればいい

南海本線は、難波―和歌山市間64・2キロの路線で、新今宮駅で環状線、天下茶屋《てんがちゃや》駅で大阪メトロの堺筋線と連絡し、岸里玉出《きしのさとたまで》駅で高野線が分岐して汐見橋《しおみばし》線と接続する。羽衣《はごろも》駅で高師浜《たかしのはま》線と接続するとともにJR羽衣線（駅は東羽衣）と連絡する。貝塚《かいづか》駅で水間《みずま》鉄道と連絡し、泉佐野《いずみさの》駅で空港線、みさき公園駅で多奈川《たながわ》線、紀ノ川駅で加太《かだ》線、和歌山市駅で和歌山港線と紀勢線に接続する。近年になって南海本線は南海線と呼ばれるようになっている。

空港線のりんくうタウン―関西空港間は、JRと共用していることから、新関西国際空港㈱が第3種鉄道事業者となり、南海は第2種鉄道事業者である。また、和歌山港線も和歌山県が第3種鉄道事業者、南海が第2種鉄道事業者である。

難波駅は、櫛形ホーム9面8線で、東側4線は高野線電車が発着する。乗車ホームと降車ホームに分かれているが、一番西側の8番線の降車ホームは、特急ラピート用の乗降ホームになっているために9番ホームと呼んでいる。

難波―住ノ江《すみのえ》間は複々線だが、このうち難波―岸里玉出間は、緩行線と急行線とに分けた線路別複々線で、緩行線には今宮戎《いまみやえびす》駅と萩ノ茶屋《はぎのちゃや》駅のホームがあるが、急行線にはない。

東側の緩行線は高野線電車が走るが、かつては南海線の普通も緩行線を走っていた。急行線にも普通が走っていたので、緩行線を走る普通は、各停と名付けて乗客にわかるようにした。そして高野線電車だけ走るようになっても、各停のままにしている。急行線を走る南海線の普通は普通のままである。

岸里玉出駅の難波寄りで高野線が分かれるので複々線は一旦途切れるが、すぐに南海線の上り線側は緩急分離の複線になり、下り線も岸里玉出駅の和歌山市寄りで緩急分離の複線に分かれ、ここから住ノ江駅まで緩行線と急行線による方向別複々線になる。ただし、

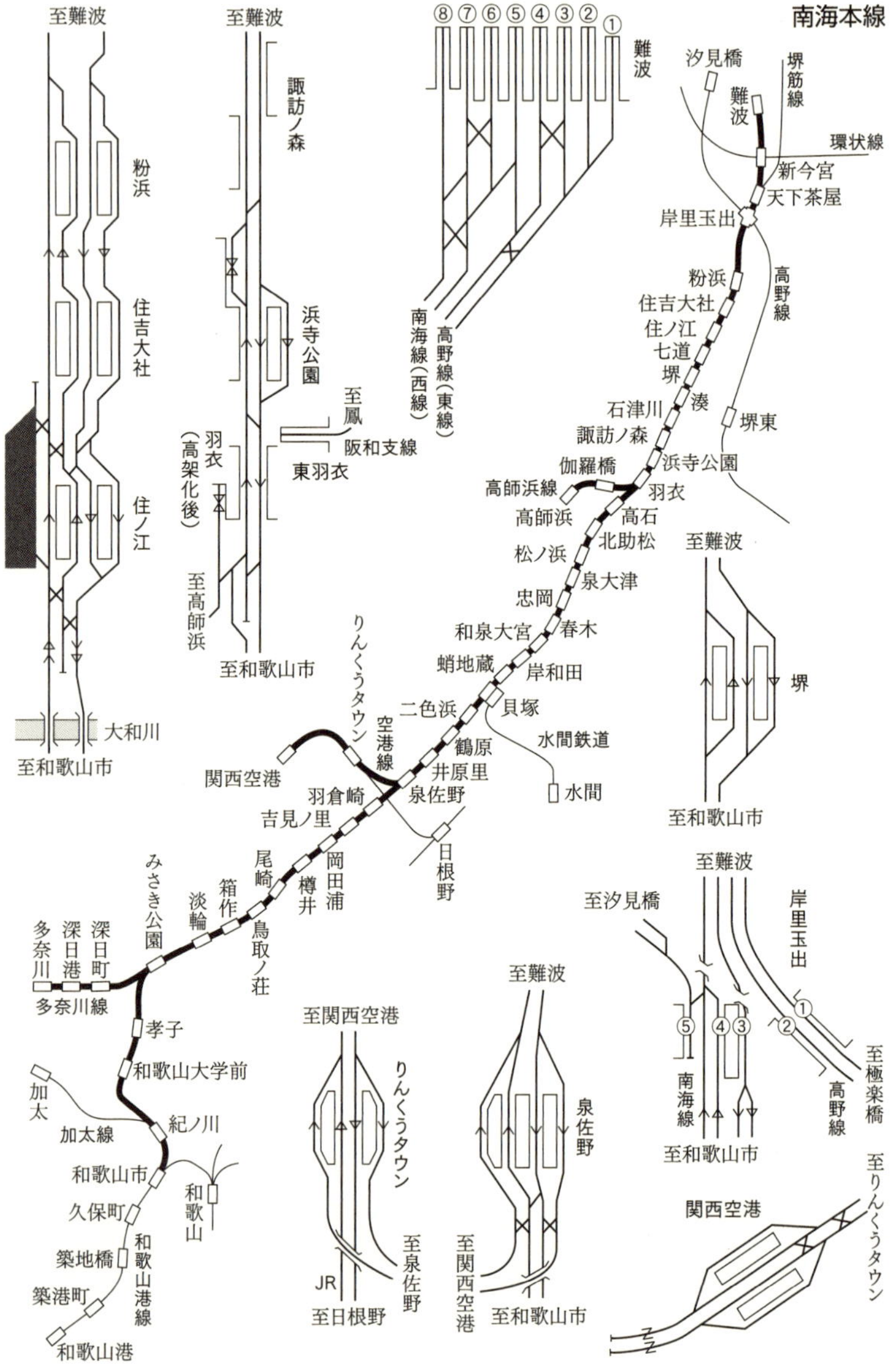
南海本線
至難波
粉浜
住吉大社
住ノ江
大和川
至和歌山市
至難波
諏訪ノ森
浜寺公園
至鳳
阪和支線
東羽衣
羽衣
（高架化後）
至高師浜
至和歌山市
⑧⑦⑥⑤④③②①
難波
南海線（西線）
高野線（東線）
汐見橋
難波
堺筋線
環状線
新今宮
天下茶屋
岸里玉出
高野線
粉浜
住吉大社
住ノ江
七道
堺
湊
石津川
諏訪ノ森
堺東
浜寺公園
伽羅橋
高師浜線
羽衣
高師浜
高石
北助松
松ノ浜
泉大津
忠岡
春木
和泉大宮
岸和田
蛸地蔵
貝塚
二色浜
水間鉄道
鶴原
井原里
泉佐野
りんくうタウン
空港線
関西空港
水間
羽倉崎
吉見ノ里
日根野
岡田浦
樽井
尾崎
箱作
鳥取ノ荘
淡輪
みさき公園
多奈川
深日港
深日町
多奈川線
孝子
和歌山大学前
加太
加太線
紀ノ川
和歌山市
和歌山
久保町
築地橋
和歌山港線
築港町
和歌山港
至難波
堺
至和歌山市
至難波
至汐見橋
岸里玉出
①
②
⑤
④
③
南海線
高野線
至極楽橋
至和歌山市
至関西空港
りんくうタウン
JR
至日根野
至泉佐野
至難波
泉佐野
至関西空港
至和歌山市
関西空港
至りんくうタウン

下り線は外側が緩行線、内側が急行線、上り線は内側が緩行線、外側が急行線である。

岸里玉出駅で複々線が一旦途切れるのは、計画されているなにわ筋線に汐見橋線を接続して、汐見橋線を空港アクセス線にすることにしていたためである。

汐見橋線の下り線が南海線を斜めに横切って急行線につなげる予定だった。汐見橋駅の現島式ホームの内側は下り急行線、外側は同緩行線にして、新たに上り線の島式ホームを設置するつもりだった。しかし、なにわ筋線につなげるのは新今宮駅にすることが決定して、この計画は中止になった。

住ノ江駅は、住ノ江検車区が隣接する。高架の車庫は、ここと阪神石屋《いしや》川《がわ》車庫くらいしかない。同駅の和歌山寄りで複線になるが、この先も複々線にすることを前提として高架化された。和歌山市寄りには引上線があり、大和川橋梁で上下線の間が離れているのは、上下線間に複線橋梁を設けて複々線にできるようにしている。

大和川橋梁―堺間の東側に複線用地が確保され、堺駅の下り本線が下り島式ホームの内側、上り本線が上り島式ホームの外側になっているのも、複々線が伸びてきたときに対応したものである。堺市以南でも、線路に並行して駐車場に使われている空き地があり、これも複々線化に備えたものだと思われるが、乗客が減少している昨今では、住ノ江以南が複々線化されることはない。

浜寺公園《はまでら》駅の上り線は、通常の片面ホームに加えて難波寄りに待避線が分岐して切欠きホームがある珍し

羽衣駅は下り線だけ高架になった

右から特急「りんかん」、高野線準急難波行、関西空港行特急ラピート、南海線難波行急行。
ダイヤ改正により高野線の今宮戎駅からこの風景は今は撮れない

特急サザン。後方は天下茶屋駅。サザン後続の普通が追いついている

い待避構造をしている。下り線は単なる島式ホームの待避構造になっている。

羽衣—高石《たかいし》間は、連続立体交差事業によって下り線はすでに高架になっている。上り線は地上の仮線を通っている。完成後の羽衣駅は、和歌山市駅寄りにＹ形引上線が設置され、上り線の片面ホームの反対側、和歌山市駅寄りに高師浜《たかしのはま》線の切欠きホームが設置される。高石駅は、現在と同じ島式ホーム２面４線になる。

高石駅と同じ島式ホーム２面４線の待避追越駅は高石駅以南で、泉大津《いずみおおつ》駅、岸和田駅、貝塚駅、尾崎《おざき》駅である。

泉佐野駅は、島式ホーム３面４線で内側２線は両側ホームになっている。空港線との接続駅として、当初の計画では島式ホーム４面５線だったが、これを縮小した。

特急が普通を追い越すが、このとき下りラピートまたは空港急行と上りサザン、上りラピートまたは空港急行と下りサザンも同駅でほぼ同時に停車する。それぞれの特急は、両側の扉を開けて片側では普通と緩急接続をし、もう片側ではラピートとサザンとの間で乗り換えができるようにしている。

泉佐野—関西空港間の特急料金は１００円に設定され、和歌山方面と関西空港とのアクセスを便利にしている。

羽倉崎《はぐらざき》駅は、上り線は片面ホーム、下り線は島式ホームで、和歌山市駅寄り下り線側に羽倉崎検車区がある。樽井《たるい》駅は、上り線側が島式ホームになっていて、同駅折返電車が設定されている。

みさき公園駅は、南海線に関しては島式ホーム２面４線だが、和歌山市駅寄りの上り本線から多奈川《たながわ》線発着用の切欠きホームがある。和歌山大学前駅は平成24年（２０１２）に開設された新駅で、駅前にはイオンショッピングモール、南側に藤戸《ふじと》台《だい》住宅がある。駅名の由来になった和歌山大学栄谷《さかえだに》キャンパスは少し離れている。新駅にもかかわらず特急サザンも停まる。

和歌山市駅は、ＪＲ紀勢線が乗り入れているが、南海に業務を委託していてＪＲの職員の配置はない。１番線と２番線の間にあった機回線は廃止され、２番線からはじまっている。２番線はＪＲ紀勢線の発着線

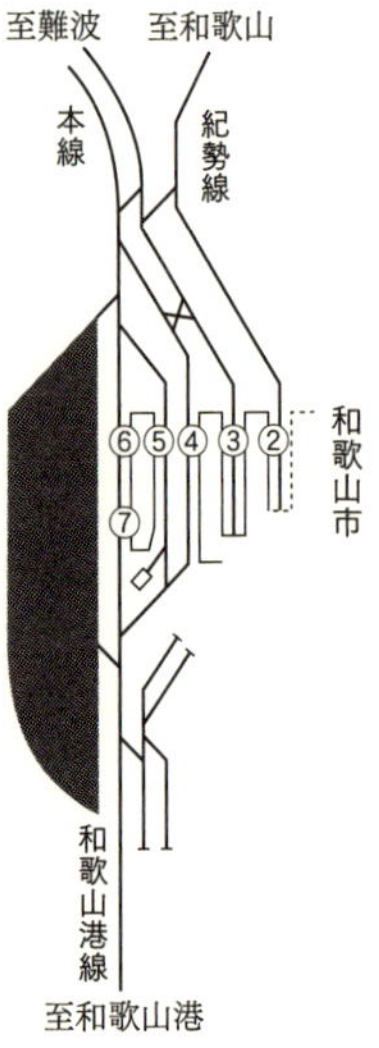

で、紀和《きわ》寄りで南海線からの渡り線がつながっている。かつては、難波発南紀《なんき》方面の気動車や客車が通っていた。

3番線は、櫛形ホームの加太線電車の発着線、4、5、6番線が南海線発着線である。和歌山港線直通は4番線と5番線から発車する。

和歌山港線は現在、途中に駅はないが、かつては久《く》保町《ぼちょう》、築地橋《つきじばし》、築港町《ちっこうちょう》の3駅があった。当初は和歌浦延長線として計画されたものである。現在は、和歌山港から徳島港へ南海フェリーが運航する四国航路の連絡駅として和歌山港駅があり、特急サザンが1日2往復運転されている。

ラピート用は、50000系6両編成6本がある。特異な先頭形状をしており、難波寄り5号車と6号車は、スーパーシートで特急料金510円のほかに特別車両料金210円が必要になる。スーパーシート車は、横1&2列のリクライニングシートになっている。

特急サザン用は、10000系と12000系4両編成7本がある。12000系はサザン・プレミアムの愛称がある。泉北《せんぼく》高速鉄道の12000系がサザンとして走ることも、ときどきある。

一般車は4扉で、車体長21mの大形車と2扉で車体長18mの中形車2000系がある。大形車には運転席後部に座席がある従来車と、それがない8000系と8300系がある。このため扉に位置が異なり、ホームドアを設置するには、可動柵を広幅にしなくてはならない。8000系と8300系の車幅は2810mm、従来車は2710mmと異なる。また18m車は2720mmである。

中形車の2000系は、高野線の難波—極楽橋《ごくらくばし》間の「大運転」と呼ばれる急行に使用されていたが、「大運転」はほとんどなくなり余剰になったものを南海線に転属させて、本線と空港線の普通に使用されるように

行先方向幕よりも大きく2扉車と表示されている2000系による普通難波行

なった。

2扉車は乗客にとっても珍しいために、先頭車正面の助手席側窓上に、行先案内板より大きく「2扉車」とかかげた表示板を設置して走っている。昼間時の普通はさほど混んでいないから、中形車で走らせても問題はないのである。

最混雑区間は湊《みなと》→堺間で、混雑率は116%、輸送人員は2万1232人である。最混雑時間帯は7時22分から1時間、この間に8両編成6本、6両編成16本、計22本、144両が走る。輸送力は1万8294人、平均定員は127・0人と少ない。ピーク時に走る特急サザンが2本とラピートβが1本走り、これを加えているようで、このために定員が少ないと思われる。

4両編成で車幅2810mmの平均定員は141・5人、2710mmだと136人だから5人余り異なる。平均定員を136人にしたとして、サザンとラピートの指定席車を除く通勤車の通過両数は130両となり、輸送力は1万7680人となり、混雑率は120%になる。

粉浜付近を走る急行難波行

昭和59年度の混雑率は181％だった。輸送人員は2万9458人で8000人ほど減っている。輸送力は1万6320人だった。集中率は33・9％と高かった。平成24年度は26・7％に下がっている。

少子高齢化で下がったこともあるが、それよりも空港線の開通によって、定期外客が大幅に増えたことが大きな要因である。平成8年から、沿線の少子高齢化と繊維産業の衰退による人口減少によって急激に乗客が減っていったものの、空港アクセス客によって回復するとともに、堺市臨海部に大規模工場が再整備されて定期客も増えていった。これによって集中率が大きく下がらなかったのである。

特急は、難波―和歌山市・和歌山港間のサザンと難波―関西空港間のラピートがある。サザンは和歌山市寄り4両が指定席車、難波寄りが4扉ロングシートの自由席車である。停車駅は新今宮、天下茶屋、堺、岸和田、泉佐野、尾崎、みさき公園、和歌山大学前、和歌山市である。

ラピートはαとβがあり、αの停車駅は新今宮、天下茶屋、泉佐野、りんくうタウンである。大阪地区と関西空港を直結するだけでなく、泉佐野駅で和歌山市方面からの乗換客、そしてりんくうタウンへの訪問客の利用も狙っている。

αの難波―関西空港間の所要時間34分、表定速度75・5キロである。天下茶屋―泉佐野間で見ると所要時間は22分、表定速度84・6キロになる。

βはαの停車駅に加えて堺、岸和田に停車する。難波―関西空港間の所要時間は37分である。朝の下り4本と夜の上り8本がαで残りはすべてβである。

急行の停車駅は新今宮、天下茶屋、堺、羽衣、泉大津、岸和田、貝塚、泉佐野、尾崎、みさき公園、和歌山大学前である。空港急行はこれに春木《はるき》駅にも停車する。関西空港線がなかった時代の羽倉崎発着の通常白線急行が春木駅に停車していた。これを関西空港発着に変更して踏襲したものである。

区間急行は、泉佐野駅まで空港急行と同じ停車駅で、以遠和歌山市駅まで各駅に停車する。準急は朝ラッシュ時上りに運転され、停車駅は堺まで各駅、天下茶屋、新今宮である。

昼間時は、特急ラピートβとサザンがそれぞれ30分毎、両方合わせて15分毎に運転され、これに空港急行が15分毎に走る。空港急行は特急に追い越されない。さらに15分毎の普通が走る。

都市近郊で普通の15分毎は、長すぎるように思えるが、普通だけ停車する駅の利用は少ない。並行して路面電車の阪堺《はんかい》線があり、こちらに乗客が流れることもある。といってもさほど多くはない。やはり少子高齢化と人口過疎が要因である。

普通は、堺駅で特急・空港急行と緩急接続をし、高石駅で特急を待避、泉大津駅で空港急行と緩急接続、岸和田駅で特急と緩急接続、泉佐野駅で空港急行と緩急接続をしてから和歌山市駅に向けて発車する。泉大津駅以南は、30分毎のサザンしか走らないから、普通のうち2本に1本は尾崎駅でサザンを待避するだけである。

朝ラッシュのピーク時（堺到着7時22分から1時間）に、特急サザン2本とラピートが1本、急行が5本、空港急行が4本、区間急行が1本、準急が2本、普通が7本の計22本が走る。

普通は、待避可能な駅のすべてで待避し、住ノ江―

岸里玉出間の複々線区間で走行中に優等列車に追い抜かれる。

タラッシュ時下りは、1時間にサザンとラピートβが各2本走るが、合わせて15分毎ではなく10分、20分交互の間隔になる。難波発でサザンが毎時10分、40分発、ラピートβが0分、30分発である。

これに難波発17時台は急行が2本、空港急行が2本、区間急行が2本、普通が7本走る。18時台になると急行が3本、空港急行が2本、区間急行が1本、普通が6本になる。空港急行が2本に減ってしまうので、普通の一部が泉佐野駅で和歌山市行急行に接続して関西空港に向かう。

なにわ筋線とは、新今宮駅で接続することになった。これによって、ラピートと空港急行はうめきた（梅田北）駅まで直通し、阪急新大阪連絡線ができると新大阪まで行けるようになる。JRが、特急「くろしお」もなにわ筋線経由になるだろうから、南海のサザンもなにわ筋線を走る可能性がある。

だが、なにわ筋線の開通はまだ先である。現在、天下茶屋駅で堺筋線と連絡している。このため、ラピートをはじめ全優等列車が天下茶屋駅に停車して、堺筋線を経由して京都方面と南海電鉄のアクセスがよくなった。

とはいえ、堺筋線は地下、南海線と高野線は高架駅で、大きな荷物を抱える空港客だけでなく、行楽客なども敬遠しがちである。

近鉄が開発している狭軌線と標準軌線とを行き来できる軌間可変電車、要するにフリーゲージトレインを早期に導入するとともに、大阪メトロの天下茶屋駅から岸里玉出駅まで、途中に軌間変換装置がある南海線への連絡線を設けて、阪急河原町《かわらまち》―関西空港間のラピートを走らせてもいいといえる。

岸里玉出駅には、汐見橋線との連絡線を設置するための空間は、汐見橋経由のなにわ筋線が計画されていたために確保されている。この空間を利用し連絡線を建設すればいい。これによって、JRの特急「はるか」と十分わたりあえるというものである。

用語解説

1線スルー　単線路線では駅や信号場で行き違いをするとき複線となるが、片側あるいは両側とも速度制限を受ける（通常は45キロ制限）。その駅に停車するならそれでもかまわないが、通過列車が速度を落とすのでは時間の無駄である。片方を直線にして、通過列車は上下線ともそこを走らせれば、速度制限を受けないですむ。これが1線スルー方式である。

VVVFインバータ制御　通常の電車は回転速度の幅が大きく制御しやすい直流モーターを使う。交流モーターは周波数により回転数がほぼ決まっており、電圧による回転数の大小幅は狭かった。インバータは周波数と電圧を自由に変化させる制御装置（Variable Voltage Variable Frequency）であるが、大容量のものも開発され、これを交流モーターに採用した電車がインバータ電車である。直流モーターにくらべてメンテナンスが楽であり、車体の下にある制御機器の数が減る。また、空転が起こりにくいので加速性能を上げることができる。

運賃・料金　運賃は普通運賃や定期運賃、貨物運賃などをいい、料金は特急料金や指定席料金、寝台料金といった付加価値を供する料金。

運転停車　行き違いなどで停車駅でない駅などに停車すること。

営業キロ　運賃を計算するときに設定したキロ程。必ずしも実際の線路延長と合致しない。

営業係数　100円の収益を上げるのにかかった経費。当然100円を超えると赤字である。

回生ブレーキ　電気ブレーキで発生した電力を架線に戻し、他の電車の加速に使えるようにしたもの。

緩急接続ダイヤ　優等列車が緩行等を停車して追い越して、それぞれが相互に乗り換えができるようにした接続方法。

緩急分離ダイヤ　優等列車が緩行等を通過して追い越す。これによって優等列車が混まないようにする。

緩行　各駅停車電車のこと。急行の反対語。

カント　左右のレールに高低差をつけて乗り心地をよくする。

機待線　仕訳された列車に連結するために機関車が待機する線路。

機回線　機関車牽引の列車は終点などで折り返すとき、機関車を反対側に連結しなければならない。そうするには、切り離された機関車を先頭側に付けるための線路が必要で、これを機回線という。ただし運転関係の部署では機関士が機関車を回すから「機回し線」、施設関係の部署では管理する線路に機関車が回るから「機回り線」と読み方が異なっている。

機留線　機関車留置線の略。

均衡速度　駆動力と走行抵抗の力が同じになって、これ以上加速できない速度。

甲線、乙線、丙線　国鉄時代に定めた線路等級の区分。甲、乙、丙と簡易線の4段階に分けていて、甲線の規格が一番よく、幹線に当てられる。その後、湖西線などができると甲線より規格が上になるため特甲線が追加され、さらに甲線から簡易線までが1級線から4級線に変更された。

混雑率　輸送量を輸送力で割ったパーセンテージ。最混雑1時間と終日の二つの混雑率が公表されている。

シーサスポイント　シーサスクロッシングポイント。複線間の順方向と逆方向の渡り線を一つにまとめたもので、線路配線図には複線の間に×印で描く。

JR形配線　島式ホーム各1面に発着線が3線ある構造の駅。国鉄が好んで採用していた。基本的に片面ホーム側が駅本屋と改札口に面した1番線となっており、上下主要列車が停車して跨線橋などを通らずにすむようになっている。さらに単線路線での行き違い用として島式ホームの外側に1番線とは異なる逆方向の本線をおき、内側の線路を待避や折返、それに機関車の機回線とした中線になっている。ただし、内側が本線で外側が中線になっているJR形配線もある。

自動閉塞　鉄道路線ではある一定の間隔で閉塞区間を設け、一つの閉塞区間には一つの列車しか走ることができないようにして安全を保っている。自動閉塞は該当する列車が一つの閉塞区間に入った、あるいは出たことを軌道回路で検知する。軌道回路とは左右のレールに電流(これを信号電流という)を流し、車両の車輪でショートさせて電圧がゼロになったことで列車の出入りを検知する。そしてその閉塞区間の入口にある信号機を赤点灯の停止現示して、他の列車が入れないようにする。単線では前方の出口側にある対向列車のための信号機を停止現示にして正面衝突を防いでいる。

集中率　終日の輸送量のうち最混雑1時間に集中した輸送量の比率。

上下分離方式　線路などインフラ部分を所有する会社や公的組織と、実際に運営する鉄道会社とを分ける方式のこと。鉄道を運営する会社はインフラの建設費などの償還に関わらないので、経営が楽になる。

線路別複々線　急行線と緩行線、それぞれの複線を並べた複々線。

第1種(第2種、第3種)鉄道事業(者)　第1種鉄道事業者は線路を自らが敷設して運送を行い、さらに第2種鉄道事業者に使用させることができる。第2種鉄道事業者は第1種鉄道事業者または第3種鉄道事業者が保有する線路を使用して運送を行う。第3種鉄道事業者は線路を敷設して第1種鉄道事業者に譲渡するか、第2種鉄道事業者に使用させ、自らは運送を行わない。

定期外客　定期券利用ではなく、普通乗車券や回数券、そしてイコカやピタパなどストアードフェアカードによって利用する乗客。

定期比率　定期券で乗っている乗客の比率。

電動制御車　電車において運転台とモーターがある車両を電動制御車、モーターがない車両を制御車、モーター付で運転台がない車両を中間電動車あるいは単に電動車、運転台もモーターもない車両を付随車と呼ぶ。

中線　基本的に上下本線の間に敷かれた副本線。

パターンダイヤ　10分とか30分を一つのサイクル(周期)にして、各種の列車の待避追い越しを一体パターンにしたダイヤ。

表定速度　一定の区間での停車時間を含めた平均速度。

普通　電車区間内では一概に各駅に停車するとは限らない。

平均輸送キロ　乗客1人当たりの平均した乗車キロ数。

方向別複々線　同一方向の線路を並べた複々線。同じホームで乗り換えができる。

棒線駅　ホーム1面1線でポイントがない駅。ポイントがない複線の駅でも言うときがある。

ボギー台車　一般的な鉄道で使用している台車。

輸送人キロ　輸送人員と乗車キロを掛け合わせた延べ輸送量。

抑速ブレーキ　下り勾配で一定の速度を保って降りることができるブレーキ装置。

優等列車　各停や普通より停車駅が少なく速い列車。

横取線　保守車両を収容する側線。

著者略歴――――
川島令三 かわしま・りょうぞう

1950年、兵庫県生まれ。芦屋高校鉄道研究会、東海大学鉄道研究会を経て「鉄道ピクトリアル」編集部に勤務。現在、鉄道アナリスト、早稲田大学非常勤講師、全国鉄道利用者会議顧問。小社から1986年に刊行された最初の著書『東京圏通勤電車事情大研究』は通勤電車の問題に初めて本格的に取り組んだ試みとして大きな反響を呼んだ。著者の提起した案ですでに実現されているものがいくつもある。著書は上記のほかに『全国鉄道事情大研究』（シリーズ全30巻）、『関西圏通勤電車徹底批評（上下）』『なぜ福知山線脱線事故は起こったのか』『東京圏通勤電車 どの路線が速くて便利か』『鉄道事情トピックス』『最新東京圏通勤電車事情大研究』（いずれも草思社）、『全線・全駅・全配線』（シリーズ全52巻）、『日本 vs.ヨーロッパ「新幹線」戦争』『鉄道配線大研究』『全国通勤電車大解剖』（いずれも講談社）など多数。

関西圏鉄道事情大研究
ライバル鉄道篇

2019年1月31日　第1刷発行
2019年2月26日　第2刷発行

著　者　川島令三
装幀者　板谷成雄
発行者　藤田　博
発行所　株式会社 草思社
〒160-0022　東京都新宿区新宿1-10-1
電話　営業 03(4580)7676　編集 03(4580)7680

編集協力　富田康裕
組版・図版　板谷成雄
印刷・製本　中央精版印刷株式会社

ISBN978-4-7942-2372-2 Printed in Japan　検印省略